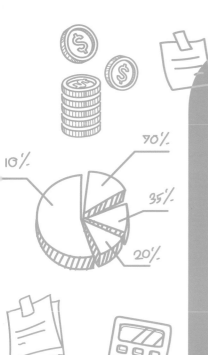

회사 실무에 힘을 주는
엑셀 2021

서정아 지음

한 권으로 끝내는 오피스 활용서!
기본+활용+실무 예제 수록!

 2010 2013 2016 2019 Office 365  모든 버전 활용 가능

 정보문화사
Information Publishing Group

회사 실무에 힘을 주는

엑셀 2021

초판 1쇄 발행 | 2023년 7월 10일
초판 2쇄 발행 | 2024년 11월 20일

지 은 이 | 서정아
발 행 인 | 이상만
발 행 처 | 정보문화사

책 임 편 집 | 노미라
교 정 교 열 | 김혜영

주   소 | 서울시 종로구 동숭길 113(정보빌딩)
전   화 | (02)3673-0037(편집부) / (02)3673-0114(代)
팩   스 | (02)3673-0260
등   록 | 1990년 2월 14일 제1-1013호
홈 페 이 지 | www.infopub.co.kr

I S B N | 978-89-5674-927-3

머리말

엑셀은 대표적인 스프레드시트 프로그램으로 일을 간소화하고 데이터를 효율적으로 활용할 수 있어서 직장인들의 필수 프로그램입니다. 많은 데이터를 가공할 수 있으며 간단하고 다양한 방법으로 요약 및 분석할 수 있고, 데이터를 효과적으로 표현하기 위해 차트와 슬라이서 등 다양한 기능을 사용할 수 있습니다.

이 책을 통해 공부하다 보면 엑셀을 사용할 때 한땀 한땀 많은 시간을 사용하여 결과를 얻을 수 있도록 기본 기능 이상의 응용 능력을 사용하여 결과를 빠르게 얻을 수 있습니다. 결과적으로는 많이 다르지 않을지라도 소요되는 시간은 몇 배에서 몇십 배까지 차이가 있을 수 있습니다.

이 책은 필자가 대기업 및 중소기업, 주요 공공기관에서 데이터 관리 실무자들을 대상으로 강의를 한 경험을 토대로 반복 작업을 줄이고 회사에서 사용하는 주요 기능 위주로 예제를 구성했습니다.

기본 기능을 사용하는 방법과 활용 방법들을 체계적으로 설명했으며 실무에서 어떤 예제들을 이용하고 특정 기능을 활용할 수 있는지에 대해 자세한 방법들을 깊이 있게 서술하였습니다. 이 책으로 엑셀과 좀 더 친해지고 업무 활용성과 생선성을 높일 수 있기를 바랍니다.

한 권의 책이 나오기까지 수많은 사람들의 정성과 노력을 거친다는 것을 느끼게 되었습니다. 내용 구성을 위해 힘쓰신 분들께 감사드리며, 무엇보다 항상 함께 해준 가족과 응원해주신 지인분들께 감사드립니다.

서정아

이 책의 구성

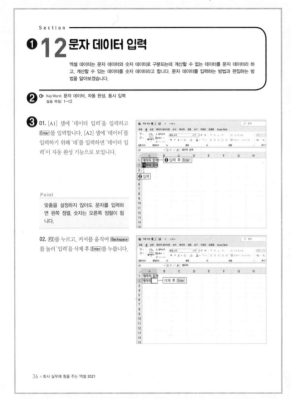

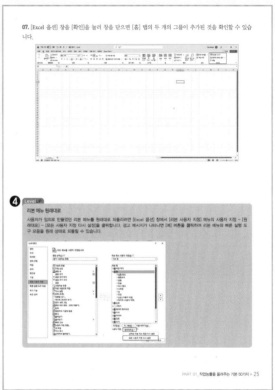

❶ Section

제목과 도입문을 통해 섹션에서 배울 내용을 한눈에 파악할 수 있습니다.

❷ Keyword

섹션에서 중요하게 다루는 명령어를 표시하였습니다.

❸ 따라 하기

실무 예제를 따라 하는 내용입니다. 친절한 설명과 그림을 참고하여 실습해 봅니다.

❹ LevelUp

배우는 내용에 대한 추가적인 설명, 각 항목에 대한 자세한 설명을 담고 있습니다.

이 책은 기본, 활용, 함수, 실무(프로젝트)의 총 네 개의 파트로 구성되어 있습니다. 초보자가 쉽게 이해할 수 있도록 실습에 필요한 내용을 빠짐없이 설명하고 있어 단계별로 학습할 수 있습니다.

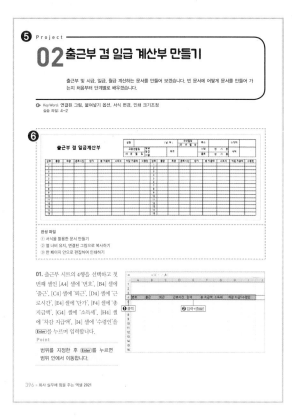

❺ Project
Part 1부터 Part 3까지 배운 내용을 바탕으로 실무 문서를 만들어 봅니다.

❻ 미리 보기
만들 실무 문서를 미리 봅니다.

❼ 주요 기능
엑셀에서 다양한 기능을 빠르게 실행할 수 있는 페이지를 정리하였습니다.

❼ 가장 많이 사용되는 기능 빠르게 찾기

엑셀에서 가장 많이 사용하는 **주요 기능**을 빠르게 찾아 보세요.

가장 많이 사용되는 기능 빠르게 찾기

엑셀에서 가장 많이 사용하는 **주요 기능**을 빠르게 찾아 보세요.

이 책을 공부하는 방법

엑셀을 처음 접하는 초보자라면?

책을 차례대로 따라해 보세요. 책에서 제공하는 [POINT]와 [LevelUp] 코너를 꼭 확인 후 넘어 가세요.

회사에서 사용하는 기본 기능을 익히고자 한다면?

Part 1의 목차를 살펴보고 필요한 기능이 있다면 골라가며 익히세요. Part 2는 회사에서 사용하는 주요 기능과 차트가 있으므로 꼭 실습해 보고, Part 3에서 필요한 함수 예제를 따라해 본 다음 Part 4에서 제공하는 회사 실무 예제를 만들어 보세요.

엑셀을 한 번 이상 학습해 본 사람이라면?

앞에서 제공하는 주요 기능을 살펴보고 모르는 기능이 있다면 실습하세요. 기본 기능을 어느 정도 알고 있다면 알고자 하는 기능을 찾아 따라해 보세요. Part 3 함수 예제는 필요할 때마다 찾아 쓰세요.

실습 파일 다운로드

본문 실습에 필요한 예제 파일과 완성 파일은 정보문화사(www.infopub.co.kr) 홈페이지의 '자료실'에서 '회사 실무에 힘을 주는 엑셀 2021'을 검색하여 다운로드할 수 있습니다. 다운로드는 회원 가입을 하지 않아도 됩니다.
예제 파일은 파트별로 묶여 압축되어 있습니다. 편한 경로에 압축을 풀어 사용하세요.

목차

01 작업 능률을 올려주는 기본 예제 50가지

목차

02

야근을 없애는 활용 예제 50가지

목차

03

복잡한 계산을 쉽게 하는 함수 예제 50가지

목차

PART
01

작업 능률을 올려주는
기본 예제 50가지

대부분 회사의 다양한 분야에서 많은 사람들이 엑셀을 사용하고 있습니다.

그러나 작업시간을 줄여주는 기능을 알고 쓰는 사람은 많지 않습니다.

작업 시간을 줄이는 방법을 알기 위해 기본 기능부터 체계적으로 배워서

엑셀 능력자로 거듭나 봅시다.

01 엑셀 2021의 시작과 종료

단순한 계산 작업부터 복잡한 계산을 쉽게 할 수 있는 함수, 시각 데이터까지 멋지게 구성할 수 있는 스프레드시트 프로그램인 엑셀 2021을 실행하고 종료하는 방법을 살펴보겠습니다.

👉 Key Word: 새 통합 문서, 엑셀 시작, 엑셀 종료

01. 윈도우 버튼을 누르고 [Excel]을 클릭합니다. 엑셀 2021의 초기 화면에서 [홈], [새로 만들기], [열기]를 할 수 있습니다. 최근에 편집했던 [최근 항목]에서 선택할 수 있으며, 지금은 새롭게 문서를 만들기 위해 [새 통합 문서]를 클릭합니다.

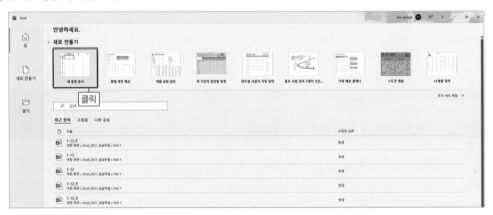

02. 새 통합 문서를 만들 준비가 되었습니다. 화면의 위쪽은 각각의 기능을 다룰 수 있는 메뉴가 있고, 화면의 아래쪽은 데이터를 입력하고 편집할 수 있는 영역으로 구성되어 있습니다.

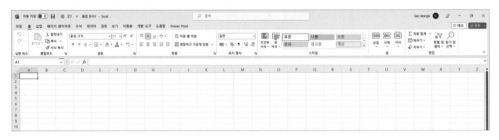

Point

엑셀 파일은 하나의 통합 문서 안에 여러 개의 워크시트로 이루어져 있습니다.

03. [A1] 셀에 'Excel 2021'을 입력하고 Enter를 누릅니다. 엑셀은 Enter를 누르면 편집 중인 셀의 아래로 이동하며 데이터 입력이 완료됩니다. 방향키를 눌러 이동하면 해당 방향의 셀로 이동할 수 있습니다.

Point

데이터 입력 시 F2를 누르면 셀 안에서 커서를 이동하여 편집할 수 있습니다.

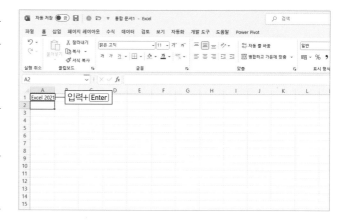

04. 화면 오른쪽 상단의 닫기(×) 버튼을 클릭하여 엑셀을 종료합니다. 편집한 후 저장하지 않고 닫기 버튼을 눌렀기 때문에 변경 내용을 저장할 것인지 묻는 대화상자가 표시됩니다. [저장 안 함] 버튼을 클릭합니다.

Point

[저장] 버튼을 클릭하면 기본값인 OneDrive 계정으로 저장되며 엑셀을 종료하고, [취소] 버튼을 누르면 현재 명령을 취소하여 편집 중인 화면으로 돌아갑니다.

02 엑셀의 화면 구성

작업 시간을 줄여 주는 엑셀을 능숙하게 사용하려면 화면의 구성 요소를 먼저 알아야 합니다. 구성 요소를 알기 위해 엑셀 2021의 화면을 살펴보겠습니다.

○→ Key Word: 화면 구성, 리본 메뉴, 시트

기본 화면 구성

엑셀은 2007 버전부터 업그레이드되어 일부 구성이 다른점은 있지만 전체적인 메뉴 구성은 동일합니다. ❶ 리본 메뉴, ❷ 워크시트, ❸ 상태 표시줄로 나뉘어져 있습니다.

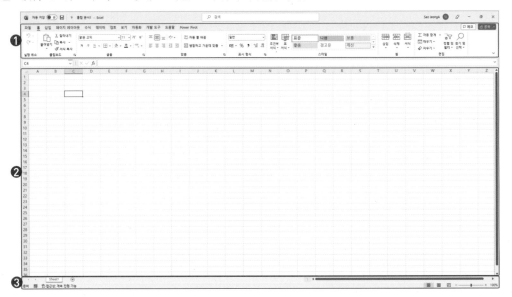

리본 메뉴

리본 메뉴는 화면 상단에 위치하고 있습니다. 아이콘의 형태와 텍스트 메뉴로 구성되어 있습니다.

❶ 제목 표시줄

현재 작업 중인 통합 문서의 이름이 표시됩니다. 저장되어 있지 않았다면 '통합 문서1', '통합 문서2'와 같이 나타납니다. 상황에 따라 [호환 모드], [읽기전용], [안전모드], [그룹] 등이 추가 표시됩니다.

❷ 자동 저장

작업할 때 자동 저장 기능은 OneDrive, SharePoint 계정에 [켬]으로 활성화되어 있으면 몇 초마다 자동으로 파일을 저장합니다. [끔] 상태에서는 자동 저장이 되지 않습니다.

❸ 빠른 실행 도구 모음

빠르게 작업하기 위해 사용자가 임의로 추가/삭제할 수 있는 도구 모음입니다. 엑셀 2021 버전에는 빠른 실행 도구 모음 기본 아이콘이 없으며, 사용자가 추가하여 사용할 수 있습니다. 자세히 버튼(⏷)을 클릭하여 추가하거나, 아이콘에서 마우스 오른쪽 버튼을 클릭하여 추가할 수 있습니다.

❹ 검색

F1의 도움말과 Ctrl+F1의 찾기 기능이 조합되어 있는 기능입니다. 작업(메뉴), 워크시트, 파일 세 분류로 나누어 검색 가능합니다.

❺ 오피스 로그인

마이크로소프트 계정으로 로그인하여 웹 클라우드인 원드라이브(OneDrive)에 오피스 문서를 온라인으로 [업로드], [열기], [공유] 할 수 있습니다. [공유] 아이콘을 클릭하면 현재 문서에 대상자를 추가하거나 편집 링크를 활용해 공동으로 작업할 수 있습니다.

❻ 출시 예정 기능

출시 예정 기능으로 새 기능을 테스트하고 피드백을 공유할 수 있는 기회를 제공합니다. [새 환경 사용해보기]를 활성화한 후 (◯ 켜기) 엑셀을 다시 실행하면 최신 엑셀 레이아웃으로 변경됩니다.

❼ 메모

[삽입] 탭의 메모를 입력한 경우 한눈에 파악할 수 있는 작업 창이 표시됩니다.

❽ 리본 메뉴

엑셀의 모든 기능을 모아놓은 메뉴와 도구들입니다. [파일], [홈], [삽입] 등의 메뉴 이름을 '탭'이라고 하며 이를 클릭하면 해당 메뉴 등이 리본처럼 펼쳐져서 보입니다. 탭을 클릭하면 여러 개의 관련 [그룹]으로 구성되어 있고, [그룹]을 클릭하면 실행되는 명령 버튼 [도구]로 이루어져 있습니다. 리본 메뉴를 사용자가 임의로 추가/삭제할 수 있습니다.

• 리본 메뉴의 구성

[파일] 탭은 문서의 정보, 개인 정보를 설정하고 저장, 공유, 게시, 인쇄 및 옵션 등 설정을 수행할 수 있습니다. 또한 각각의 탭 이름을 클릭하면 여러 개의 그룹으로 구성되어 있습니다. 관련있는 명령 도구들은 하나의 그룹에 포함되어 있습니다. 기본 구성 메뉴 외에 표, 차트, 스파크라인, 수식, 피벗 테이블 등 개체에 따라 관련 메뉴가 추가 구성되어 나타나기도 합니다.

• 화면 해상도와 리본 메뉴

리본 메뉴의 각 [탭]에 있는 도구들은 해상도에 따라 표시되는 형태가 다릅니다. 해상도가 낮은 상황에서도 모든 도구들을 표시하기 위해 도구의 크기를 줄이거나 위치를 이동하여 표시합니다.

<해상도 1920*1080>

<해상도 1024*768>

• 리본 메뉴 표시 옵션(⌄)

[항상 리본 표시], [탭만 표시], [전체 화면 모드], [빠른 실행 도구 모음 감추기] 메뉴로 화면에서 차지하는 리본 메뉴를 없애 편집하는 화면을 보다 넓게 쓸 수 있습니다. 기본 탭의 메뉴 이름을 더블클릭하거나 아이콘을 클릭할 수 있습니다(단축키 Ctrl+F1).

워크시트

워크시트는 데이터가 나열되는 공간이며, 열과 행으로 이루어져 있습니다.

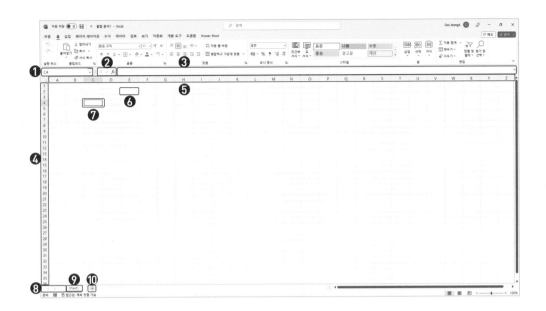

❶ 이름 상자

현재 선택하고 있는 셀 주소나 셀의 이름이 표시되는 곳입니다. 셀 주소는 선택된 셀의 열 머리글과 행 머리글이 합쳐져서 표시됩니다. 이름 상자에 'C5'가 표시되어 있다면 셀 포인터가 'C' 열의 '5' 행에 있다는 것입니다.

❷ 함수 삽입(*fx*)

함수 삽입을 클릭하면 '함수 마법사'가 열리며 다양한 함수를 시작할 수 있습니다.

❸ 수식 입력줄

이름 상자에 나타나 있는 현재 선택한 셀의 원 데이터나 수식이 표시됩니다. 셀에 표시되어 있는 것과 다르게 원본 데이터를 확인하고 편집할 수 있고, 수식 입력줄을 클릭하여 수식이나 데이터를 수정할 수 있습니다.

❹ 행 머리글

행 이름이 표시되는 곳으로 하나의 워크시트에 [1] 행부터 [1,048,576] 행까지 있습니다.

❺ 열 머리글

열 이름이 표시되는 곳으로 하나의 워크시트에 [A] 열에서 [XFD] 열까지 있습니다.

❻ 셀

엑셀의 기본 개체인 행과 열이 교차되는 위치의 영역입니다.

❼ 셀 포인터

워크시트의 여러 셀 중에서 현재 선택된 셀을 나타내며, 굵은 사각형으로 표시됩니다. Enter를 누르면 아래 셀로 이동되며, Tab을 누르면 오른쪽 셀로 이동됩니다.

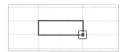

❽ 시트 탭 이동 버튼( )

시트의 개수가 많아서 화면에 표시되지 않을 때 가려져 있는 시트를 볼 수 있도록 시트 탭 화면을 이동하는 버튼입니다. Ctrl을 누른 채 이동 버튼을 클릭하면 시트의 처음, 마지막으로 빠르게 이동하여 볼 수 있으며, 시트 탭의 표시 위치만 이동할 뿐 실제로 시트를 선택하지는 않습니다. 마우스 오른쪽 버튼을 클릭하면 워크시트의 시트 이름을 모두 볼 수 있고, 더블클릭하면 해당 시트로 이동할 수 있습니다.

❾ 시트 탭

현재 통합 문서에 있는 시트의 이름이 표시됩니다. 선택된 시트의 내용이 화면에 표시되고 선택된 시트는 흰색으로 표현됩니다.

❿ 새 시트 엑셀( )

새로운 시트를 추가할 수 있습니다. 선택되어 있는 시트의 오른쪽으로 만들어집니다.

상태 표시줄

❶ 준비 모드

현재 작업 상태 셀 모드 정보를 표시하며, 준비, 입력, 편집 등의 셀 작업 상태와 선택한 셀의 자동 계산 결과(평균, 개수, 합계) 등을 확인할 수 있습니다.

❷ 매크로

매크로 기능의 아이콘으로 추가 메뉴로 설정해야 하는 기능입니다.

❸ 표시 영역

키보드 기능키의 선택 상태를 표시하며, 데이터의 범위를 지정하면 평균, 개수, 합계 결과값을 미리보기 할 수 있습니다.

❹ 화면 보기

워크시트의 보기를 [기본], [페이지 레이아웃], [페이지 나누기 미리보기]로 변경하여 나타낼 수 있습니다.

⊞ ▣ ⊔

❺ 확대/축소

워크시트의 현재 화면 비율을 표시하고, 10% 단위로 확대하거나 축소합니다. 조절 바를 드래그하여 확대/축소할 수 있습니다. 비율을 클릭하고 대화상자를 열어 원하는 배율을 지정합니다.

03 빠르게 시작하기

엑셀은 [홈] 화면에서 [새로 만들기], [검색], [추가 서식 파일], [최근 항목] 중에서 시작할 수 있습니다.

⟳ Key Word: 시작 화면

❶ 새로 만들기

[새 통합 문서]를 열거나 추천 온라인 서식 파일을 선택할 수 있습니다. [옵션]에서 설정 시 [홈] 메뉴를 보지 않고 바로 [새 통합 문서]로 시작할 수 있습니다.

❷ 추가 서식 파일

왼쪽 메뉴인 [새로 만들기]로 자동 이동되며, 인터넷 연결 시 서식 파일을 온라인에서 검색한 후 빠르게 문서를 작업할 수 있습니다.

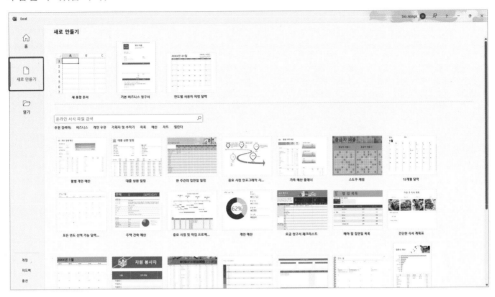

❸ 검색

엑셀 프로그램에서 열었던 파일들을 바로 검색하여 열기할 수 있습니다.

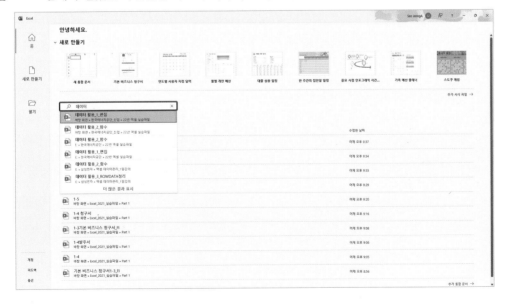

❹ 최근 항목

검색하지 않고 엑셀 프로그램에서 열었던 최근 파일 10개를 볼 수 있습니다. 최근 항목에 마우스를 위치하면 [공유], [이 항목을 목록에 고정] 아이콘이 생성되며, [최근 항목] 메뉴 옆의 [고정됨], [나와 공유] 항목에서 확인할 수 있습니다.

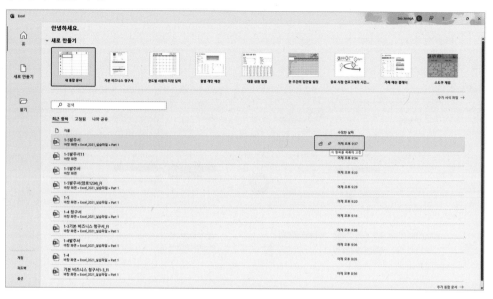

❺ 열기

기존에 작업했던 통합 문서를 저장 공간(컴퓨터, OneDrive)에서 열기합니다. [이 PC]를 클릭하면 탐색기처럼 폴더를 볼 수 있으며, [찾아보기]를 클릭하면 대화상자에서 파일을 검색할 수 있습니다.

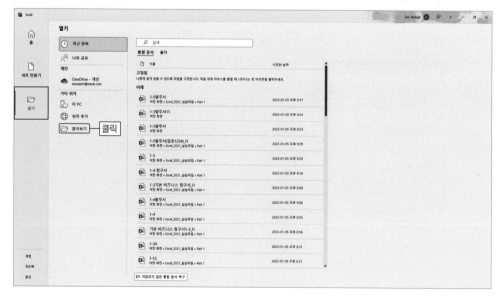

Section

04 엑셀 온라인 서식 파일 활용하고 저장하기

엑셀 문서를 작성할 때는 새 통합 문서를 열어 빈 워크시트로 시작하거나 마이크로소프트 사에서 제공하는 기본 서식을 사용할 수도 있습니다. 다양한 서식 파일을 활용하는 방법과 저장하는 과정을 살펴봅니다.

Key Word: 온라인 서식 파일, 새로 만들기, 저장

01. 엑셀을 새롭게 실행하면 왼쪽 메뉴 [홈], [새로 만들기], [열기] 메뉴를 클릭할 때마다 오른쪽 화면이 변경됩니다. [새로 만들기]를 클릭하고, 추천 검색어인 [비즈니스]를 클릭합니다.

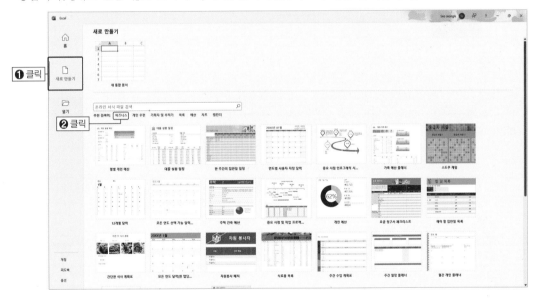

02. 비즈니스 검색 결과의 첫 번째 게시물인 [기본 비즈니스 청구서]를 클릭하고 [만들기]를 클릭합니다.

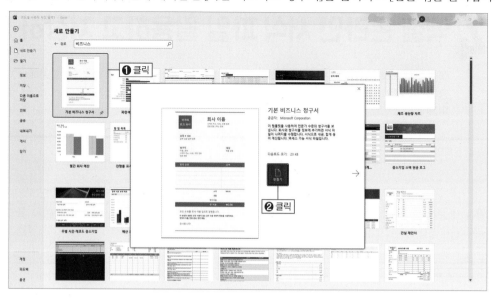

Point

[기본 비즈니스 청구서]를 더블클릭하면 바로 실행됩니다. Office.com 온라인 서식 파일을 검색한 후 다운로드하는 것이기 때문에 인터넷에 연결되어 있어야 합니다.

03. [B11] 셀을 클릭하고 '사무용 테이블', [C11] 셀을 클릭하고 '320000'을 입력합니다. [파일] 메뉴의 [저장]을 클릭합니다.

04. [저장]을 클릭해도 [다른 이름으로 저장] 메뉴에서 시작합니다. [다른 이름으로 저장] 메뉴의 [찾아보기]를 클릭합니다.

05. [다른 이름으로 저장] 대화상자에서 '기본 비즈니스 청구서'라는 이름으로 입력한 후 [저장]을 클릭하여 통합 문서를 저장합니다.

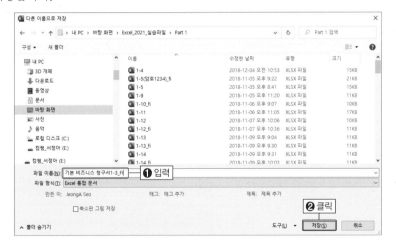

05 PDF 파일로 저장하기

엑셀은 모든 운영체제에서 원본 문서 그대로 읽거나 인쇄할 수 있으며 데이터를 쉽게 변경할 수 없도록 유지하는 문서로 많이 사용되는 PDF 또는 XPS 파일로 저장할 수 있습니다.

⤷ Key Word: PDF/XPS 문서
예제 파일: 1-5

01. 엑셀 문서를 변경할 수 없도록 PDF 형식으로 저장해 보겠습니다. [파일] – [내보내기] – [PDF/XPS 문서 만들기] – [PDF/XPS 문서 만들기]를 클릭합니다.

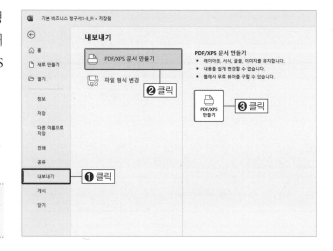

Point

[파일]의 [다른 이름으로 저장] 대화상자에서 [파일 형식]을 PDF로 변경하여도 동일합니다.

02. [PDF 또는 XPS로 게시] 대화상자에서 '1-4_fi'를 입력한 후 [게시]를 클릭합니다.

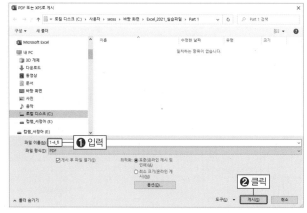

Point

'PDF Reader' 전용 프로그램이나, '인터넷 브라우저'를 통해 확인할 수 있습니다.

Point

PDF 형식으로 저장 시 '표준(온라인 게시 및 인쇄)'을 선택하면 인쇄 품질을 높일 수 있고, '최소 크기(온라인 게시)'를 선택하면 파일 크기를 줄일 수 있습니다. 그 밖의 추가 메뉴는 '옵션'을 선택합니다.

Section

06 암호 사용하여 저장하기

엑셀 문서는 중요한 문서를 다룰 때가 많습니다. 이때 암호를 설정하여 저장할 수 있는데 두 가지 방식인 '열기 암호', '쓰기 암호'를 사용할 수 있습니다. 여러 가지 방법이 있지만 그중에서 가장 간단히 저장할 수 있는 [다른 이름으로 저장] 대화상자를 통해 저장해 보겠습니다.

Key Word: 문서 보호, 열기 암호, 쓰기 암호
예제 파일: 1-6

01. [파일] 메뉴의 [다른 이름으로 저장]을 클릭한 후 [찾아보기]를 클릭합니다.

02. [다른 이름으로 저장] 대화상자가 열리면 [도구] 메뉴의 [일반 옵션]을 클릭합니다.

03. [일반 옵션] 대화상자에서 '열기 암호'를 입력합니다.

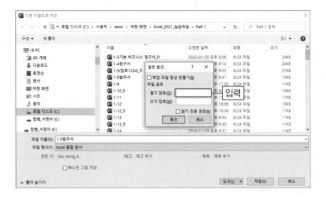

04. 암호를 입력하면 다시 확인하는 창이 나옵니다. 똑같은 암호를 다시 입력 후 [저장] 버튼을 클릭합니다.

05. 암호가 설정된 통합 문서를 열면 열기 암호를 확인합니다.

암호를 설정하는 또 다른 방법

[파일] – [정보] 창의 [통합 문서 보호]를 클릭하면 '암호 설정'을 할 수 있습니다. [다른 이름으로 저장] 대화상자에서는 '열기 암호', '쓰기 암호'를 설정할 수 있지만 통합 문서 보호 창에서 암호를 설정하면 '열기 암호'만 설정할 수 있습니다.

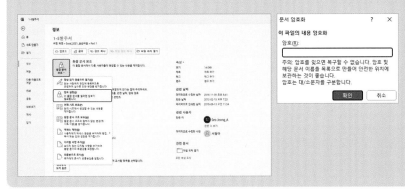

07 빠른 실행 도구 모음 설정

빠른 실행 도구 모음은 엑셀 2021 버전부터 기본 아이콘이 없으며 사용자가 임의로 추가하여 말 그대로 빠르게 실행할 수 있는 메뉴입니다. [자세히] 버튼을 눌러 추가하거나 리본 메뉴의 아이콘에서 마우스 오른쪽 버튼을 클릭하여 추가할 수 있습니다.

⊙ Key Word: 빠른 실행 도구 모음, 명령 추가/제거

01. '빠른 실행 도구 모음 사용자 지정' 아이콘에서 [자세히] 버튼을 클릭한 후 [새로 만들기], [열기]를 클릭합니다.

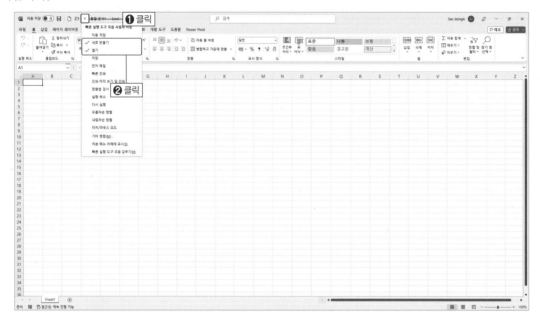

02. 리본 메뉴에 있는 메뉴 중 자주 사용하는 메뉴인 [홈] 탭 [표시 형식] 그룹의 '쉼표 스타일' 아이콘에서 마우스 오른쪽 버튼을 클릭하여 [빠른 실행 도구 모음에 추가]를 클릭합니다.

03. 빠른 실행 도구 모음에 추가하면 Alt+번호로 보다 빨리 실행할 수 있습니다. Alt+1을 눌러 '새 통합 문서'를 실행합니다.

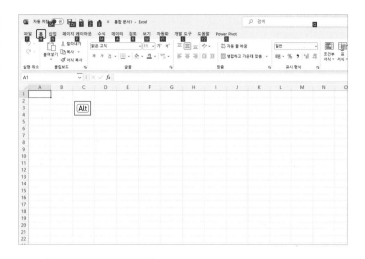

04. 빠른 실행 도구 모음에서 추가된 명령을 다시 제거하기 위해 '쉼표 스타일' 아이콘에서 마우스 오른쪽 버튼을 클릭하여 [빠른 실행 도구 모음에서 제거]를 클릭합니다.

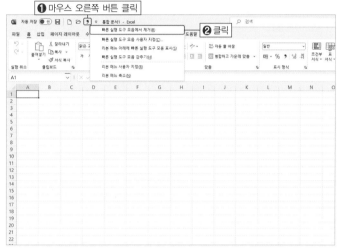

08 리본 메뉴 탭 만들기

빠른 실행 도구 모음을 만들었듯이 리본 메뉴 또한 사용자에 의해 만들 수 있습니다. 자신의 작업 스타일에 맞게 명령을 따로 모아 두면 시간을 절약할 수 있습니다.

⌨ Key Word: 리본 메뉴, 사용자 지정 탭

01. 리본 메뉴에서 마우스 오른쪽 버튼을 클릭하여 [리본 메뉴 사용자 지정]을 클릭합니다.

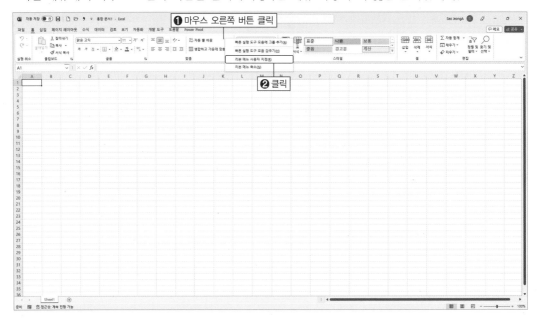

Point

[파일] – [옵션] – [리본 사용자 지정]을 클릭해도 동일합니다.

02. 'Excel 옵션' 창이 열리면 [리본 사용자 지정] 메뉴가 선택되어 있는 것을 확인할 수 있습니다. [홈] 메뉴를 클릭한 후 [새 그룹]을 클릭합니다.

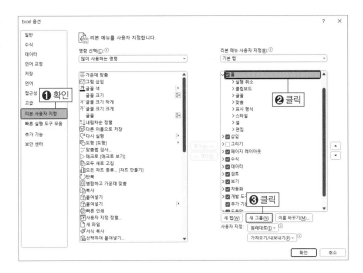

03. [홈] 메뉴 아래에 추가된 그룹의 이름을 변경하기 위해 '새 그룹(사용자 지정)'을 선택합니다. [이름 바꾸기] 메뉴를 클릭하여 '삽입'으로 변경한 후 [확인]을 클릭합니다.

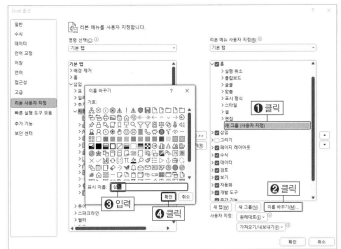

04. 명령 선택에서 [기본 탭]을 선택하고 [삽입] – [표] – [추천 피벗 테이블]을 선택합니다. [추가] 버튼을 클릭하고, [삽입] – [차트] – [추천 차트]를 선택한 후 [추가] 버튼을 클릭합니다.

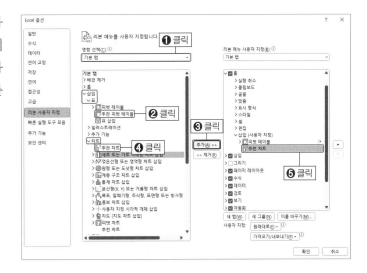

05. 다시 [새 그룹]을 클릭하고, [이름 바꾸기]를 클릭하여 '데이터'라고 이름을 변경합니다.

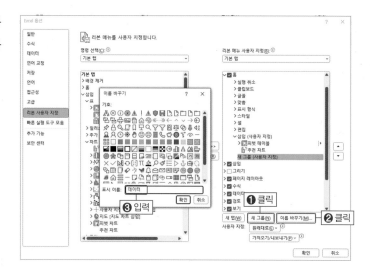

06. 다시 추가된 '데이터' 그룹에 왼쪽 명령 탭의 [데이터] – [데이터 도구]에서 [텍스트 나누기], [데이터 유효성 검사] 기능을 추가합니다.

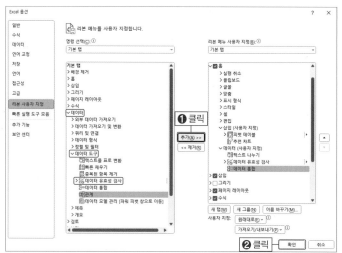

07. [Excel 옵션] 창을 [확인]을 눌러 창을 닫으면 [홈] 탭의 두 개의 그룹이 추가된 것을 확인할 수 있습니다.

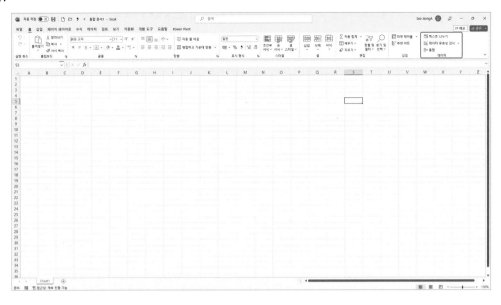

리본 메뉴 원래대로

사용자가 임의로 만들었던 리본 메뉴를 원래대로 되돌리려면 [Excel 옵션] 창에서 [리본 사용자 지정] 메뉴의 사용자 지정 – [원래대로] – [모든 사용자 지정 다시 설정]을 클릭합니다. 경고 메시지가 나타나면 [예] 버튼을 클릭하여 리본 메뉴와 빠른 실행 도구 모음을 원래 상태로 되돌릴 수 있습니다.

09 워크시트의 화면 표시 변경하기

엑셀의 화면은 셀로 구성되어 있습니다. 화면상의 구성 요소는 눈금자, 수식 입력줄, 눈금선, 머리글로 구성되어 있어 사용자에 따라 표시하거나 해제할 수 있으며 리본 메뉴의 구성 요소 표시 또한 변경할 수 있습니다.

Key Word: 화면 구성 요소, 눈금선, 보기 방식 변경
실습 예제: 1-9

01. [보기] 메뉴의 [표시] 그룹의 '수식 입력줄', '눈금선', '머리글'을 모두 해제한 화면 구성입니다.

02. '눈금선'은 체크 해제 유지, '수식 입력줄'과 '머리글'을 체크하여 표시한 화면 구성입니다.

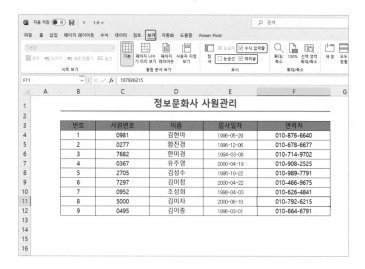

03. [보기] 메뉴 [통합 문서 보기] 그룹의 [페이지 레이아웃] 보기방식으로 변경하면 '눈금자'를 표시하거나 해제할 수 있습니다.

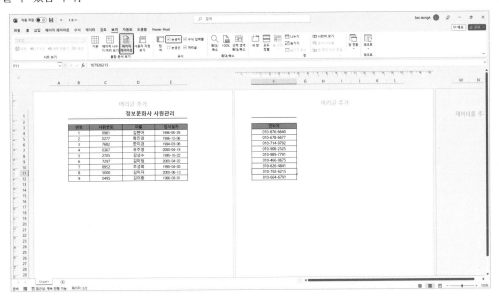

Point

화면 오른쪽 하단의 [기본], [페이지 레이아웃], [페이지 나누기 미리보기](⊞ ▣ ⊡)를 클릭하면 빠르게 화면을 전환할 수 있습니다.

04. 다시 [보기] 메뉴 [통합 문서 보기] 그룹의 [기본] 보기 방식으로 변경합니다. 리본 메뉴 오른쪽 화면의 아이콘(⌄)을 클릭하면 3가지의 옵션이 있는데 '전체 화면 모드'를 클릭하여 수식 입력줄과 데이터를 편집할 수 있는 화면을 최대 크기로 표시할 수 있습니다.

05. 화면 오른쪽의 ⋯ 버튼을 클릭합니다. 다시 아이콘(⌄)을 클릭해서 [항상 리본 표시]를 클릭하면 원래대로 돌아옵니다.

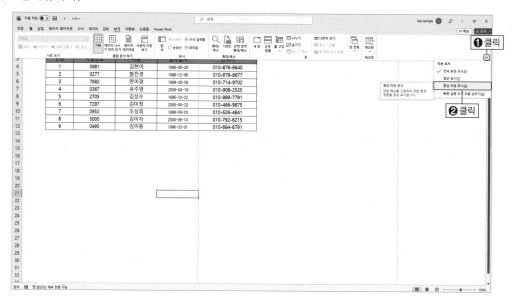

Point

단축키 Ctrl+F1을 누를 때마다 탭 표시/해제를 전환할 수 있습니다.

10 호환 모드 문서를 Excel 통합 문서로 변환하기

드물긴 하지만 아직도 2003 버전 이하의 통합 문서를 상위 버전에서 실행해야 하는 경우가 있습니다. 예를 들어 웹 문서를 엑셀로 저장하면 2003 버전 이하로 저장 되는 경우가 있습니다. 당연히 그 이후 생긴 기능들은 작업 제한이 있습니다. 이러한 통합 문서를 변환하는 과정을 거쳐 2021 버전으로 실행해 보겠습니다.

◉ Key Word: 호환 모드, 호환 모드 변환
예제 파일: 1-10

01. 문서를 열면 제목 표시 줄에 [호환성 모드]가 보입니다. [파일] 메뉴를 선택하고, [정보] 메뉴의 [호환 모드] 메뉴인 [변환]을 클릭합니다.

Point

'97-2003 통합 문서'는 (*.xls)로 저장되지만 2007 버전 이상은 모두 (*.xlsx)로 저장됩니다.

02. 형식을 변환하는 메시지 창에서 [확인]을 클릭합니다. 이 작업을 수행하면 새 기능을 수행할 수 있는 현재 파일 형식으로 변환되며 파일의 크기가 줄어들고, (*.xls) 형식의 문서는 삭제됩니다.

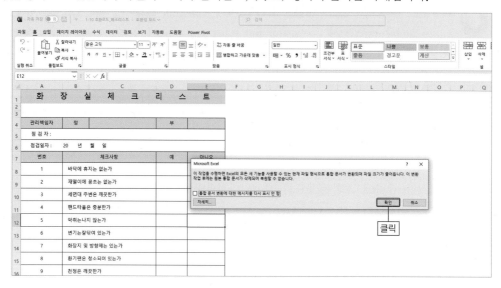

Point

97–2003 형식의 통합 문서가 열리면 제목 표시줄에 [호환성 모드]라고 표시됩니다.

03. 변환이 된 문서를 다시 열기 위한 메시지 창이 나타나면 [예] 버튼을 클릭합니다.

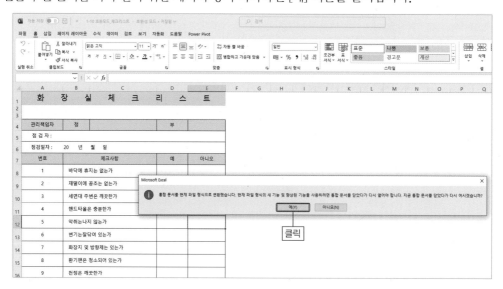

04. 통합 문서가 (*.xlsx) 형식으로 변환되었습니다. 제목 표시줄에 [호환성 모드]가 사라졌습니다.

11 데이터 선택하기

엑셀의 문서는 대량의 데이터가 많이 있는데, 데이터를 빠르게 선택해야 일 처리를 빠르게 할 수 있습니다. 대량의 데이터에서 빠르게 이동하는 방법, 선택하는 방법을 배워 보겠습니다.

Key Word: 데이터 선택, 화면 이동
실습 파일: 1-11

01. 데이터의 안쪽에 셀이 선택되어 있는지 확인 후 Ctrl + A 를 누르면 엑셀 프로그램에서 인식하는 처음부터 끝까지, 엑셀 데이터 전체가 선택됩니다.

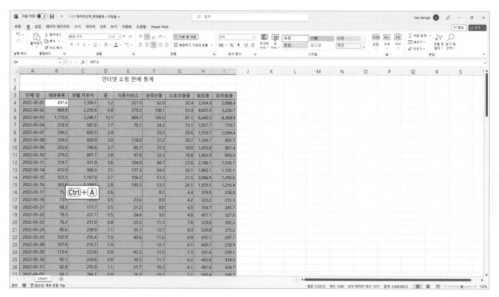

Point

통합 문서에서는 비어있는 행/열이 있으면 분리된 표로 인식합니다. 마우스로 선택 시 워크시트 머리글 Ⓐ와 ① 사이의 [전체 선택█]을 클릭합니다.

02. 엑셀 통합 문서에서 데이터를 빠르게 이동하기 위해 [A3] 셀을 클릭한 후 Ctrl 을 누르고 방향키 ↓를 누릅니다. 데이터 의 끝으로 셀이 이동하는 것을 확인할 수 있습니다.

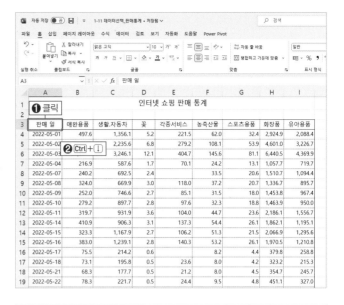

03. 다시 Ctrl+↑를 눌러 화면을 위로 올 립니다. 이번에는 [A4] 셀을 클릭한 후 Shift와 방향키를 누르면, 한 셀 한 셀 추가 선택되는 것을 확인할 수 있습니다.

04. Ctrl과 Shift를 함께 누르면 데이터의 끝으로 선택하면서 빠르게 이동할 수 있습니다. [A4] 셀을 클릭 후 Ctrl + Shift + ↓를 누르면 [A4:A123] 셀까지 범위가 지정됩니다.

05. 데이터 선택을 유지하면서 화면을 위쪽으로 이동해야 할 때가 있는데, 키보드에서 빠르게 이동할 수 있는 방법을 알아보겠습니다. 선택되어 있는 상태에서 Space Bar를 누르면, 첫 번째 셀에 입력하기 위한 대기모드인 것을 알 수 있습니다. 입력할 것은 아니므로 Esc를 눌러 취소하면 선택은 유지하되 화면만 빠르게 이동할 수 있습니다.

Point

선택을 유지하면서 화면만 빠르게 위쪽으로 이동하기 위해서는 기능키가 아닌 자음, 모음 중 한 개를 눌러도 동일한 효과를 낼 수 있습니다.

06. 중간 중간 비어있는 데이터를 선택할 때 Ctrl+Shift+↓로 한다면 오히려 여러 번에 걸쳐 선택을 하게 됩니다. [E4] 셀을 클릭 후 스크롤바로 화면을 이동한 후 Shift +[E123] 셀을 누릅니다. [E4:E123] 셀까지 범위가 지정됩니다.

Point

모두 채워져 있는 데이터를 선택한다면 Ctrl+Shift+↓를 사용하고, 중간 중간 비어있는 데이터를 선택한다면 첫 번째 셀을 클릭 후 마지막 셀을 Shift와 함께 누릅니다.

	A	B	C	D	E	F	G	H	I
106	2022-09-20	352.7	296.2	56.5	2.3		71.4	56.2
107	2022-09-21	354.6	299.8	54.8	1.2	437.3	78.6	82.6	67.6
108	2022-09-24	386.5	326.7	59.8	1.0	539.4	88.7	61.0	44.3
109	2022-09-25	411.9	345.8	66.1	0.9	557.9	98.5	60.1	43.1
110	2022-09-26	398.7	334.4	64.3	1.0	435.6	85.8	62.5	45.7
111	2022-09-27	457.7	379.3	78.4	1.2	447.6	83.1	64.1	44.9
112	2022-09-28	474.1	396.4	77.7	1.5	440.4	90.5	80.6	60.5
113	2022-10-01	487.8	408.7	79.1	2.6	465.8	111.5	107.0	86.8
114	2022-10-02	477.1	392.8	84.3	1.3	520.6	99.9	76.3	55.0
115	2022-10-03	503.3	402.1	101.2	2.1	463.4	90.2	77.4	55.8
116	2022-10-04	517.4	399.6	117.8	2.5	472.0	93.8	96.7	72.9
117	2022-10-05	473.5	374.7	98.8	2.7	520.4	102.3	91.7	68.4
118	2022-10-08	501.0	403.6	97.4	2.8	549.7	99.5	97.3	72.5
119	2022-10-09	501.7	404.9	96.8		550.5	96.0	102.2	76.8
120	2022-10-10	537.1	434.9	102.2	1.2	673.5	100.6	95.5	67.7
121	2022-10-11	555.1	444.5	110.6	1.2	656.1	110.5	80.4	50.9
122	2022-10-12	563.7	447.2	116.5	1.7	581.9	110.9	94.4	63.9
123	2022-10-15	556.8	440.5	116.3	1.8			85.0	55.1
124									

❶ [E4] 셀 클릭

❷ Shift + 클릭

Level UP

암호를 설정하는 또 다른 방법

[파일] – [정보] – [통합 문서 보호]를 클릭하면 '암호 설정'을 할 수 있습니다. [다른 이름으로 저장] 대화상자에서는 '열기 암호', '쓰기 암호'를 설정할 수 있지만 통합 문서 보호창에서 암호를 설정하면 '열기 암호'만 설정할 수 있습니다.

바로 가기 키	기능
Ctrl+A	한 개의 표로 인식하는 모든 데이터를 선택(단, 데이터가 입력되어 있지 않은 빈 셀에서는 전체 범위가 선택됨)
Ctrl+클릭	중복 범위 선택
Shift+클릭	(시작 셀 선택 후) 연속 데이터 범위 선택
Tab	오른쪽 셀로 이동, 반대 방향(왼쪽)은 Shift 함께 사용
Ctrl+Home	[A1] 셀로 이동
Ctrl+End	데이터가 입력된 마지막 셀로 이동
Ctrl+Shift+↓, ↑, ←, →	선택되어 있는 셀부터 방향키 방향으로 데이터 마지막 셀까지 선택
Ctrl+Space Bar	선택되어 있는 셀의 열 전체 선택
Ctrl+Space Bar	선택되어 있는 셀의 행 전체 선택
Alt+PageUp	한 화면 왼쪽으로 이동
Alt+PageDown	한 화면 오른쪽으로 이동

12 문자 데이터 입력

엑셀 데이터는 문자 데이터와 숫자 데이터로 구분되는데 계산할 수 없는 데이터를 문자 데이터라 하고, 계산할 수 있는 데이터를 숫자 데이터라고 합니다. 문자 데이터를 입력하는 방법과 편집하는 방법을 알아보겠습니다.

○→ Key Word: 문자 데이터, 자동 완성, 동시 입력
　실습 파일: 1-12

01. [A1] 셀에 '데이터 입력'을 입력하고 Enter 를 입력합니다. [A2] 셀에 '데이터'를 입력하기 위해 '데'를 입력하면 '데이터 입력'이 자동 완성 기능으로 보입니다.

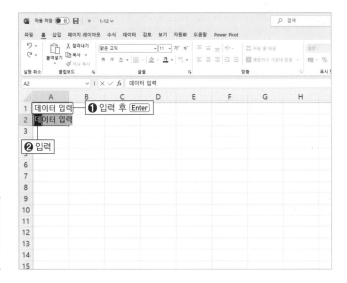

Point

맞춤을 설정하지 않아도 문자를 입력하면 왼쪽 정렬, 숫자는 오른쪽 정렬이 됩니다.

02. F2 를 누르고, 커서를 움직여 Backspace 를 눌러 '입력'을 삭제 후 Enter 를 누릅니다.

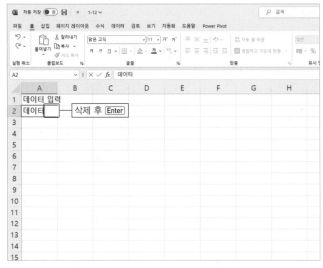

03. '데'로 입력한 데이터가 두 개이니 자동 완성 기능이 제공되지 않습니다. 그러나 Alt와 ⬇를 같이 누르면 제공되는 문자 중 '데이터 입력'을 선택하여 입력이 가능합니다.

04. 하나의 셀에 두 줄을 입력하기 위해 '프로그램' 시트의 [B6] 셀을 클릭하여 '스포츠' 입력 후 Alt + Enter 를 누른 후 '주요행사'를 입력 후 Enter 를 누릅니다.

05. [D5] 셀을 선택 후 채우기 핸들을 더블클릭하여 [D9] 셀까지 채우기한 후 옵션 버튼을 클릭하여 [셀 복사]를 선택하여 '30분'이라는 데이터를 복사하여 채우기합니다.

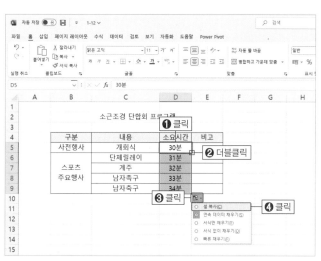

06. [E5] 셀을 클릭 후 Ctrl을 누른채 [E8] 셀을 중복 선택합니다. '강당'을 입력 후 Ctrl+Enter를 눌러 선택한 셀에 동시 입력합니다.

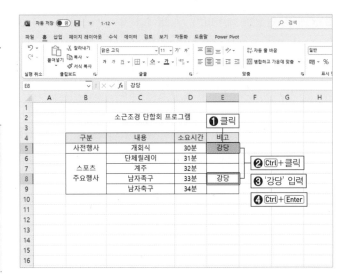

Point

떨어져있는 셀에 데이터를 입력할 때는 채우기 핸들로 복사할 수 없기 때문에, 채우기 핸들과 같은 기능을 하는 Ctrl+Enter를 적용합니다. Ctrl+Enter는 선택 되어 있는 셀에 동시 입력하는 특징을 갖고 있어서, 미리 입력할 곳을 선택한 후 적용합니다.

LevelUP

채우기 핸들

셀을 선택했을 때 오른쪽 하단 모서리에 작은 사각형 모양의 아이콘이 채우기 핸들입니다. 채우기 핸들에 마우스를 위치시키면 [+] 모양으로 마우스 포인터가 변경됩니다. 이때 원하는 만큼 드래그하거나 더블클릭하여 데이터 끝까지 복사하는 것을 자동 채우기라고 합니다.

Tip

한/영 자동 고침 해제

엑셀에서 데이터를 입력할 때 자음을 연속으로 입력하게 되면 영문으로 변경되는데 이는 한글과 영어가 자동으로 고쳐지는 기능을 가지고 있기 때문에 그렇습니다. 이를 해제하기 위해서는 [파일] 탭에서 [옵션] 대화상자를 클릭하여 [언어 교정] 탭의 '자동 고침 옵션'을 클릭합니다. 그리고 '한/영 자동 고침'을 해제합니다.

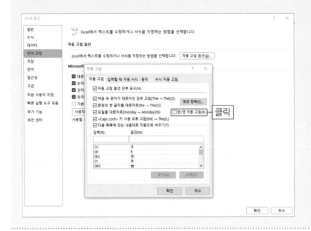

13 한자 입력하기

한글 자음을 입력한 후 한자를 누르면 원하는 한자를 선택할 수 있으며, 단어를 변환하여 입력 형태
를 변경할 수도 있습니다. [검토] 탭의 [언어] 그룹 [한글/한자 변환] 기능을 사용할 수도 있습니다.

⊙ Key Word: 한자 변환, 입력 형태
실습 파일: 1-13

01. [D11] 셀에 '2023년 1월'을 입력하기 위해 '2023년'을 입력 후 한자를 누른 후 '年'으로 변경합니다.

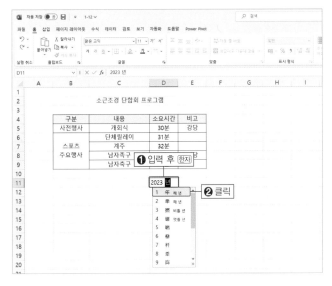

Point

한자 목록에서 Tab을 누르면 현재 한자의 전체 목록을 표시할 수 있습니다.

02. 같은 방법으로 '1월'을 '1月'로 변경합니다.

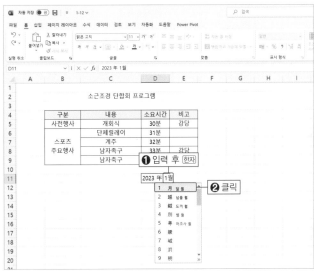

03. [E11] 셀을 선택 후 '종료'를 입력 후 한자를 '3번' 누르면 [한글/한자 변환] 대화상자가 열리면서 단어 변환을 할 수 있습니다. 한글(漢字)을 선택 후 [변환]을 클릭합니다.

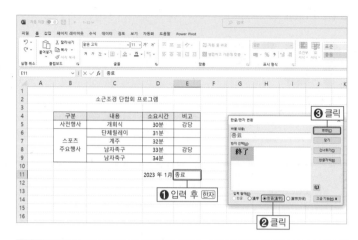

04. 종료(終了)로 변경된 것을 확인할 수 있습니다.

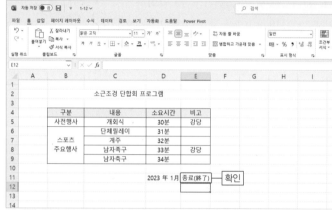

Point

한자 단어 변환 단축키는 Ctrl+Alt+ F7 입니다.

한자 사전 보기

[한글/한자 변환] 대화상자에서 한자 사전(📖)을 클릭하면 한자의 음과 뜻, 부수, 획수 등을 볼 수 있습니다.

Section

14 기호 입력

키보드에 없는 기호를 특수 문자라고 합니다. [삽입] – [기호]를 사용하거나 한글 자음을 입력한 후
한자를 이용해 특수 문자를 입력할 수 있습니다.

Key Word: 특수 문자, 기호
실습 파일: 1–14

01. 제목에 특수 기호를 입력해 보겠습니다. [B2] 셀을 더블클릭하여 자음 'ㅁ'을 입력한 후 한자를 누릅니다. Tab을 누르면 목록이 펼쳐져서 보입니다.

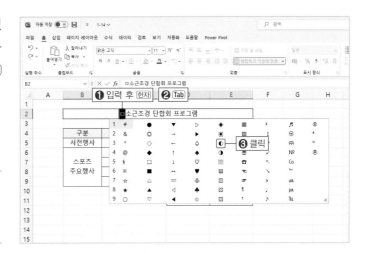

Point

POINT 목록이 펼쳐져 있을 때 오른쪽 방향키 →를 눌러 기호 옆에 있는 숫자를 눌러도 입력 가능합니다.

02. '◑, ◐'를 선택하여 제목의 앞과 뒤에 입력합니다.

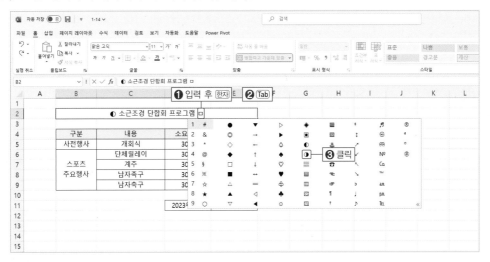

03. [E6] 셀을 클릭하고, [삽입] 탭의 [기호] 그룹의 [기호]를 선택합니다. 글꼴에서 'Webdings'을 선택 후 '🕯'를 클릭합니다. [삽입]을 클릭 후 [닫기]를 클릭합니다.

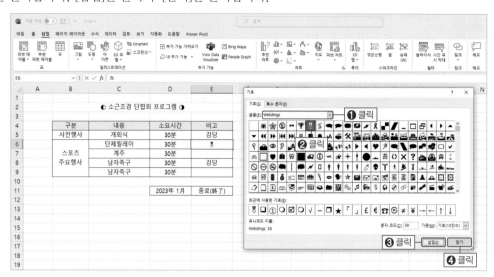

04. 기호를 삽입 후 채우기 핸들로 [E7] 셀까지 드래그하여 복사한 후 Enter 를 눌러 마무리합니다.

LevelUP

자주 입력하는 특수 문자

키보드에 있는 자음에 따라 특수 문자들이 할당되어 있습니다. 자주 사용하는 특수 문자는 다음과 같습니다.

자음	해당 특수 문자
ㅁ	※ ◎ ▲ ☎ ☏
ㄴ	「 」 『 』
ㅇ	① ② ③ ⓐ ⓑ ⓒ
ㄹ	℃ ㎣ ㎢
ㅌ	· (중간점)

Section

15 숫자 데이터 입력

엑셀의 기본적인 기능인 계산을 하기 위한 데이터는 숫자입니다. 하나의 셀에 숫자로만 입력되어 있거나 수식에 의한 결과가 숫자인 경우 계산이 가능한 숫자 데이터라고 할 수 있습니다.

Key Word: 숫자 데이터, 지수 형식, 분수 입력
실습 파일: 1-15

01. [B4] 셀을 선택 후 '6370'을 입력합니다. 정수, 소수, 분수 등의 모든 숫자는 오른쪽 정렬이 됩니다.

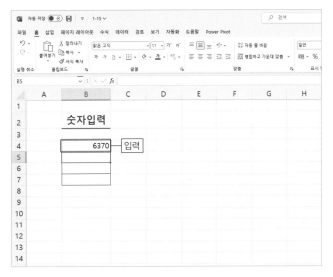

02. [B5] 셀에 '0'을 입력 후 Enter를 누르고, [B6] 셀에 '123456789012'을 입력합니다.

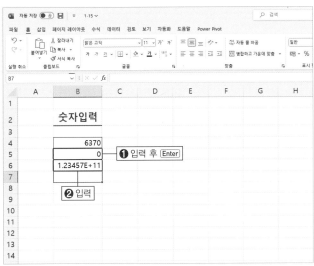

Point

숫자 데이터는 아무런 표시 형식 없이 한 셀에 12글자 이상 입력하면 지수 형태로 표시됩니다.

03. [B7] 셀을 선택한 후 '0 1/4'을 입력한 후 Enter 를 누릅니다. 분수로 인식되며, 수식 입력줄에 0.25로 보이는 것을 확인할 수 있습니다.

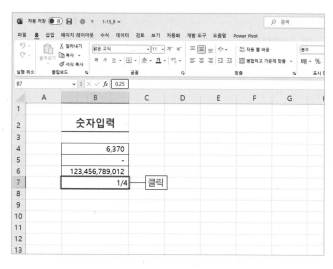

Point

'1/4'로 입력하면 날짜 '01월 04일'로 입력 되므로 분수 입력을 하려면 '0'과 띄어쓰기 한 칸을 입력한 후 분수 입력해야 합니다.

04. [B4:B6] 범위를 선택 후 [홈] 탭 [표시 형식] 그룹의 '쉼표 스타일(,)'을 클릭합니다.

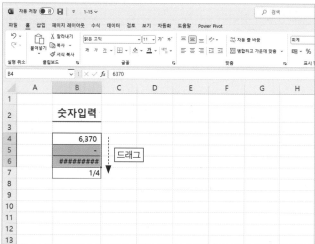

Point

'쉼표 스타일'을 클릭하면 회계와 연동되어 [B5] 셀의 0은 '-'로 변경되어 표시되며, 지수 형식으로 표시된 [B6] 셀은 셀의 너비가 좁기 때문에 '#'으로 표시됩니다.

05. 좁게 표시되어 있는 [B6] 셀의 데이터를 제대로 표시하기 위해 [B] 열 머리글 경계를 더블클릭합니다.

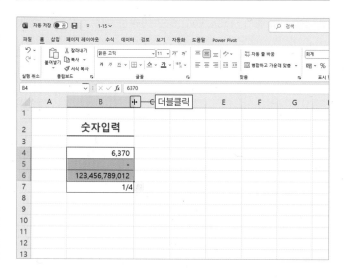

Point

[B] 열 머리글 경계를 오른쪽으로 드래그하여 너비를 수동으로 조절할 수 있습니다.

16 날짜와 시간 입력

엑셀에서는 날짜와 시간을 계산할 수 있기 때문에 숫자 데이터라 할 수 있습니다. 그러므로 형식에 따라 입력하는 것이 중요한데 날짜는 슬래시(/), 하이픈(-)을 구분 기호로 하고, 시간은 콜론(:)을 구분 기호로 입력합니다.

↪ Key Word: 날짜 입력, 시간 입력
실습 파일: 1-16

01. 날짜를 입력하기 위해 [B9] 셀을 클릭합니다. '3-27'을 입력하고 [Enter]를 누릅니다.

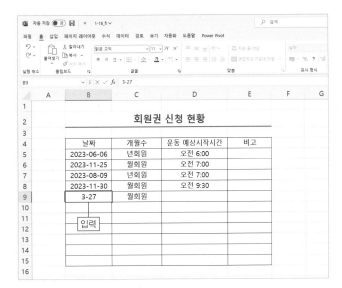

Point

올해의 날짜를 입력할 때는 년도를 입력하지 않아도 자동으로 올해의 날짜로 입력됩니다.

02. [홈] 탭의 [표시 형식] 그룹의 목록 버튼(⌄)을 클릭하여 '간단한 날짜'로 변경합니다.

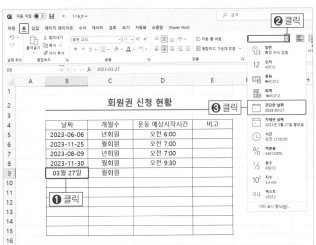

Point

[Ctrl]+[;]를 누르면 컴퓨터에 설정된 오늘 날짜가 자동으로 입력되고, [Ctrl]+[Shift]+[;] 누르면 현재 시각이 입력됩니다.

03. 시간을 입력하기 위해 [D9] 셀을 클릭하여 '10:'을 입력하고 Enter를 누르면 '10:00'가 입력됩니다.

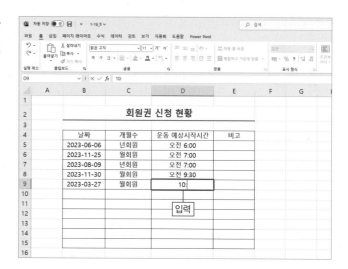

04. 시간을 입력한 [D9] 셀을 클릭하고 수식 입력줄을 보면 '10:00:00 AM'으로 나타납니다. [홈] 탭의 [표시 형식] 그룹의 목록 버튼(ⓥ)을 클릭하여 시간 표시 형식으로 변경합니다.

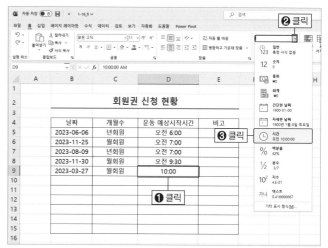

05. [B10] 셀을 클릭하고 '3-28'을 입력하고, [D10] 셀을 클릭하여 오후 6시를 입력하기 위해 '18:'를 입력합니다. **02, 04**번과 같이 표시 형식을 변경합니다.

Point

엑셀에서 시간은 24시간 형식으로 입력하거나 12시간 형식으로 입력 후 한 칸을 띄우고 AM이나 PM을 입력할 수 있습니다.

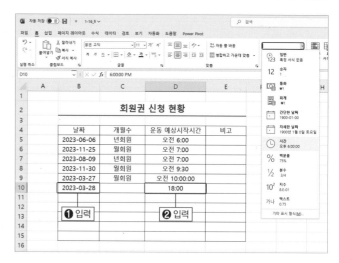

17 메모 삽입하기

메모는 셀에 직접 입력하지 못하는 추가적인 설명글을 쓸 수 있는 기능입니다. 다른 데이터에 방해되지 않도록 메모는 숨기거나, 반대로 계속 볼 수 있도록 펼쳐 놓을 수 있습니다.

○ Key Word: 메모 삽입, 메모 모두 표시
실습 파일: 1-17

01. [D6] 셀을 클릭하고 [검토] 탭의 [메모] 그룹의 '새 메모'를 클릭합니다. 나타난 메모에 'PT 발표'를 입력하고 [댓글 게시] 아이콘(▶)을 클릭하여 메모를 완료합니다.

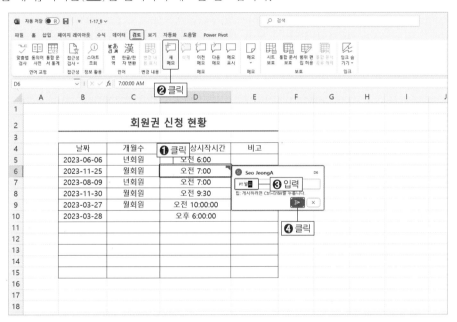

셀을 클릭하여 마우스 오른쪽 버튼을 클릭하고 '메모 삽입'을 할 수 있습니다. 메모는 주고받는 회신을 할 수 있고 노트는 회신 기능이 없습니다. 엑셀 2019 세부 버전에 따라 다를 수 있으며, 하위 버전과 동일한 것은 '새 노트'입니다. 새 노트 단축키는 Shift+F2입니다.

02. [D6] 셀에 표식이 남아 있습니다. 다른 셀을 클릭하고 있더라도 [D6] 셀에 마우스를 가져가면 메모를 확인할 수 있으며, 마우스를 이동하여 회신을 할 수 있습니다. 회신 입력 칸에 '황유진 발표'라고 입력 후 [댓글 게시] 아이콘(■)을 클릭하여 회신을 완료합니다.

Point

메모 삽입 시 기본으로 설정되는 이름은 [파일] – [옵션] – [일반] – [Microsoft Office 개인 설정]의 '사용자 이름'에 설정된 문자가 자동으로 표시됩니다.

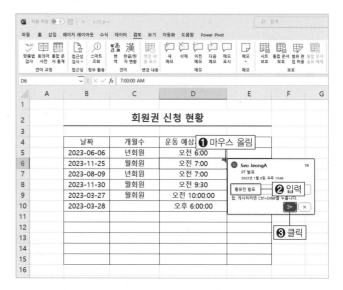

03. 입력되어 있는 'PT 발표' 메모를 편집하기 위해 [메모 편집] 아이콘(✎)을 클릭하여 'PT 발표 예정'으로 수정합니다. Ctrl +Enter를 눌러 게시하거나 [댓글 게시] 아이콘(■)을 클릭하여 편집을 완료합니다.

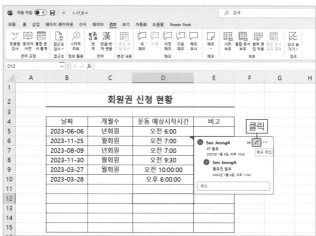

04. 입력한 메모 중 첫 번째 메모 [추가 스레드 작업] 버튼(⋯)을 클릭하여 [스레드 삭제], [스레드 확인]을 클릭할 수 있습니다. [스레드 확인]을 클릭하여 작업 완료의 의미로 [해결됨]으로 변경됩니다.

Point

스레드 확인은 메모 중 첫 번째 메모에서만 가능한 기능이며, 회신되어 있는 두 번째 메모부터는 [스레드 삭제] 메뉴만 제공됩니다.

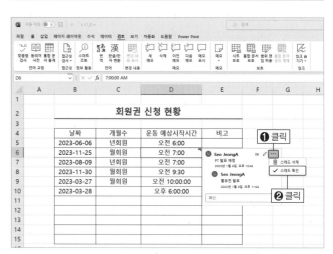

05. 입력되어 있는 메모를 마우스 위치와 상관없이 계속 표시하게 하려면 [검토] 탭의 [메모 표시]를 클릭합니다. 메모 작업 창이 열려서 현재 시트에 적용되어 있는 모든 메모를 볼 수 있습니다.

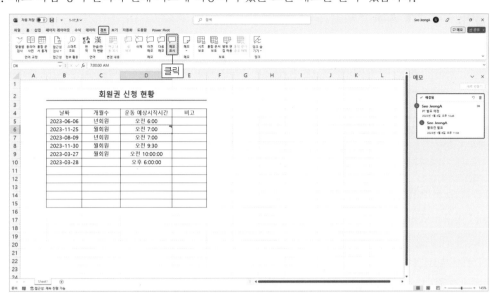

Level UP

인쇄도 메모와 함께

삽입된 메모는 인쇄되지 않습니다. 메모를 인쇄하기 위해 추가설정이 필요합니다.

- [페이지 레이아웃] 탭의 [페이지 설정( )] 대화상자 아이콘을 클릭한 후 [시트] 탭을 선택합니다.
- [주석 및 메모] 항목의 '시트 끝'과 '시트에 표시된 대로(메모 전용)' 중 한 개를 선택합니다.

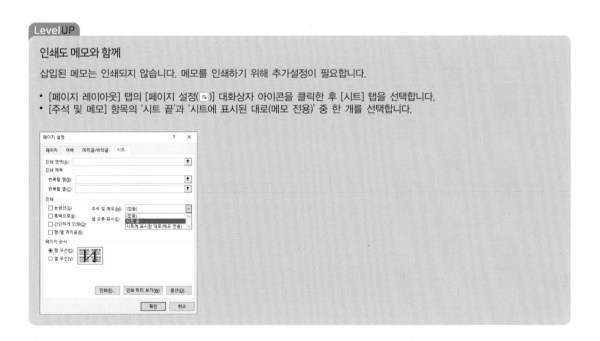

18 수식 입력

숫자, 날짜, 시간 데이터를 계산할 수 있으며, 수식은 등호(=)로 시작하여 입력할 수 있습니다. 수식을 입력할 때는 직접 입력하는 방법도 있지만, 데이터가 입력된 셀을 참조하여 입력합니다.

Key Word: 수식 입력, 등호, 계산
실습 파일: 1-18

01. [E14] 셀을 클릭하고 등호(=)를 입력합니다. 마우스로 [C14] 셀을 클릭하면 등호(=) 뒤에 셀 주소가 입력됩니다. 빼기 연산자(−)를 입력하고 [D14] 셀을 클릭하고 Enter를 누릅니다.

Point

수식을 편집할 때 선택한 셀은 글자 색깔과 참조되고 있는 셀의 테두리 색상이 동일하게 변경된 것을 확인할 수 있습니다.

02. [E14] 셀을 다시 클릭한 후 수식 입력줄을 확인하면 셀은 결과값이 보이며, 수식 입력줄에 수식을 확인할 수 있습니다.

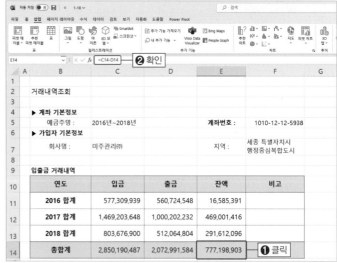

Section

19 데이터 편집 및 옵션 버튼

입력된 데이터를 편집할 때 여러 가지 방법이 있습니다. F2를 눌러 커서가 있는 편집 상태로 수정할 수 있는 방법, 수식 입력줄을 클릭하거나 마우스로 더블클릭하여 편집하는 방법을 알아봅니다. 또한 옵션 버튼을 이용하여 데이터를 빠르게 편집할 수 있는 방법이 있습니다. 옵션 버튼은 현재 기능을 수행했을 때만 편집 가능합니다.

○→ Key Word: F2, 데이터 편집, 옵션 버튼
실습 파일: 1-19

01. [B4] 셀을 클릭하고 F2를 이용하여, '파랑잉크'를 '빨강잉크'로 수정합니다.

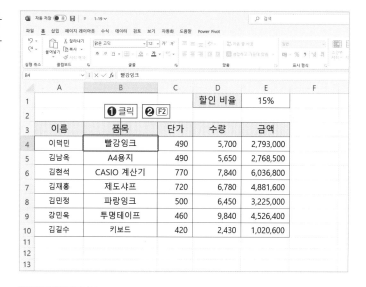

02. 4행에서 빈 행을 삽입하기 위해 '4행'을 클릭합니다. 마우스 오른쪽 버튼을 클릭하고, [삽입]을 클릭하여 행을 추가합니다.

Point

삽입 단축키는 Ctrl+⊞입니다.

03. 삽입 옵션(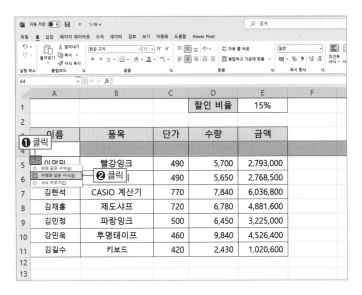) 버튼을 클릭하고 '아래와 같은 서식'을 클릭합니다.

Point

행/열/셀을 추가하면 왼쪽, 위쪽에 있는 서식이 그대로 적용됩니다. 이 때 옵션 버튼을 이용해서 변경할 수 있습니다.

04. 추가된 행의 4행을 범위 지정한 채 '이은정', 'CASIO 계산기', '460', '6650', [C4*D4]를 입력후 Enter 를 누르며 입력을 완료합니다.

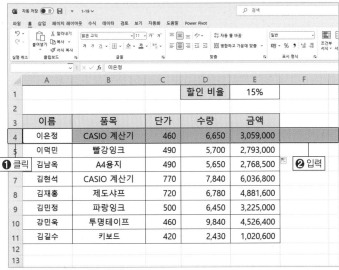

Point

4행의 범위를 지정하고 Enter 를 누르면 범위 지정된 곳(행)에서만 이동합니다.

20 숫자 일정하게 자동 채우기

자동 채우기를 하면 데이터를 빠르게 입력할 수 있습니다. 숫자를 연속 데이터로 1씩 증가할 수도 있고, 일정한 간격으로 증가/증감할 수 있는 방법을 알아보겠습니다.

◑ Key Word: 연속 데이터 채우기, 채우기 옵션
실습 파일: 1-20

01. [A2] 셀을 클릭하고 채우기 핸들에 마우스 포인터를 위치시키고 [+]로 변경되면 [A21] 셀까지 드래그합니다.

Point

'1'을 입력한 후 Ctrl를 누른 채 채우기 핸들을 드래그하면 1,2,3, …으로 나타납니다.

02. 드래그한 만큼 1이 복사되었습니다. 자동 채우기 옵션(📋)을 클릭하여 '연속 데이터 채우기'를 클릭합니다.

Point

채우기 옵션에는 '연속 데이터 채우기', '서식만 채우기', '서식 없이 채우기', '빠른 채우기' 중 하나를 선택하여 데이터를 채우기할 수 있습니다. 다음 기능을 수행하기 전까지 옵션 변경이 가능합니다.

03. 2씩 증가하기 위해 [B2:B3] 범위를 지정하고 채우기 핸들을 더블클릭합니다.

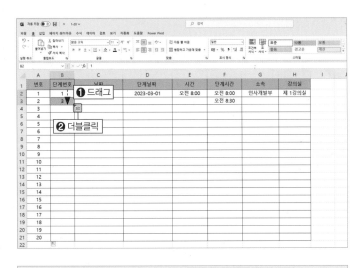

Point

마우스를 더블클릭했을 때 복사되는 기준은 Ctrl + A 단축키로 범위 지정된(하나의 표로 인식) 마지막 데이터까지입니다.

04. [B2:B3] 범위의 차이값인 '2'만큼 연속 데이터가 증가된 것을 확인할 수 있습니다.

Point

두 개의 셀을 범위 지정할 때 차이값을 어떻게 입력하느냐에 따라서 단계값이 다르게 입력됩니다.

LevelUP

자동 채우기 옵션 버튼( )

옵션 버튼은 자동 채우기한 화면의 마지막 셀에 표시되며, 다음 작업을 실행하면 현재 옵션 버튼은 사라집니다. 옵션 버튼이 자동 채우기한 후에 나타나지 않으면 [파일] - [옵션] - [고급] 탭에 [잘라내기/복사/붙여넣기] 그룹에서 '콘텐츠를 붙여넣을 때 붙여넣기 옵션 단추 표시'를 선택합니다.

21 날짜 단위 자동 채우기

날짜 데이터를 자동 채우기하면 하루씩 증가됩니다. 이때 옵션 버튼을 이용해서 여러 단위를 기준으로 자동 채우기하는 방법을 알아보겠습니다. 또한 연속 데이터 기능을 이용하여 단계별 값을 채워보겠습니다.

👉 Key Word: 평일 채우기, 연속 데이터
　　실습 파일: 1-21

01. [C2] 셀을 클릭하고 채우기 핸들을 더블클릭합니다. 1일씩 증가되는 것을 확인할 수 있습니다.

02. 자동 채우기 옵션(📋)을 클릭하고 '평일 단위 채우기'를 클릭합니다. '토요일', '일요일'을 뺀 평일 단위로 채우기가 됩니다.

Point

[평일], [월], [연] 단위로 채우기를 변경할 수 있습니다.

03. [D2] 셀을 클릭하여 마우스 오른쪽 버튼으로 채우기 핸들을 [D21] 셀까지 드래그합니다. 마우스를 떼면 메뉴가 나타나는데 [연속 데이터]를 클릭합니다.

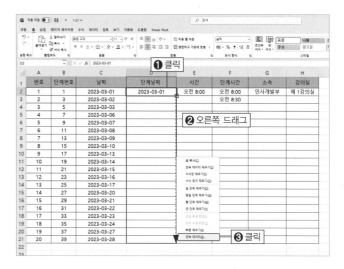

04. 날짜 단위를 [평일]로 클릭하고, 단계 값을 '2'로 입력한 후 [확인] 버튼을 클릭합니다.

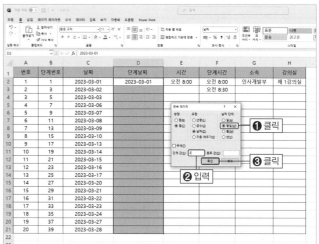

05. 평일 단위로 2일씩 자동 채우기된 것을 확인할 수 있습니다.

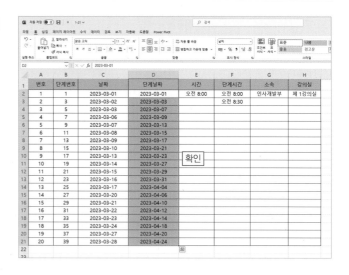

22 시간 단위 자동 채우기

시간을 자동 채우기하면 '시'가 변경되는 것을 알 수 있습니다. 이때 분이 원하는 만큼 증가되도록 변경하는 방법을 배워보겠습니다.

○ Key Word: 시간 자동 채우기, 분 증가하기
실습 파일: 1-22

01. [E2] 셀을 클릭하여 자동 채우기 버튼을 더블클릭합니다. '시'가 증가되는 것을 확인할 수 있습니다.

02. [F2:F3] 범위의 차이값인 '30분' 만큼 연속 데이터가 증가된 것을 확인할 수 있습니다.

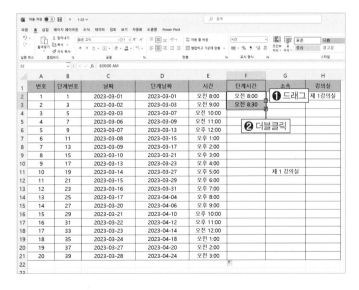

23 문자와 숫자가 함께 있는 데이터 자동 채우기

문자 데이터를 채우기하면 복사됩니다. 문자와 숫자가 함께 있으면 숫자는 자동으로 1씩 증가하게 됩니다. 자동 채우기 옵션으로 변경하여 데이터를 입력하는 방법을 배워보겠습니다.

○ **Key Word**: 문자와 숫자 함께 채우기, 병합된 셀 채우기
실습 파일: 1-23

01. [G2] 셀을 클릭하여 채우기 핸들을 더블클릭합니다. 문자만 있는 데이터이기 때문에 데이터가 있는 바로 위 [G10] 셀까지 복사됩니다.

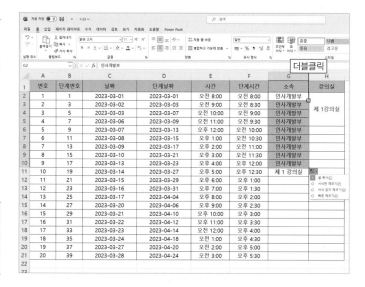

Point

문자만 있기 때문에 자동 채우기 버튼을 클릭해도 '연속 데이터 채우기'가 나타나지는 않습니다.

02. [G11] 셀을 클릭하고 채우기 핸들을 더블클릭합니다. 숫자가 증가되는 것을 확인할 수 있습니다.

03. 자동 채우기 옵션을 클릭하여 '셀 복사'를 클릭하여 변경하는 것이 가능합니다.

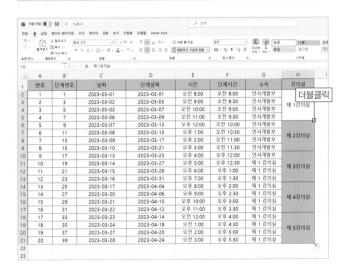

04. [H2] 셀을 클릭하여 병합되어 있는 셀을 더블클릭하여 [H21] 셀까지 채우기합니다.

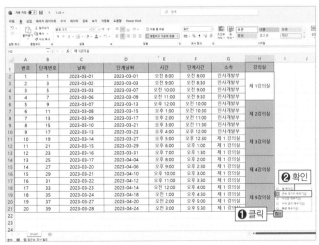

05. 병합되어 있어도 자동 채우기 옵션 버튼은 '연속 데이터 채우기' 또는 '셀 복사'로 변경 가능합니다.

24 사용자 지정으로 자동 채우기

엑셀은 버전과 상관없이 '월요일, 화요일, …', '갑, 을, 병, …' 등과 같이 자주 사용되는 일반적인 목록을 지정해 놓았습니다. 그렇기 때문에 데이터를 연속 데이터 채우기한 것과 같이 사용할 수 있는데 사용자가 필요한 데이터를 추가하면 동일한 방법으로 사용할 수 있습니다.

⊙ Key Word: 사용자 지정 자동 채우기, 자동 데이터 추가
　　실습 파일: 1-24

01. [파일] - [옵션] - [고급] 탭의 '사용자 지정 목록 편집'을 클릭합니다.

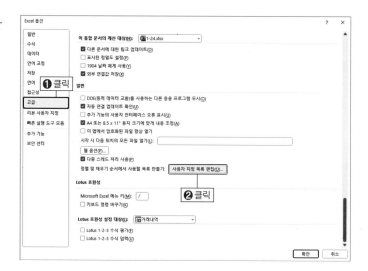

02. [사용자 지정 목록] 대화상자에서 '새 목록'이 선택된 상태에서 추가할 '목록 항목'을 입력합니다.

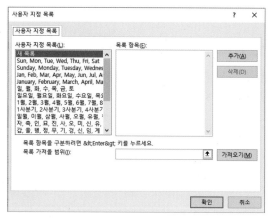

03. '서울특별시, 인천광역시, 대전광역시, 광주광역시, 대구광역시, 울산광역시, 부산광역시'를 Enter를 누르면서 입력한 후 [추가] 버튼을 클릭합니다.

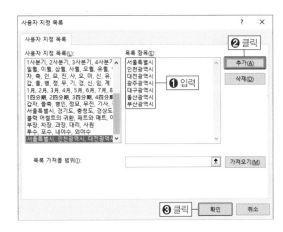

Point

목록 항목을 입력할 때 항목과 항목 사이에는 Enter 나 ,로 구분됩니다. 이미 입력된 데이터가 있다면 가져오기 해서 목록을 추가할 수 있습니다.

04. 사용자 지정 목록에서 추가했던 목록 중 '서울특별시'를 [A11] 셀에 입력하고, 채우기 핸들에서 더블클릭합니다.

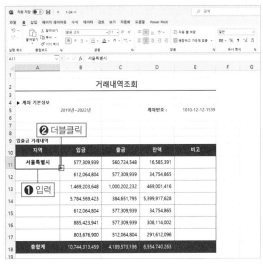

05. '서울특별시'가 복사되지 않고 '사용자 지정 목록'에서 추가한 목록으로 자동 채우기가 됩니다. '자동 채우기 옵션'을 클릭하여 '서식 없이 채우기'를 클릭합니다.

Point

사용자 지정 목록은 텍스트, 숫자, 날짜 또는 시간에 따른 사용자 지정 목록만 만들 수 있습니다. 셀 색, 글꼴 색 또는 아이콘과 같은 서식의 사용자 지정 목록은 만들 수 없습니다.

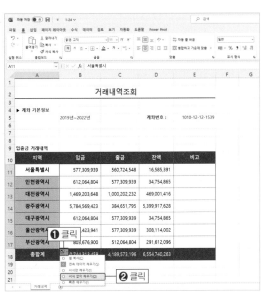

25 빠른 채우기로 데이터 빠르게 입력하기

엑셀의 빠른 채우기 기능은 2013 버전 이상에서만 사용할 수 있으며, 빠른 채우기는 패턴을 감지하면 자동으로 데이터를 입력할 수 있습니다. 한 개의 열에서 두 개 이상을 분리하거나 서로 다른 두 개의 열에서 결합할 수 있습니다.

○ Key Word: 빠른 채우기
실습 파일: 1-25

01. [C] 열의 이름에 한 글자를 띄어쓰기하기 위해 [F3] 셀을 클릭하고 '강 상혁'을 입력한 후 Enter를 누릅니다.

02. [F4] 셀에 두 번째 데이터의 첫 글자인 '김'을 입력한 후 데이터들이 미리보기 되면 Enter를 누릅니다.

Point

자동으로 빠른 채우기가 안 될 경우 [데이터] – [데이터 도구] 그룹의 [빠른 채우기엑셀📋] 메뉴로 실행하거나 Ctrl+E를 누릅니다.

03. '빠른 채우기 옵션'을 클릭하여 '빠른 채우기 실행 취소'를 클릭하여 취소할 수 있습니다.

Point

빠른 채우기 옵션을 클릭하여 '빠른 채우기 실행 취소', '추천 적용'을 클릭하면 빠른 채우기 옵션 버튼은 없어지며, 다음 작업을 실행해도 없어집니다.

04. [B] 열의 사원 번호와 [C] 열의 이름을 하나의 셀에 같이 연결하여 입력하기 위해 [G3] 셀에 '23-001 / 강상혁'으로 입력한 후 Enter를 누릅니다.

05. [B4] 셀에 두 번째 데이터의 첫 글자인 '2'를 입력한 후 데이터들이 미리보기되면 [Enter]를 누릅니다.

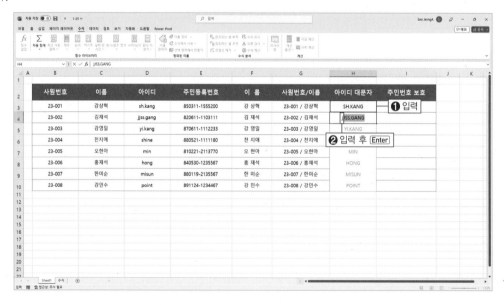

06. 영어의 소문자를 대문자로 변경하기 위해 함수 [UPPER]를 사용해야 하지만 빠른 채우기를 통해 쉽게 입력할 수 있습니다. [H3] 셀에 'SH.KANG'를 입력한 후 두 번째의 데이터인 'j'를 입력하여 [Enter]를 누릅니다.

07. [E3] 셀을 클릭하고 수식 입력줄과 셀을 비교하면 다르게 보이며, 대시(−)는 [셀 서식]에서 입력된 것을 알 수 있습니다.

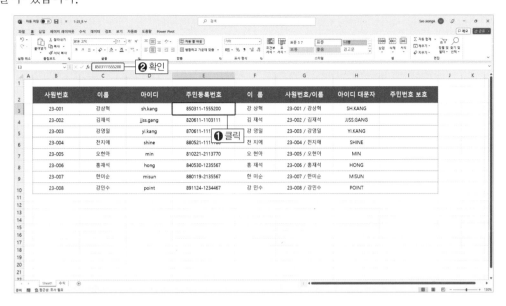

Point

[셀 서식] 대화상자의 [표시 형식] 탭의 [기타] 범주에서 변경 가능합니다.

08. 주민등록번호를 보호하여 표현하기 위해 함수(REPLACE)가 아닌 빠른 채우기를 사용할 수 있습니다.
[I3] 셀을 클릭하고 '850311−1******'을 입력한 후 두 번째 데이터인 '8'을 입력하여 Enter 를 누릅니다.

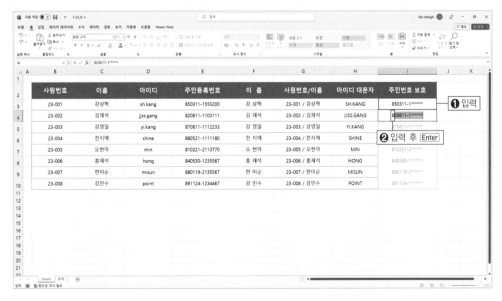

09. 수식의 빠른 채우기를 하기 위해 [수식] 시트를 클릭합니다. [C1] 셀을 클릭하여 '=A1*B1'의 수식을 입력한 후 [C8] 셀의 채우기 핸들에 마우스를 위치하여 수식을 복사합니다.

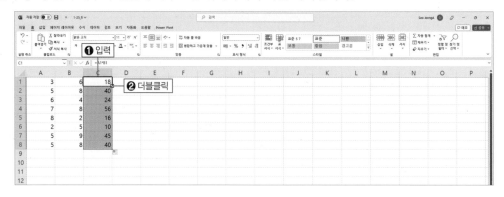

10. [A9] 셀에 '8'을 입력하고 [B9] 셀에 '9'를 입력한 다음 Enter를 누르면 수식이 빠른 채우기 기능으로 복사된 것을 알 수 있습니다.

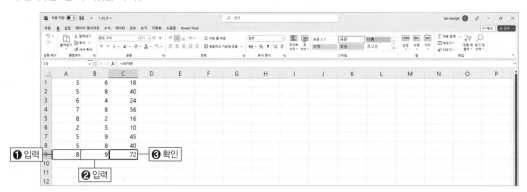

LevelUP

자동 빠른 채우기

빠른 채우기가 적용되지 않을 때 [파일] – [옵션] – [고급] 탭에 편집 옵션 내용 중 '셀 내용을 자동 완성' 하위 메뉴의 '빠른 자동 채우기'를 체크해줍니다.

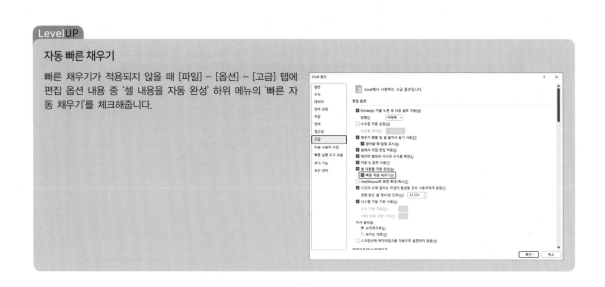

26 글꼴 서식 변경하기

엑셀은 계산을 하기 위한 프로그램이지만 보기 좋게 데이터를 표현하기 위해 제목 또는 데이터를 눈에 띄도록 꾸밀줄 알아야 합니다. 글꼴과 크기, 색을 변경하는 법을 알아보겠습니다.

○ KeyWord: 글꼴, 서식 변경
실습 파일: 1-26

01. [B2] 셀을 클릭하고 [홈] 탭의 [글꼴] 그룹에서 '굵게'를 선택한 후 [글꼴 크기]를 '20'으로 변경합니다.

02. 테두리를 적용하기 위해 [B4:D4] 범위를 지정하고 Ctrl을 누른 채 [B5:D7], 다시 Ctrl을 누른 채 [B8:D8] 범위를 중복 선택합니다.

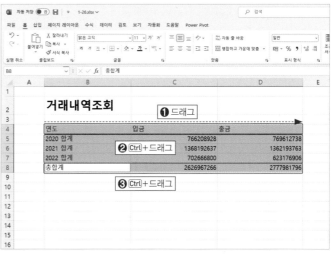

Point

엑셀은 이어져 있는 범위라도 Ctrl을 누른 채 중복 범위를 지정하면 각각 다른 범위로 인식합니다.

03. [홈] 탭의 [글꼴] 그룹 테두리의 목록 버튼을 클릭하여 '모든 테두리'를 클릭하고, 다시 '굵은 바깥쪽 테두리'를 클릭합니다.

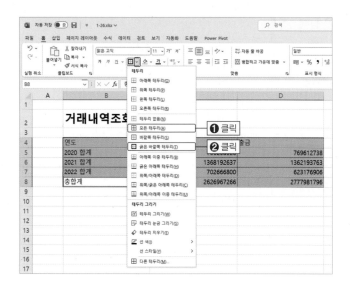

04. [B4:D4] 범위를 선택 후 [홈] 탭의 [글꼴] 그룹의 [채우기 색] 목록 버튼을 클릭하여 '흰색, 배경 1, 5% 더 어둡게'를 클릭합니다.

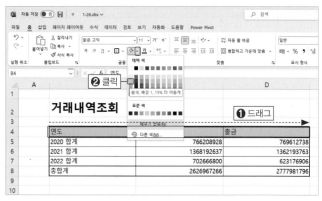

빠른 메뉴 '미니바'

마우스 오른쪽 버튼을 클릭하면 사용자들이 자주 사용하는 기능을 '미니바'에 넣어놓았습니다.

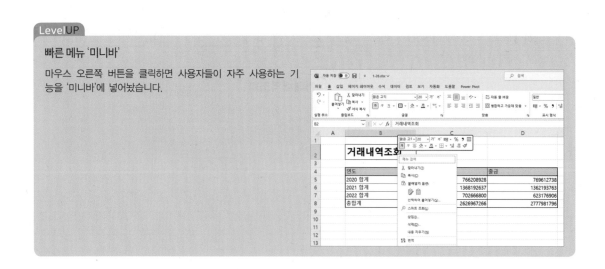

27 맞춤 서식 변경하기

엑셀에서 쉽게 데이터 맞춤을 지정할 수 있는데 기본적으로는 숫자, 날짜는 오른쪽 맞춤이 되고, 문자는 왼쪽으로 맞춤이 됩니다. 또는 여러 셀의 범위를 병합하거나 균등 분할하여 셀에 보기 좋게 표시할 수 있습니다.

○ Key Word: 정렬, 병합하고 가운데 맞춤
실습 파일: 1-27

01. [B2:D2] 범위를 지정하고 [홈] − [맞춤] 그룹의 [圓병합하고 가운데 맞춤]을 클릭합니다.

02. [B4:D4] 범위를 선택 후 [홈] − [맞춤] 그룹의 [가운데 맞춤]을 클릭합니다.

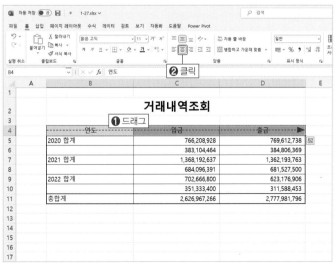

03. [B5:B6] 범위를 선택하고 Ctrl을 누른 채 [B7:B8], [B9:B10] 범위를 선택한 후 [홈] – [맞춤] – [병합하고 가운데 맞춤]을 클릭합니다.

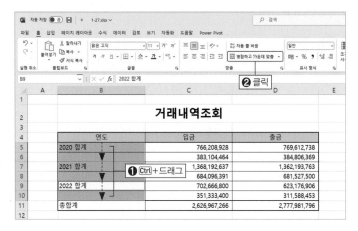

04. [B5:B10] 범위를 선택한 후 마우스 오른쪽 버튼을 클릭하여 [셀 서식]을 선택합니다. [맞춤] 탭의 텍스트 맞춤 항목의 가로 '균등 분할(들여쓰기)'을 선택하고, 들여쓰기 항목에 '3' 입력 후 [확인] 버튼을 클릭합니다.

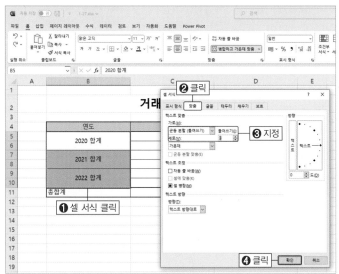

> **LevelUP**
>
> **선택 영역의 가운데로 표시**
>
> - 병합하고 가운데 맞춤을 실행하면 데이터 관련 메뉴들을 실행할 때 결과값의 오류나 기능이 수행되지 않을 수도 있습니다. 이러한 문제를 해결하기 위해 병합하지 않고, 병합한 것과 같은 형태를 띠게 할 수 있습니다.
> - [B2:D2] 범위를 지정하고 마우스 오른쪽 버튼을 클릭하여 [셀 서식]의 [맞춤] 탭에서 '선택 영역의 가운데로'를 클릭합니다.
>
>

28 맞춤 서식 텍스트 줄 바꿈 지정하기

하나의 셀에 여러 줄로 나누어 입력하기 위한 다양한 방법이 있습니다. 아이콘, [셀 서식] 대화상자, 단축키를 이용하는 방법을 상세히 배워보겠습니다.

Key Word: 텍스트 줄 바꿈, 자동 줄 바꿈
실습 파일: 1-28

01. [C4] 셀을 클릭하여 [홈] 탭의 [맞춤] 그룹의 '가운데 맞춤'을 클릭합니다.

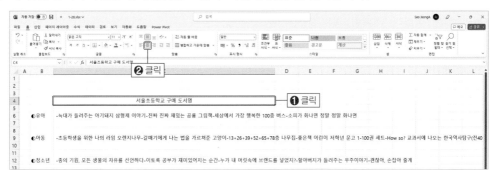

02. [C6] 셀을 선택하고 [홈] 탭의 [맞춤] 그룹의 '맞춤 설정 대화상자(⤡)'를 클릭하고, '텍스트 조정' 항목의 '자동 줄 바꿈'을 클릭합니다.

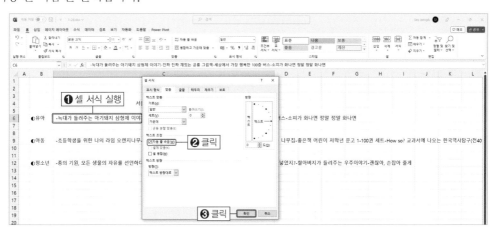

Point

2016 버전 이하는 '텍스트 줄 바꿈'으로 표시되어 있습니다. 자동 줄 바꿈은 텍스트 길이가 길 때, 열 너비에 따라 줄이 자동으로 바뀝니다.

03. [C9] 셀을 클릭하고 [홈] 탭의 [맞춤] 그룹의 '자동 줄 바꿈(￼)' 아이콘을 클릭합니다.

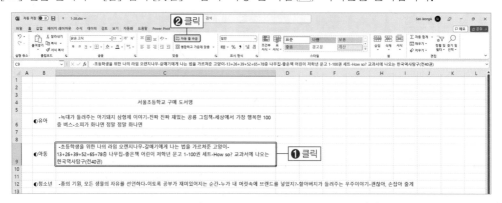

04. [C12] 셀의 끝쪽 '재미있어지는 순간' 뒤에 커서를 더블클릭하여 배치합니다. Alt+ Enter를 눌러 텍스트 줄 바꿈을 적용한 후 Enter를 눌러 완료합니다.

Point

F2를 눌러 편집 모드로 변경 가능하며, 단축키 Alt+Enter를 적용할 때는 열 너비와 상관없이 커서를 기준으로 줄 바꿈을 할 수 있습니다.

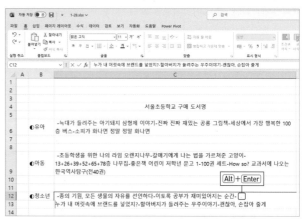

Level UP

텍스트 줄 바꿈 해제하기

여러 가지 방법으로 텍스트 줄 바꿈을 지정할 수 있는데 이를 해제하기 위해서는 [홈] 탭 – [맞춤] 그룹의 [텍스트 줄 바꿈]을 다시 클릭하여 해제합니다.

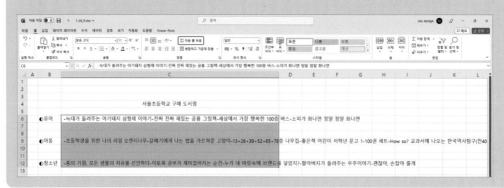

29 금액을 자동으로 한글로 표시하기

셀 서식의 표시 형식은 빠르게 입력한 데이터를 다양한 형태로 표시 변경하는 것을 말하는데, 그중 개수가 변경될 때마다 변경되는 발주서에 총 금액이 한글로 자동으로 표시될 수 있도록 변경하거나, 문자로 입력된 데이터에 추가적인 문자를 입력할 수 있습니다. 셀의 내용은 변경되어도 셀 서식에서 지정된 문자는 변경되지 않으므로 작업 시간을 줄일 수 있습니다.

⊙ KeyWord: 셀 서식, 사용자 지정
실습 파일: 1-29

01. 문자 데이터 뒤에 문자를 추가로 넣기 위해 [B7] 셀을 클릭합니다. 마우스 오른쪽 버튼을 클릭하여 [셀 서식]을 클릭하고 [표시 형식] 탭의 '텍스트' 범주를 선택합니다.

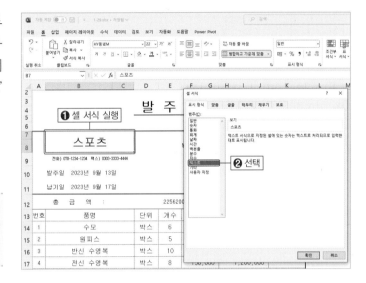

Point

셀 서식은 [홈] – [표시 형식] 대화상자 표시(▫)를 클릭하거나, 단축키는 Ctrl+1입니다.

02. 이어서 '사용자 지정'을 클릭하면 '@'가 입력되어 있는 것을 확인할 수 있습니다. '형식'에 '귀하'를 추가 입력합니다.

Point

[B7] 셀에 데이터가 바뀌더라도, 셀 서식에서 추가한 '귀하'는 계속 유지됩니다.

03. 숫자를 한글로 표시하기 위해 [C12] 셀을 클릭합니다. 마우스 오른쪽 버튼을 클릭하여 [셀 서식]을 클릭하고 '기타'범주를 선택합니다. '기타' 범주에서 '숫자(한글)'를 선택합니다.

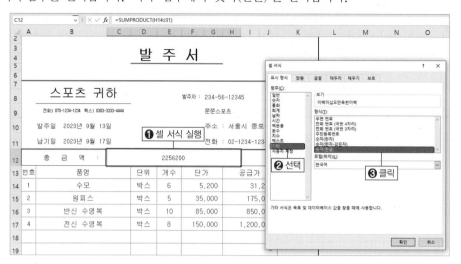

04. '사용자 지정' 범주를 클릭한 후 '형식'의 제일 앞에 '일금'을 입력하고 제일 끝에 '원정'을 입력한 후 [확인]을 클릭합니다.

Point

편하게 앞, 뒤에 추가 입력하면 자동으로 [DBNum4]"일""금" [$-ko-KR]G/표준"원""정"으로 변경됩니다.

05. [I12] 셀을 선택하고 [홈] 탭의 [표시 형식] 그룹에서 '회계 표시 형식(圖)'을 선택합니다.

LevelUP

숫자를 다양하게 표현하기

[표시 형식] 탭의 [기타] 범주에서 선택하거나 [사용자 지정]에서 직접 입력할 수 있습니다.

표시 형식	표시 형식-기타	입력	결과
[DBNum1]	숫자(한자)	12345	一万二天三百四十五
[DBNum2]	숫자(한자-갖은자)	12345	壹萬貳阡參百四拾五
[DBNum3]		12345	1 万 2 天 3 百 4 十 5
[DBNum4]	숫자(한글)	12345	일만이천삼백사십오

30 숫자를 자릿수 지정하여 표시하기

셀에 숫자로 입력되어 있는 데이터가 있다면 다양하게 여러 형태로 표시할 수 있습니다. 한 자리인 일련번호를 001, 002로 표시하거나, 숫자 처리 되어 있는 전화번호를 숫자 형태는 유지하며 전화번호 형태로 보이게 사용자 지정에서 표시할 수 있습니다.

➔ Key Word: 자릿수 지정하여 표시, 전화번호 형식
실습 파일: 1-30

01. 사원번호를 '23-사원번호' 총 7자리로 보여주기 위해 [C3:C11] 셀의 범위를 지정하고 Ctrl+1을 누릅니다. '사용자 지정' 범주를 클릭합니다.

Point

수치 앞에 0을 직접 입력하면 무효의 '0'이 표시되지 않기 때문에 '0901'이라고 입력해도 '901'로 표시됩니다. 무효의 0을 표시하기 위해 셀 서식에서 '0000'을 입력하여 자릿수를 채워줍니다.

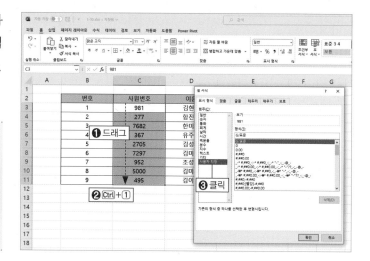

02. 23년도 신입사원 사원번호를 나타내기 위해 '형식' 란에 '23-0000'을 입력합니다.

Point

한글이나 숫자의 경우 표시 형식에 자동으로 적용되지만 영어로 텍스트를 추가하여 표시할 경우 큰 따옴표(" ")를 직접 입력해야 합니다.

03. [확인]을 클릭하면 범위 지정했던 사원번호가 변경된 것을 확인할 수 있습니다. 전화번호 형식으로 보이기 위해 [E3:E11] 셀의 범위를 지정하고 Ctrl +①을 누릅니다.

Point

표시 형식에서 사원번호를 변경하여 '19–0981'이라고 추가되었지만 수식 입력줄에는 '981'만 보입니다. 표시 형식은 표시되는 것만 변경할 뿐 실제 데이터에 적용되지는 않습니다.

04. '사용자 지정' 범주를 클릭합니다. 전화번호의 형식으로 보이도록 '000–0000–0000'으로 입력합니다.

Point

0을 입력하여 '3자리–4자리–4자리' 형식으로 입력합니다.

05. 표시되지 않았던 무효의 0이 전화번호 형식으로 표시됩니다.

31 숫자를 원, 천 원, 백만 원 단위로 표시하기

자릿수가 큰 숫자인 경우 데이터가 길어지면 공간도 많이 차지하며 읽기도 불편합니다. 이때는 다양하게 원, 천 원, 백만 원 단위로 표시할 수 있는 방법을 알아보겠습니다.

⌨ Key Word: 천 원 단위, 백만 원 단위
실습 파일: 1-31

01. 세 자리마다 쉼표 스타일(,)을 유지하며 수치 뒤에 '원'을 추가하기 위해 [C4:C33] 셀의 범위를 지정하고 Ctrl+①을 누릅니다.

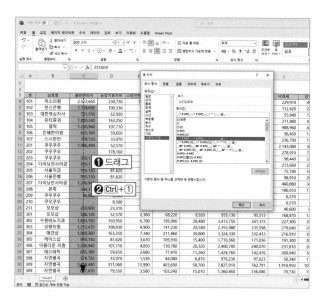

02. '사용자 지정' 범주를 클릭합니다. 원래 있었던 형식 그대로에 '원'을 추가하여 '_-* #,##0원_-;-* #,##0_-;_-* "-"_-;_-@_-'을 입력하고 [확인]을 클릭합니다.

Point

'#,##0'이 세 자리마다 쉼표(,)를 표시하는 기호이지만, 쉼표 스타일(,)을 클릭하여 적용된 기호를 활용하면 더욱 보기 좋게 표시할 수 있습니다. '양수:음수:0:문자' 자리로 지정되어 있기 때문에 '_-* #,##0_-;-* #,##0_-;_-* "-"_-;_-@_-' 양수 자리에 '원'이 추가되었고, 0이 '-'로 나타납니다.

03. 세 자리마다 쉼표 스타일(,)을 표시하고 천 원 단위로 보이기 위해 [H4:H33] 셀의 범위를 지정하고 Ctrl +①을 누릅니다. '사용자 지정'을 클릭하고 천 원 단위에 세 자리마다 쉼표를 표시하도록 형식을 '#,##0,'으로 입력합니다.

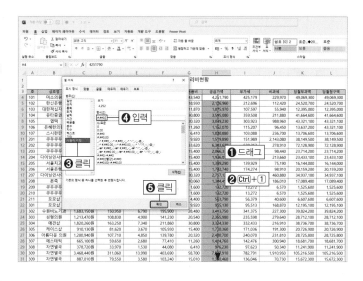

04. 백 만원 단위로 변경하기 위해 [K4:K33] 셀의 범위에 [셀 서식] – [사용자 지정]에서 '0,,백만원'으로 입력합니다.

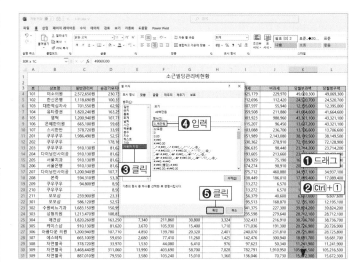

LevelUP

0과 #의 차이점

숫자를 대표하는 사용자 정의 표시 형식은 0과 #이 있습니다. #은 수치가 있을 때만 원하는 형태로 표시되며, 0은 해당 자리에 숫자가 없어도 0을 대신 표시합니다.

입력	#,###	0,000
1234,5	1,234	1,234
123	123	0,123
0	표시 안 됨	0,000

32 만 원 단위로 쉼표 표시하기, 만 원 단위로 변경하기

셀 서식으로 할 수 없는 만 원 단위로 표시하기 위해서는 셀 서식이 아닌 다른 방법으로 데이터를 변환시켜야 합니다. 선택하여 붙여넣기를 통해 하는 방법을 알아보겠습니다.

◦— Key Word: 만 원 단위로 변경, 만 원 단위 쉼표 표시
실습 파일: 1-32

01. 4자리마다 쉼표(,)를 표시하기 위해 [K4:K33] 셀의 범위를 지정하고 Ctrl+①을 누릅니다. [사용자 지정]을 클릭합니다.

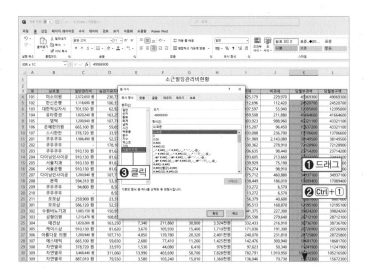

02. 형식 란에 '[)99999999]####","####","####;####"," ####'을 입력한 후 [확인]을 클릭합니다.

Point

[조건]형식1;형식2' 조건을 만족하면 형식 1이 실행되고, 그렇지 않으면 형식 2가 실행됩니다. [)99999999]####", "####","####;####","####를 8개 입력한 것은 8자릿수를 나타내며, 8자리를 초과할 경우 ####","####","#### ; 8자리 이하이면 ####","####으로 표시됩니다.

03. 4자리마다 쉼표(,)가 표시된 것을
확인할 수 있습니다.

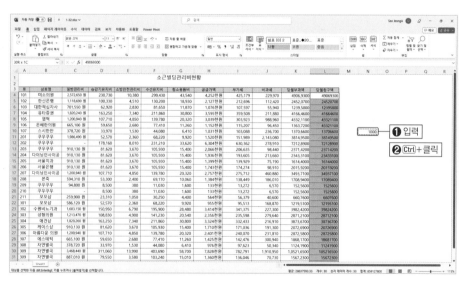

Point

'####', '####', '####' 이렇게만 입력하
면 ',1708,9400'으로 8자리만 있을 때
에도 수치 앞에 쉼표가 표시됩니다.

04. 네 자리, 만원 단위 이하를 절삭하기 위해 비어있는 셀에 '10000'을 입력하고 Ctrl+C를 눌러 복사합
니다.

05. [L4:L33] 셀의 범위를 지정하고 마우스 오른쪽 버튼을 누르고 '선택하여 붙여넣기'를 클릭합니다. [붙여넣기] 항목의 '값'과 [연산] 항목에 '나누기'를 선택하여 [확인]을 클릭합니다.

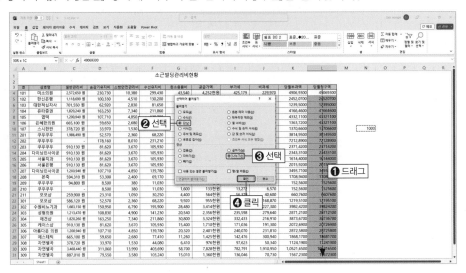

Point

선택하여 붙여넣기 단축키는 Ctrl+Alt+V입니다. '값'을 선택하지 않으면 1000원을 입력한 서식도 같이 복사됩니다.

06. 실제 데이터에 변화를 주어 만 원 이하 데이터가 없어진 것을 확인할 수 있습니다.

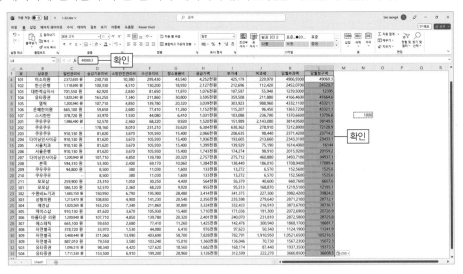

Point

표시 형식과 다르게 수식 입력줄의 원본 데이터가 변경된 것을 확인할 수 있습니다.

07. 만 원 단위를 제외한 나머지 데이터가 3자리가 넘으므로 [홈] 탭의 [표시 형식] 그룹의 쉼표 스타일(　,　), 자릿수 늘림(　)을 클릭합니다.

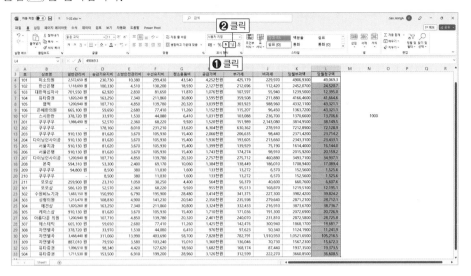

33 표시 형식_날짜 분리하여 표시하기

날짜를 표시하는 방법은 다양합니다. 년-월-일 형태로 '2023-03-02', '2023년 03월 02일'처럼 자리값을 지키며 표현할 수도 있지만 월, 일, 요일 중 원하는 것만 표현할 수도 있습니다.

⊙ Key Word: 월-일만 표시, 요일만 표시
실습 파일: 1-33

01. [A4:A15] 셀 범위를 선택하고 Ctrl +①을 눌러 [셀 서식]을 클릭합니다. [날짜] 범주에서 변경하고자 하는 형식과 가장 유사한 '3월 14일' 형식을 선택합니다.

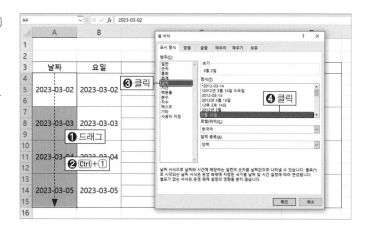

02. 'mm월 dd일'로 변경해서 입력한 후 [확인]을 클릭합니다.

Point

입력할 때 대/소문자는 구분하지 않으며, 'm월'은 3월로 표현되며, 'mm월'은 03월로 표시됩니다.

03. [B4:B15] 셀 범위를 선택하고 Ctrl +①을 눌러 [셀 서식]을 클릭하여 [사용자 지정] 범주를 선택합니다.

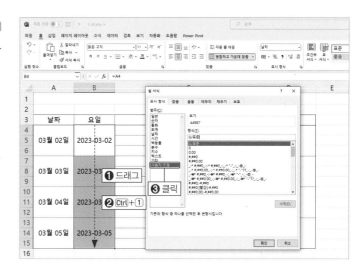

04. 요일을 표시하는 'aaaa'을 입력하고 [확인]을 클릭합니다.

Point

'aaa'는 '월'로 입력되며, 'aaaa'는 '월요일'로 입력됩니다. 요일을 영문으로 표시하기 위해서는 'ddd', 'dddd'로 입력할 수 있습니다.

05. 해당 날짜의 요일이 표시됩니다.

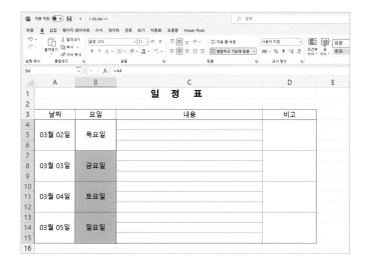

34 표시 형식_날짜 형식 변경, 누적된 시간 표시하기

요일 표시는 aaa, aaaa, ddd, dddd 기호를 사용하며, 시간 형식은 시:분:초 형태의 h:m:s 형식을 사용합니다. 누적된 시간을 표시하는 방법을 알아보겠습니다.

Key Word: 날짜 표시, 누적된 시간
실습 파일: 1-34

01. [B4:B12] 셀 범위를 선택하고 Ctrl +1을 눌러 [셀 서식]을 클릭합니다. [날짜] 범주에서 변경하고자 하는 형식과 가장 유사한 '2012년 3월 14일' 형식을 선택합니다.

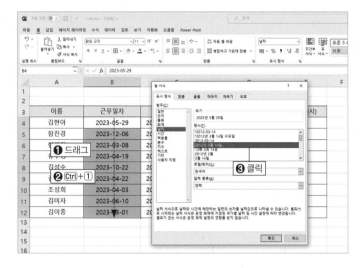

02. [사용자 지정]을 클릭하여 'yyyy"년" mm"월" dd"일" (aaa);@'을 입력한 후 [확인]을 클릭합니다.

Point

원하는 형식으로 변경했을때 '####'으로 셀에 표시된다면 열의 폭이 좁기 때문입니다.
표시 형식의 ';@'는 원하는 형식으로 표시하고 ';'는 그렇지 않으면 '@' 문자로 표시하라는 의미입니다.

03. 누적된 시간을 표시하기 위해 먼저 수식을 작성해 보겠습니다. [E4] 셀에 '=D4−C4'를 입력한 후 Enter를 누른 후 채우기 핸들을 이용하여 수식을 복사합니다.

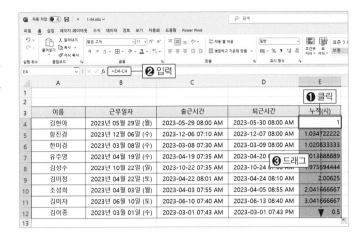

04. 누적된 시간으로 표시하기 위해 수식을 복사한 그대로 [E4:E12] 셀을 범위 지정하고, Ctrl+1을 눌러 [셀 서식]을 클릭하여 [시간] 범주 중 '13:30'을 선택합니다.

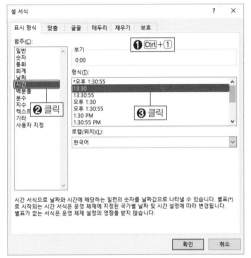

05. [사용자 지정]을 클릭하면 '형식' 란에 'h:mm'으로 입력된 것이 보이지만 '보기' 란에는 시간이 제대로 표시되지 않습니다. '[h]시간 mm분'으로 입력한 후 [확인]을 클릭합니다.

Point

시간은 23시간, 분은 59분, 초는 59초까지 표시되는 것이 기본이며 그 이상의 시간 즉, 24시간 이상 표시하려면 [ ] 안에 입력합니다. [h]는 누적된 시간, [m]은 누적된 분, [s]는 누적된 초입니다.

35 표시 형식_문자 데이터 표시하기

문자를 대표하는 표시 형식은 '@' 기호로 나타냅니다. '*'의 기호도 포함하여 나타내는 방법을 알아보겠습니다.

ⓒ Key Word: 문자 표시, 기호 추가 표시
실습 파일: 1-35

01. [A3:A8] 범위를 선택하고 Ctrl+①을 눌러 [셀 서식]을 클릭하여 '텍스트' 범주 형식을 선택합니다.

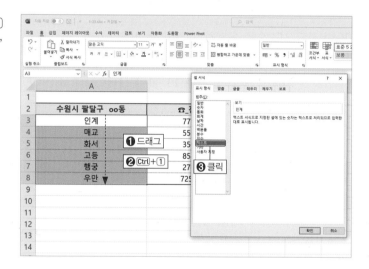

02. '사용자 지정' 범주를 클릭하여 입력되어 있는 '@' 기호를 이용하여 '수원특례시 팔달구 @동'을 입력하고 [확인]을 클릭합니다.

03. [B3:B8] 범위를 선택하고 Ctrl+1을 눌러 [셀 서식]을 클릭합니다. '텍스트' 범주 형식을 선택한 후 '사용자 지정'을 클릭합니다.

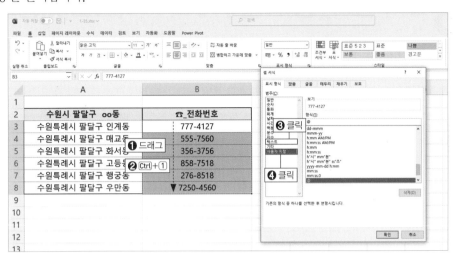

04. '@' 기호 앞에 ㅁ+한자를 이용하여 '☎'를 입력하고 '*'를 입력한 다음 공백(띄어쓰기 한칸)을 넣습니다. '☎* @'와 같이 입력합니다.

Point

' * '(*공백)은 열의 폭만큼 공백을 넣으라는 의미입니다.

05. 열의 폭만큼 공백이 들어가고 기호와 문자가 입력된 것을 확인할 수 있습니다.

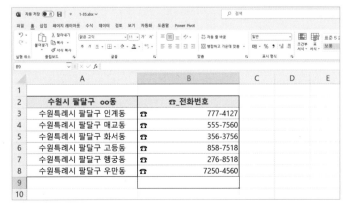

36 표시 형식_양수;음수;0의 서식으로 지정하기

사용자 지정은 '세미콜론(;)'을 구분 기호로 사용하며 '양수;음수;0;문자' 형식으로 사용됩니다. '조건1;조건2;조건'의 형식으로도 이용되며, 기호와 색상을 바꿀수 있는 표시 형식을 변경하는 방법을 알아보겠습니다.

↪ **Key Word:** 세미콜론으로 구분, 양수;음수;0자리
실습 파일: 1-36

01. 등락율이 증가했을 때와 하락했을 때, 0일 때를 구분하여 표시하기 위해 [C4:C12]의 범위를 선택하고 Ctrl+1을 눌러 [사용자 지정]을 클릭합니다.

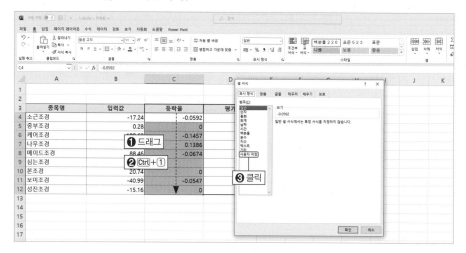

02. 사용자 지정 형식에 '[빨강]'을 입력합니다. 색을 대괄호 안에 넣어서 표시할 수 있으며 'ㅁ' 한자를 눌러 '▲' 기호를 입력합니다.

Point

특수 문자를 입력할 때 Tab를 누르면 목록을 펼쳐서 볼 수 있습니다.

03. '[빨강]▲0.0%;[파랑]▼0.0%;–'를 모두 입력한 후 [확인]을 클릭합니다.

04. '_ –'의 기호를 추가하여 '[빨강]▲0.0%_–;[파랑] ▼0.0%_–;–_–'을 입력합니다. **03**과의 차이점은 오른 쪽에 여백이 추가된 것을 확인할 수 있습니다.

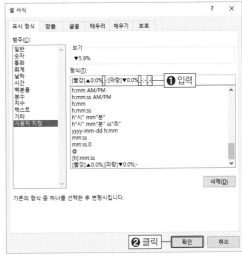

05. [D4:D12] 범위를 선택하고 `Ctrl`+`①`을 눌러 [사용자 지정]을 클릭합니다.

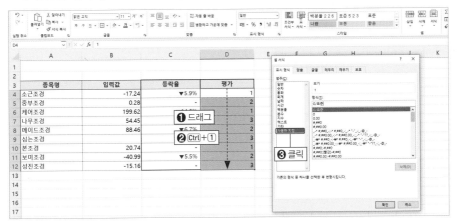

06. 1이면 빨간색으로 '통과'를 나타내며, 2이면 파란색으로 '보류', 3이면 녹청으로 '탈락'으로 나타내기 위해 '[=1][빨강]통과;[=2][파랑]보류;[녹청]탈락'으로 입력한 후 [확인] 버튼을 클릭합니다.

Point

[조건1][색]1인 경우 표시할 문자;[조건2][색]2인 경우 표시할 문자;[조건1] 또는 [조건2]도 아닌 경우 [색]3인 경우 표시할 문자로 나타냅니다.

07. 조건을 적용하여 색과 문자로 대치된 결과를 볼 수 있습니다.

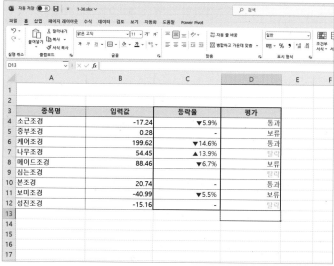

[사용자 지정] 형식에 사용되는 표시 형식입니다.

기호	입력	표시 형식	결과	기능
#	1234 12.30	#,###.##	1,234 12.3	숫자를 표시하는 기호로 무효의 '0'은 표시하지 않으며, 숫자가 있을 때 적용된 서식을 따르지만 숫자가 없을 때 표시하지 않습니다.
0	1234 12.30	0,000.00	1,234.00 0,012.30	숫자를 표시하는 기호로 무효의 '0'을 모두 표시하며, 자릿수가 모자라도 '0'을 써서 자리를 채웁니다.
?	1.2	??.??	공백1.2공백	숫자를 표시하는 기호로 무효의 '0'을 공백으로 표시하여 자릿수를 맞춥니다.
,	12345	#,#	12,345	숫자 세 자리마다 구분 기호로 표시합니다.
%	0.0135	0.0%	1.4%	백분율을 표시합니다(숫자는 반올림을 원칙으로 합니다).
@	엑셀	@2023	엑셀2023	문자를 대표하는 기호로 앞 뒤에 추가 문자를 쓸 수 있습니다.
_(밑줄)	1234	#,##0_-	1,234공백	_ 기호 다음에 오는 -기호 너비만큼 공백을 줍니다. 하이픈 대신 다른 문자를 사용할 수도 있지만 _ 기호 단독으로 쓰이진 못합니다.
*	123	*▲#	▲▲▲1234	*기호 뒤에 문자나 공백을 셀의 너비만큼 반복합니다.
;	_-* #,##0_-;-* #,##0_-;_-* "-"_-;_-@_-			양수;음수;0;문자로 구분하기도 하며 조건1;조건2;조건3으로 구분할 수 있습니다.
[조건값]	1,2	[=1]합격	합격,2	숫자 데이터에 조건을 지정할 수 있습니다. 조건은 비교 연산자로 입력할 수 있습니다.
yy/yyyy	2023-03-01	yy yyyy	19 2021	연도를 2자리 또는 4자리로 표시합니다.
m/mm	2023-03-01	m mm	3 03	월을 1~12월 또는 01~12월로 표시합니다.
mmm/ mmmm/ mmmmm	2023-03-01	mmm mmmm mmmmm	Mar March M	월을 영문으로 표시합니다.
d/dd	2023-03-01	d dd	1 01	일을 1~31일 또는 01~31일로 표시합니다.
ddd/ dddd	2023-03-01	ddd dddd	Fri Friday	요일을 영문으로 표시합니다.
aaa/ aaaa	2023-03-01	aaa aaaa	금 금요일	요일을 한글로 표시합니다.
h/hh	8:05:03	h hh	8 08	시간을 0~23 또는 00~23으로 표시합니다.
m/mm	8:05:03	m mm	5 05	분을 0~59 또는 00~59로 표시합니다.
s/ss	8:05:03	s ss	3 03	초를 0~59 또는 00~59로 표시합니다.
[색상]	셀에 있는 데이터에 색상을 지정합니다. [검정][파랑][녹청][자홍][빨강][흰색][노랑] 중에 지정할 수 있습니다.			

37 행/열 너비 조정하기

데이터에 맞게 열 너비와 행 높이를 편집하는 방법과 직접 입력하여 높이나 너비를 조절하는 방법, 같은 너비로 지정하는 방법을 알아보겠습니다.

Key Word: 열 너비, 행 높이
실습 파일: 1-37

01. [2행]을 마우스 오른쪽 버튼으로 클릭하고 [행 높이]를 선택합니다.

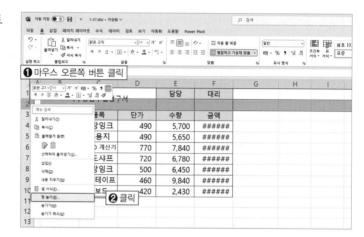

02. 행 높이를 '50'으로 입력하고 [확인]을 클릭합니다.

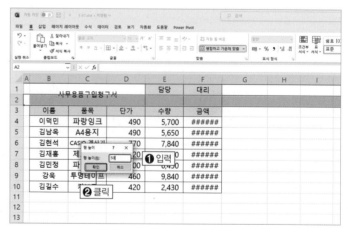

03. [3:10] 행을 드래그하여 행과 행 사이의 경계선에서 아래로 드래그하여 보기 좋게 행 높이를 조절합니다.

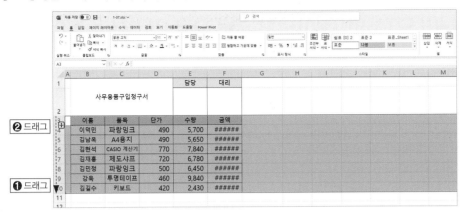

Point

여러 개의 행이나 열을 범위 지정한 후 드래그하면 선택되어 있는 행/열이 모두 똑같은 너비가 됩니다.

04. [B:F] 열까지 범위를 지정하고 열과 열 사이 경계선에서 더블클릭합니다.

Point

여러 개의 행이나 열을 범위 지정한 후 더블클릭하면 선택되어 있는 행/열이 각각의 데이터 길이에 맞추어 너비가 조정됩니다.

38 너비 유지하여 붙여넣기, 그림으로 연결하여 붙여넣기

엑셀에서 다른 시트로 데이터를 복사하면 기본 너비로 붙여넣기 되어 하나하나 편집해야 했던 불편함을 해결할 수 있는 붙여넣기 방법입니다. 또한 엑셀의 열과 너비를 유지해야 하는 특성상 문제가 되지 않도록 그림으로 붙여넣기 방식을 배워 보겠습니다.

Key Word: 너비 유지 붙여넣기, 그림으로 붙여넣기
실습 파일: 1-38

01. 데이터를 복사하기 위해 [A6:E19] 셀의 범위를 선택하고 Ctrl+C를 눌러 복사합니다.

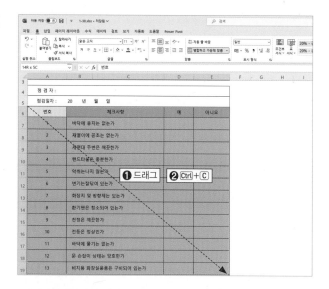

02. 새 시트(⊕)아이콘을 클릭하여 시트를 새로 생성하고 Ctrl+V를 누르면 열 너비가 원본 데이터와 상관없이 기본 너비로 붙여넣기가 됩니다. '붙여넣기 옵션(📋(Ctrl)▾)'을 클릭합니다.

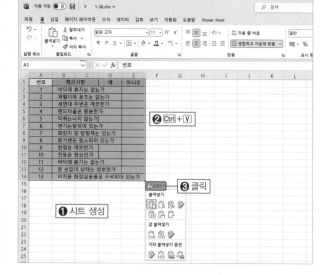

Point

[붙여넣기 옵션(📋(Ctrl)▾)]을 클릭할 때는 키보드 Ctrl을 눌러도 됩니다.

03. 붙여넣기 옵션 중에서 [원본 열 너비 유지🗐]를 선택합니다.

Point

[원본 열 너비 유지(🗐)]이기 때문에 키보드에서 (Ⓦ)를 눌러도 됩니다.

04. 그림으로 붙여넣기 위해서 [평가] 시트에서 [A1:H3] 셀의 범위를 선택하여 Ctrl+C를 눌러 복사합니다.

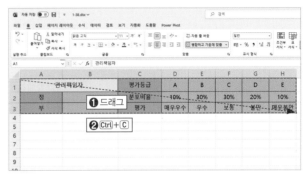

Point

그림으로 복사할 때는 눈금선도 복사되므로 [보기] – [표시] – [눈금선]을 체크 해제합니다.

05. [체크리스트] 시트의 [A2] 셀을 선택하고 Ctrl+V를 눌러 붙여넣기 옵션에서 [연결된그림🖼]을 클릭합니다. 붙여넣기한 그림을 선택하여 크기를 적당히 조절합니다.

Point

[연결된 그림]을 더블클릭하면 원본 데이터와 연결이 되며, 수정했을 때 연결되어 있는 그림에도 수정된 상태로 표시됩니다. 원본 데이터의 영향을 받지 않으려면 [그림🖼]을 선택합니다.

39 연산으로 붙여넣기

셀이나 범위를 복사했을 때 다양하게 붙여넣기할 수 있는데, 붙여넣기 옵션(📋(Ctrl)▾)에서 제공해 주지 않는 추가 기능으로 붙여넣기하고자 할 때 사용하는 기능이 '선택하여 붙여넣기'입니다.

⊙ Key Word: 선택하여 붙여넣기, 연산으로 붙여넣기
실습 파일: 1-39

01. 비어있는 임의의 셀에 '90%'를 입력한 후 Ctrl+C를 눌러 복사합니다.

Point

현재 '1인당 비용'을 100%로 보면 10% 할인된 금액 90%를 복사합니다.

02. [E3] 셀을 클릭하고 Ctrl+Shift+↓를 눌러 데이터 끝까지 [E78]을 선택합니다.

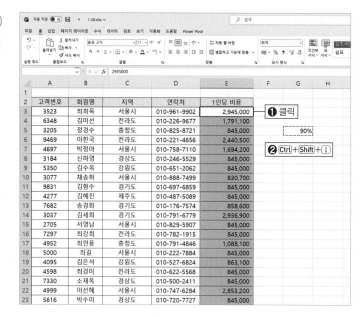

03. 마우스 오른쪽 버튼을 클릭하고 [선택하여 붙여넣기]를 선택합니다.

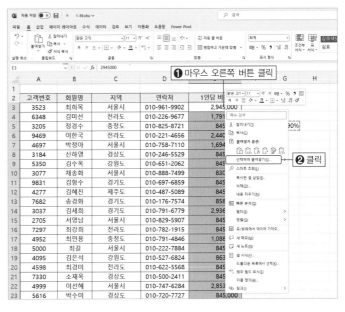

Point

[선택하여 붙여넣기]의 단축키는 Ctrl + Alt + V 입니다.

04. [선택하여 붙여넣기] 대화상자에서 [붙여넣기]는 '값'을 선택하고, [연산]은 '곱하기'를 선택합니다. [확인] 버튼을 클릭합니다.

Point

[붙여넣기]를 '모두'로 하면 '90%'가 입력되어 있는 셀의 서식도 함께 복사됩니다. 서식은 복사하지 않기 위해 '값'을 선택합니다.

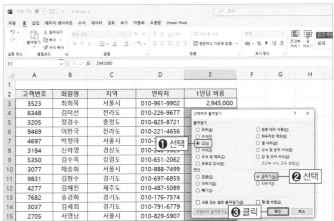

05. '1인당 비용'이 일괄적으로 10% 할인된 숫자로 변경된 것을 확인할 수 있습니다.

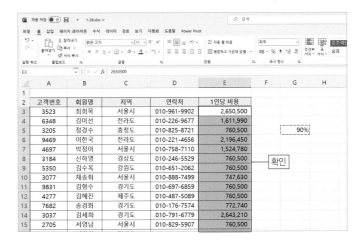

[선택하여 붙여넣기] 메뉴와 대화상자 알아보기

복사하여 붙여넣기 했을 때 나타나는 [붙여넣기 옵션( )]은 아이콘으로 제공되며, 제공되지 않는 메뉴는 대화상자에서 추가 확인할 수 있습니다.

붙여넣기 옵션			기능
붙여넣기		붙여넣기	셀 내용은 물론, 서식, 수식, 메모 등 전체 붙여넣기 붙여넣기 대화상자에서 '모두'를 선택한 것과 동일
		수식	수식 입력줄에 입력한 대로 수식만 붙여넣기 붙여넣기 대화상자에서 '값'과 동일
		수식 및 숫자 서식	수식과 함께 숫자 서식 붙여넣기
		원본 서식 유지	원본 서식을 유지하면서 셀 내용과 서식, 수식 붙여넣기
		테두리 없음	테두리 없이 셀 내용과 서식 및 수식 붙여넣기 붙여넣기 대화상자에서 '테두리만 동일'과 동일
		원본 열 너비 유지	원본 데이터의 열 너비를 유지하면서 셀 내용과 서식, 수식 붙여넣기
		바꾸기	행과 열의 구조를 바꿔서 붙여넣기 붙여넣기 대화상자에서 '행/열 바꿈'과 동일
값 붙여넣기		값	원본 데이터의 값만 복사하되 수식은 수식의 결과값만 붙여넣기
		값 및 숫자 서식	값과 함께 숫자에 사용된 서식도 함께 붙여넣기
		값 및 원본 서식	원본 데이터의 모든 것을 복사하되 수식만 결과값으로 붙여넣기
기타 붙여넣기 옵션		서식	서식(글꼴, 맞춤, 표시 형식, 테두리, 채우기 색 등)만 붙여넣기
		연결하여 붙여넣기	원본 데이터와 연결하여 붙여넣기. 즉 원본데이터를 수정하면 붙여넣기 결과 셀에도 자동 수정됨
		그림	그림 형식으로 붙여넣기
		연결된 그림	원본과 연결하여 그림 형식으로 붙여넣기. 즉, 원본 데이터를 수정하면 결과 그림에도 자동 수정됨
연산	곱하기, 더하기, 나누기, 빼기		원본 데이터 값을 이용하여 붙여넣을 때 연산하면서 붙여넣기
내용이 있는 셀만 붙여넣기			데이터가 입력된 셀만 붙여넣기

40 서식 복사로 빠르게 모양 변경하기

서식 복사는 셀의 내용 중 서식만을 복사하는 기능으로, 셀, 범위, 행/열 단위로 복사할 수 있습니다.
서식 복사 아이콘(◁)을 더블클릭하면 한 번에 여러 번 서식 복사하는 것이 가능합니다.

○ Key Word: 서식 복사, 더블클릭 서식 복사
실습 파일: 1-40

01. 서식을 복사하기 위해 [C2:C3] 셀의 범위를 선택한 후 [홈] − [클립보드] − [서식 복사 ◁]를 클릭합니다.

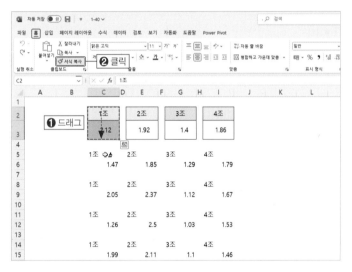

Point

서식 복사(◁) 아이콘을 더블클릭하면 Esc를 누를 때까지 여러 번 서식 붙여넣기가 가능합니다.

02. [C5] 셀을 클릭하여 서식을 붙여넣기합니다.

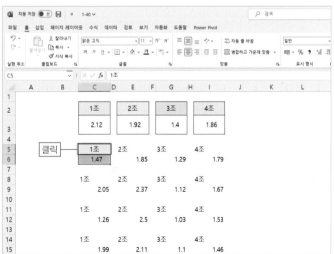

Point

범위로 서식을 복사하면 열 너비, 행 높이를 붙여넣기할 수 없습니다.

03. 서식이 적용된 [2:4행]을 범위 지정하여 [홈] – [클립보드] – [서식 복사 ✔] 아이콘을 클릭합니다.

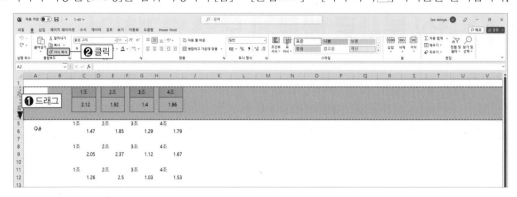

Point

[서식 복사 ✔] 아이콘을 더블클릭하면 마우스 포인터는 (⊕♣)로 변경되며, Esc 를 누를 때까지 한 번에 여러 번 서식 붙여넣기가 가능합니다.

04. [5행]부터 드래그하여 데이터 끝까지 서식 붙여넣기를 합니다.

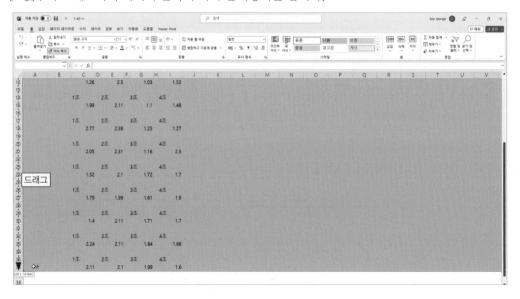

Point

서식을 복사하려는 행과 빈 행을 같이 범위 지정하면 서식 붙여넣기할 때도 같은 패턴으로 붙여넣기가 가능합니다.

05. 행 단위로 서식을 복사한 결과를
확인할 수 있습니다.

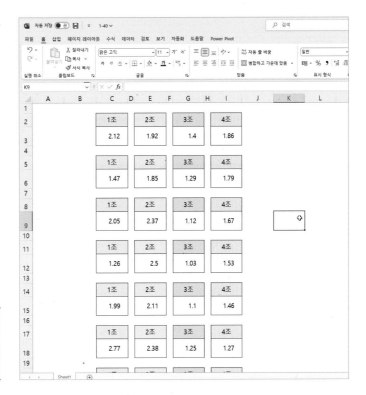

Point

행/열 단위로 서식을 복사하면 열 너
비, 행 너비까지 붙여넣기가 가능합
니다.

41 셀 스타일과 표 서식 적용하기

표 서식과 셀 스타일을 이용하면 빠르게 글꼴과 테두리, 채우기 등을 미리 정의된 서식으로 변경할 수 있습니다. 간편하게 문서를 꾸미는 방법을 알아보겠습니다.

⌲ Key Word: 셀 스타일, 표 서식
실습 파일: 1-41

01. [A1] 셀을 클릭하여 [홈] – [스타일] – [셀 스타일]을 클릭합니다. [제목 및 머리글] 영역에서 [제목1]을 선택합니다.

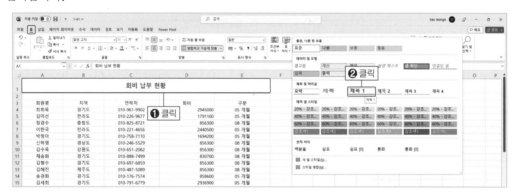

Point

셀 스타일의 목록 중 적용하고자 하는 스타일에 마우스 포인터를 위치시키면 반영되는 결과를 미리 보기 할 수 있습니다.

02. [홈] – [글꼴] – [글꼴 크기 크게 [가▲]]를 두 번 클릭하여 제목 글꼴크기를 '18p'로 변경합니다.

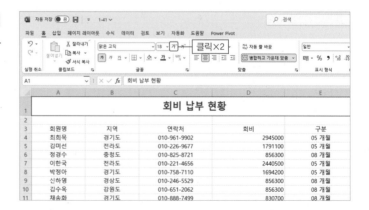

03. 표 서식을 적용하기 위해 [A3] 셀을 클릭하고 [홈] – [스타일] – [표 서식] – [파랑 표 스타일 보통 9]를 선택합니다.

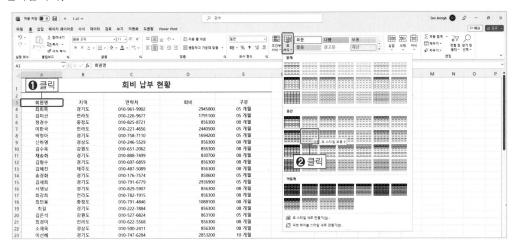

Point

표 서식을 적용할 범위에 이미 서식이 설정되어 있다면 사용자가 지정한 서식을 우선으로 하기 때문에 표 서식의 결과가 나타나지 않습니다. 이미 적용된 서식을 지우려면 [홈] – [편집] – [지우기 ◇] – [서식 지우기]를 클릭합니다.

04. [표 서식] 대화상자에서 표에 사용할 데이터 범위와 머리글 포함이 체크되어 있는지 확인하고 [확인]을 클릭합니다.

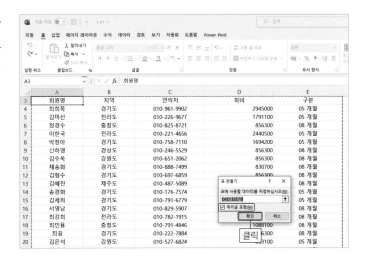

Point

표 서식의 첫째 행이 제목일 경우 [머리글 포함]을 체크해야 합니다. 체크하지 않으면 표에 사용할 데이터 위에 열1, 열2, 열3, ... 순으로 임시 제목 행이 추가 삽입됩니다.

05. 화면 아래로 스크롤바를 움직이면 [A, B, C, D, ...] 열 이름 대신 [글 머리글]을 체크했던 제목 행이 [회원명, 지역, 연락처, ...] 행 이름으로 변경된 것을 확인할 수 있고, [테이블 디자인] 탭이 새로 생긴 것을 확인할 수 있습니다.

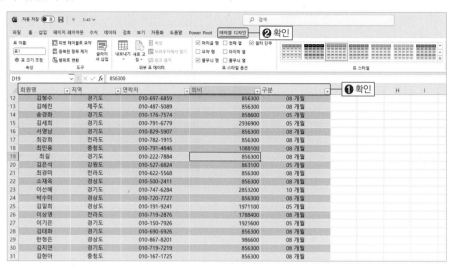

Point

표 서식이 적용되면 [테이블 디자인] 탭의 [표 스타일] 그룹에 있는 다른 스타일로 변경하는 것이 자유로워집니다.

06. [테이블 디자인] – [표 스타일 옵션] 그룹에 '요약 행'을 체크합니다. 마지막 데이터 아래 [80행]에 요약 행이 나타납니다.

Point

[테이블 디자인] 탭은 표 서식이 적용되어 있는 범위 안에 셀이 클릭되어 있어야 표시됩니다.

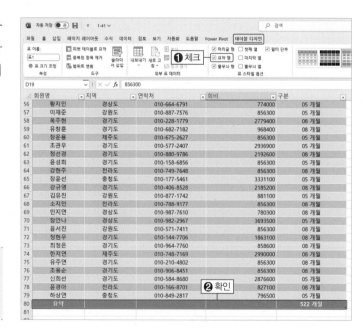

07. 요약 행이 적용된 합계 셀을 클릭하면 '목록 버튼 ▾'이 나타나는데 구분과 회비 열의 합계를 '평균'으로 변경하고, 회원명이 있는 셀은 '평균'으로 입력합니다.

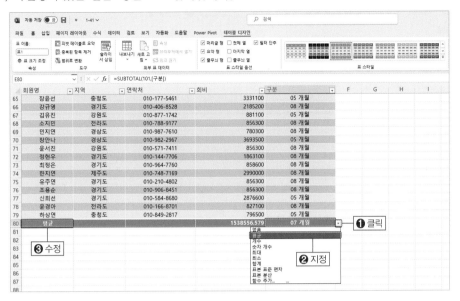

Point

요약 행 셀에 '목록 버튼'을 클릭하여 함수를 적용하면 나머지 셀들은 채우기 핸들로 복사 가능합니다.

42 표 서식에서 수식 적용하기

표 서식에는 [머리글 행]을 이용하여 수식이 사용됩니다. 또한 한 개의 셀에만 수식을 입력하면 열의 모든 셀에 자동으로 수식이 입력되는 것을 알아보겠습니다.

↪ Key Word: 표 서식, 표 서식 수식
실습 파일: 1-42

01. [F3] 셀을 클릭하여 '입금할 금액'으로 입력하고 Enter를 누릅니다.

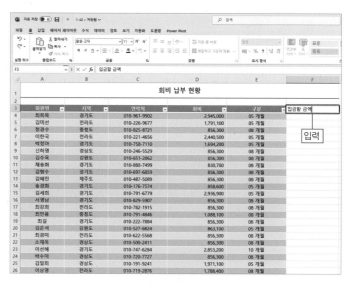

Point

표 서식이 적용된 열과 연결되어 있는 셀에 입력하기 때문에 자동으로 표 서식 영역이 늘어납니다.

02. [F4] 셀에 '등호(=)'를 입력합니다. [D4] 셀을 클릭하면 D열의 머리글이 [@회비]로 변경됩니다.

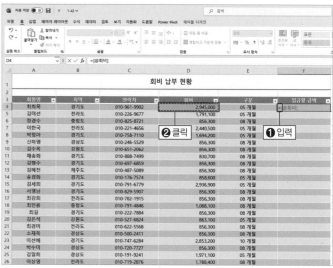

03. 계속해서 '곱하기(*)'를 입력하고 [E4] 셀을 클릭하면 회비와 마찬가지로 [@구분]으로 변경됩니다. '=[@회비]*[@구분]'으로 Enter를 눌러 수식을 완료합니다.

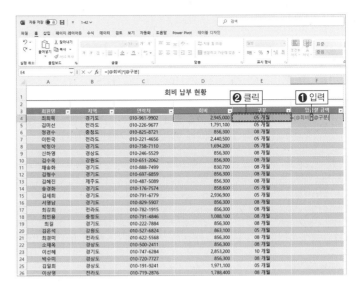

Point

=[@회비]*[@구분]

04. Enter를 누르면 수식을 복사하지 않아도 동시에 전체 열이 계산되는 것을 확인할 수 있습니다. [회비] 열에 쉼표가 적용되어 있기 때문에 숫자 서식도 같이 적용되는 것을 확인할 수 있습니다.

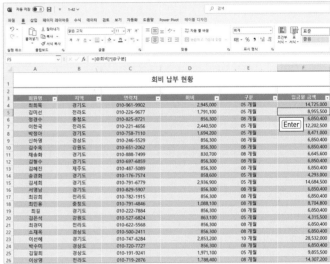

43 표 서식 범위로 변경하기

표 서식을 유지하고 있을 때는 데이터를 삭제하거나 병합하거나 더 이상 표 서식을 사용하고 싶지 않을 때 일반 데이터 범위로 변경 가능합니다.

⟶ Key Word: 표 서식, 범위로 변환
실습 파일: 1-43

01. [테이블 디자인] – [표 서식] – [파랑, 표 스타일 보통 6]을 클릭하여 스타일을 변경합니다.

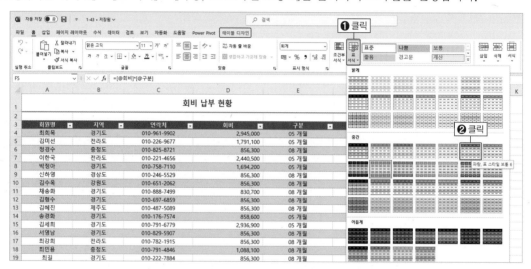

02. 일반 범위로 변경하기 위해 [테이블 디자인] – [도구] 그룹의 [범위로 변환]을 클릭합니다. 표를 일반 범위로 묻는 대화상자가 나타나면 [예]를 클릭합니다.

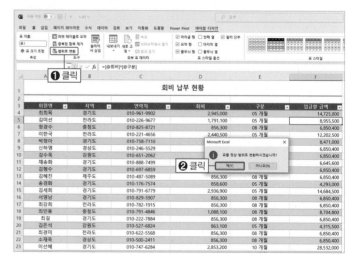

03. 적용된 서식은 남아있고 [테이블 디자인] 탭은 사라진 것을 확인할 수 있습니다.

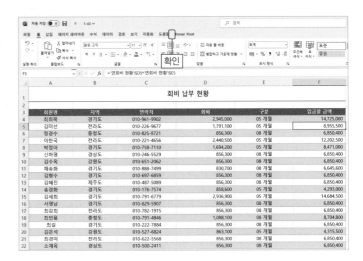

04. 일반 범위로 변환된 데이터에 수식을 입력해 보겠습니다. [G3] 셀을 클릭하여 '할인된 금액'을 입력합니다.

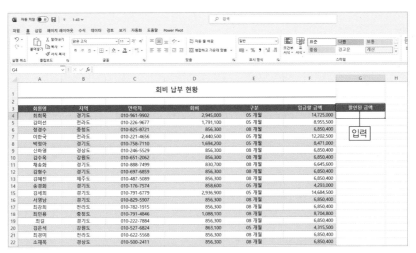

Point

표 서식 기능이 적용되지 않은 상태에서도 제목 셀은 [F3] 셀에 적용된 서식이 적용된 것을 확인할 수 있습니다.

---

05. 15% 할인된 금액을 계산하기 위해 '=F4*0.85'를 입력하고 Enter를 누릅니다.

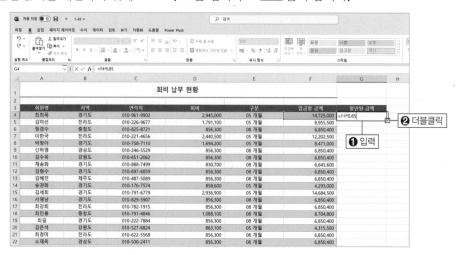

Point

표 서식일 때는 수식이 열에 자동 계산되지만 일반 범위에서는 채우기 핸들을 이용하여 수식을 복사하여야 합니다.

Section

44 셀 편집하여 데이터 정리하기

데이터를 입력할 때 셀, 범위, 행/열 단위로 삽입하거나 삭제, 편집할 수 있습니다. 분리되어 있는 데이터를 삽입, 삭제하고 대화상자에서 상황에 따라 편집하여 하나의 열로 정리하는 방법을 알아보겠습니다.

⊙ Key Word: 셀 삽입, 셀 삭제
실습 파일: 1-44

01. E열과 F열의 내용을 하나의 열로 합치기 위해 범위를 지정합니다. [E4] 셀을 클릭하고 화면을 아래로 이동하여 Shift를 누른 채 [E33] 셀을 클릭합니다.

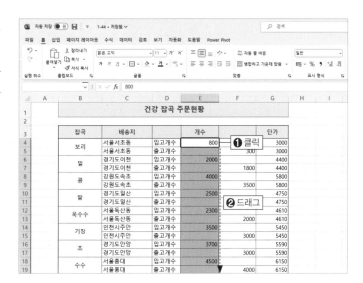

02. [홈] – [편집] – [찾기 및 선택]을 클릭하여 [이동 옵션]을 클릭합니다.

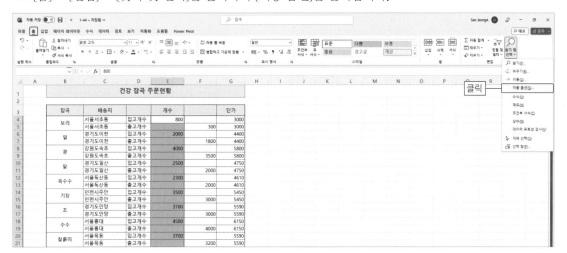

03. [이동 옵션] 대화상자에서 [빈 셀]을 클릭한 후 [확인]을 클릭합니다.

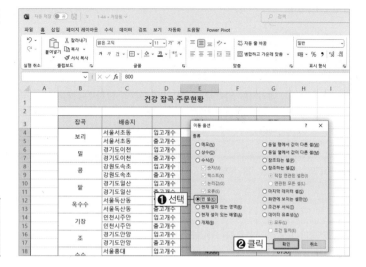

Point

'빈 셀(K)'의 'K'를 누르고 Enter를 누르면 키보드로 해결할 수 있습니다.

04. 선택한 범위에서 빈 셀만 선택이 되었습니다. 마우스 오른쪽 버튼을 클릭하고 [삭제]를 실행합니다.

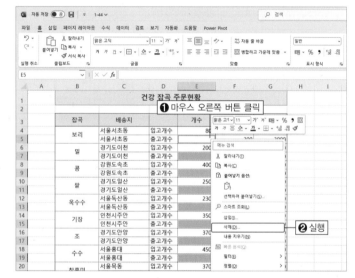

Point

셀 삽입 Ctrl+[+]
셀 삭제 Ctrl+[-]

05. [삭제] 대화상자에서 '셀을 왼쪽으로 밀기(L)'를 선택하고 [확인]을 클릭합니다.

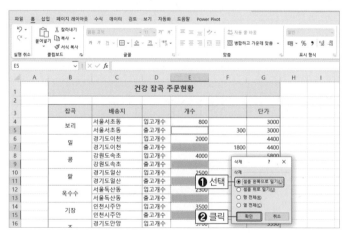

Point

대화상자에서 나오는 괄호( ) 안의 알파벳을 직접 누르면 키보드에서 실행할 수 있습니다.

06. D열로 입고 개수와 출고 개수가 하나로 합쳐진 것을 확인할 수 있습니다.

07. [F4:F33] 셀의 범위를 선택하고 **01~06**과 같은 방법으로 F열의 빈 셀에 G열의 단가가 나타나도록 만듭니다.

45 행과 열 삽입, 삭제, 숨기기

행과 열 단위로 데이터를 중간에 추가하거나 삽입할 수 있으며 때에 따라 행과 열을 숨기기할 수 있습니다. 여러 개의 행/열을 편집하는 방법을 알아보겠습니다.

Key Word: 행/열 삽입, 삭제, 숨기기
실습 파일: 1-45

01. C열을 클릭하고 Ctrl을 누른채 G열을 클릭하고 마우스 오른쪽 버튼을 클릭하여 [숨기기]를 클릭합니다.

Point

연속적인 행/열을 선택할 때는 Shift 를 클릭합니다.

02. B열에 마우스를 위치시키고, 마우스 오른쪽 버튼을 클릭하여 [삽입]을 클릭합니다.

Point

행/열 삽입 Ctrl + +
행/열 삭제 Ctrl + −

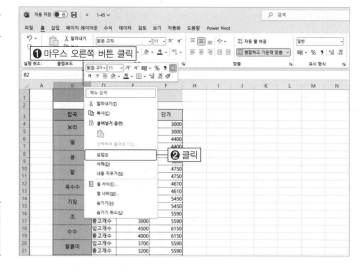

03. [삽입 옵션 ◇]을 클릭하여 '오른쪽
과 같은 서식'을 클릭합니다.

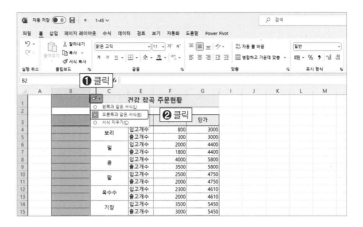

04. 추가한 열을 삭제하겠습니다. B열
을 마우스 오른쪽 버튼으로 클릭한 다
음 [삭제]를 실행합니다.

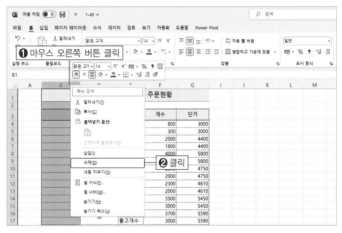

05. 여러 개의 행을 삽입하기 위해 8행
부터 12행까지 범위를 선택하고 마우
스 오른쪽 버튼을 클릭한 다음 [삽입]
을 실행합니다. 한번에 5개의 행이 삽
입됩니다.

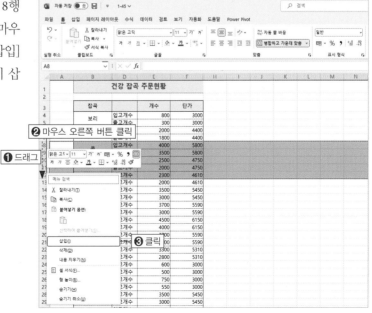

46 워크시트 이름, 탭 색 변경하기

시트의 이름은 기본적으로 'Sheet1', 'Sheet2', ...와 같은 형태로 되어 있습니다. 시트의 내용을 알기 쉽게 이름을 변경하거나 편집하기 편하도록 시트의 탭 색을 변경할 수 있습니다.

ⓖ **Key Word:** 시트 이름 변경, 탭 색 변경
실습 파일: 1-46

01. 첫 번째 시트인 'Sheet1'을 더블클릭하여 블록이 표시되면 '1월'로 입력하여 시트 이름을 변경합니다.

6	3	29.75	681	687	6	6,000	1,840	7,840
7	4	29.75	1,276	1,277	1	1,000	1,840	2,840
8	5	115.70	5,139	5,211	72	72,000	7,140	79,140
9	6	155.37	-	-	-	-	9,590	9,590
10	7	28.30	1,227	1,227	-	-	-	-
11	8	28.30	1,220	1,227	7	7,000	1,750	8,750
12	9	28.30	933	961	28	28,000	1,750	29,750
13	10	28.30	926	946	20	20,000	1,750	21,750
14	11	28.30	1,327	1,336	9	9,000	1,750	10,750
15	12	28.30	241	242	1	1,000	1,750	2,750
16	13	28.30	630	643	13	13,000	1,750	14,750
17	14	28.30	1,232	1,232	-	-	1,750	1,750
18	15	28.30	1,603	1,615	12	12,000	1,750	13,750
19	16	28.30	1,591	1,603	12	12,000	-	12,000
20	17	28.30	1,835	1,850	15	15,000	1,750	16,750
21	18	28.30	1,171	1,178	7	7,000	1,750	8,750
22	19	28.30	980	984	4	4,000	1,750	5,750
23	20	28.30	879	892	13	13,000	1,750	14,750
24	21	28.30	1,400	1,406	6	6,000	1,750	7,750
25	22	28.30	636	647	11	11,000	1,750	12,750
26	23	28.30	1,426	1,436	10	10,000	1,750	11,750
27	24	28.30	866	880	14	14,000	1,750	15,750
28	25	28.30	1,440	1,468	28	28,000	1,750	29,750
29	26	28.30	1,221	1,237	16	16,000	1,750	17,750
30	27	28.30	1,324	1,324	-	-	-	-
31	28	28.30	1,305	1,324	19	19,000	1,750	20,750
32	29	28.30	847	855	8	8,000	1,750	9,750
33	30	28.30	1,132	1,148	16	16,000	1,750	17,750

❶ 더블클릭 ❷ 이름 변경

1월 | Sheet2 | 3월 | 4월 | 5월

준비 | 접근성: 조사 필요

Point

시트 이름에서 마우스 오른쪽 버튼을 클릭하고 [이름 바꾸기]를 실행하여 변경할 수 있습니다.

02. 같은 방법으로 'Sheet2'를 더블클릭하여 블록이 표시되면 '2월'로 입력하여 시트 이름을 변경합니다.

6	3	28.30	987	996	9	9,000	1,750	10,750
7	4	28.30	944	955	11	11,000	1,750	12,750
8	5	28.30	882	884	2	2,000	1,750	3,750
9	6	28.30	879	882	3	3,000	-	3,000
10	7	28.30	1,637	1,663	26	26,000	1,750	27,750
11	8	28.30	1,254	1,259	5	5,000	1,750	6,750
12	9	28.30	830	840	10	10,000	1,750	11,750
13	10	28.30	1,205	1,214	9	9,000	1,750	10,750
14	11	28.30	1,398	1,406	8	8,000	1,750	9,750
15	12	28.30	1,220	1,250	30	30,000	1,750	31,750
16	13	28.30	277	286	9	9,000	1,750	10,750
17	14	28.30	1,526	1,556	30	30,000	1,750	31,750
18	15	28.30	962	969	7	7,000	1,750	8,750
19	16	28.30	2,045	2,055	10	10,000	1,750	11,750
20	17	28.30	1,024	1,032	8	8,000	1,750	9,750
21	18	28.30	1,395	1,417	22	22,000	1,750	23,750
22	19	28.30	1,117	1,173	56	56,000	1,750	57,750
23	20	28.30	1,531	1,545	14	14,000	1,750	15,750
24	21	28.30	820	835	15	15,000	1,750	16,750
25	22	28.30	1,102	1,109	7	7,000	1,750	8,750
26	23	28.30	1,174	1,213	39	39,000	1,750	40,750
27	24	28.30	1,147	1,161	14	14,000	1,750	15,750
28	25	28.30	1,064	1,081	17	17,000	1,750	18,750
29	26	28.30	1,914	1,947	33	33,000	1,750	34,750
30	27	28.30	930	934	4	4,000	1,750	5,750
31	28	28.30	1,032	1,041	9	9,000	1,750	10,750
32	29	28.30	1,339	1,351	12	12,000	1,750	13,750
33	30	28.30	933	939	6	6,000	1,750	7,750

❶ 더블클릭 ❷ 이름 변경

1월 | 2월 | 3월 | 4월 | 5월

준비 | 접근성: 계속 진행 가능

Point

워크 시트의 이름은 31자까지 가능하며, '₩', '*', '?', '/', '[', ']'는 사용할 수 없습니다.

03. 홀수 달 시트 탭 색을 변경하기 위해 '1월'을 클릭하고 Ctrl 을 누른 채 '3월', '5월'을 클릭합니다. 마우스 오른쪽 버튼을 클릭합니다.

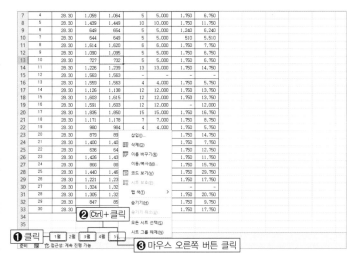

Point

시트를 여러 개 선택하기 위해 Shift 를 누르면 연속된 시트를 선택할 수 있으며, 2개 이상 시트를 선택하면 제목 표시줄에 [그룹]이 표시됩니다.

04. [탭 색]을 클릭하여 '파랑, 강조5'를 선택합니다.

05. 여러 개의 시트를 선택하면 제목 표시줄에 [그룹]이 표시되는데, 이때 그룹을 해제하려면 현재 선택되어 있지 않은 다른 시트 '4월'을 선택합니다.

Point

[그룹]으로 되어 있을 때는 [삽입], [데이터] 메뉴 등 실행되지 않는 메뉴들이 있습니다.

Section

47 워크시트 이동/복사하기

필요에 따라 워크시트를 이동하거나 전체 양식은 같은데 내용이 다른 문서를 만들어야 한다면 시트를 복사하여 사용할 수 있습니다. 이동/복사하는 방법에 대해 알아보겠습니다.

◉ Key Word: 현재 파일에서 시트 이동/복사, 다른 파일로 시트 이동/복사
실습 파일: 1-47

01. 시트를 복사하기 위해 [5월] 시트 탭을 Ctrl 을 누른 채 오른쪽으로 드래그합니다.

6	3	28.30	1,042	1,047	5	5,000	1,750	6,750
7	4	28.30	1,059	1,064	5	5,000	1,750	6,750
8	5	28.30	1,439	1,449	10	10,000	1,750	11,750
9	6	28.30	649	654	5	5,000	1,240	6,240
10	7	28.30	644	649	5	5,000	510	5,510
11	8	28.30	1,614	1,620	6	6,000	1,750	7,750
12	9	28.30	1,090	1,095	5	5,000	1,750	6,750
13	10	28.30	727	732	5	5,000	1,750	6,750
14	11	28.30	1,226	1,239	13	13,000	1,750	14,750
15	12	28.30	1,563	1,563	-	-	-	-
16	13	28.30	1,559	1,563	4	4,000	1,750	5,750
17	14	28.30	1,126	1,138	12	12,000	1,750	13,750
18	15	28.30	1,603	1,615	12	12,000	1,750	13,750
19	16	28.30	1,591	1,603	12	12,000	-	12,000
20	17	28.30	1,835	1,850	15	15,000	1,750	16,750
21	18	28.30	1,171	1,178	7	7,000	1,750	8,750
22	19	28.30	980	984	4	4,000	1,750	5,750
23	20	28.30	879	892	13	13,000	1,750	14,750
24	21	28.30	1,400	1,406	6	6,000	1,750	7,750
25	22	28.30	636	647	11	11,000	1,750	12,750
26	23	28.30	1,426	1,436	10	10,000	1,750	11,750
27	24	28.30	866	880	14	14,000	1,750	15,750
28	25	28.30	1,440	1,468	28	28,000	1,750	29,750
29	26	28.30	1,221	1,237	16	16,000	1,750	17,750
30	27	28.30	1,324	1,324	-	-	-	-
31	28	28.30	1,305	1,324	19	19,000	1,750	20,750
32	29	28.30	847	855	8	8,000	1,750	9,750
33	30	28.30	1,132	1,148	16	16,000	1,750	17,750
34								
35								

1월 | 2월 | 3월 | 4월 | 5월

Ctrl +드래그

준비 접근성: 계속 진행 가능

Point

시트를 이동할 때 마우스 포인터에 문서 모양(📄)이 표시되고, 복사할 때는 문서 모양에 (+)가 추가되어 (📄) 이 표시됩니다.

02. 복사된 시트 이름은 '5월 (2)'로 입력되며, 더블클릭하여 시트 이름을 '6월'로 변경합니다.

6	3	28.30	1,042	1,047	5	5,000	1,750	6,750
7	4	28.30	1,059	1,064	5	5,000	1,750	6,750
8	5	28.30	1,439	1,449	10	10,000	1,750	11,750
9	6	28.30	649	654	5	5,000	1,240	6,240
10	7	28.30	644	649	5	5,000	510	5,510
11	8	28.30	1,614	1,620	6	6,000	1,750	7,750
12	9	28.30	1,090	1,095	5	5,000	1,750	6,750
13	10	28.30	727	732	5	5,000	1,750	6,750
14	11	28.30	1,226	1,239	13	13,000	1,750	14,750
15	12	28.30	1,563	1,563	-	-	-	-
16	13	28.30	1,559	1,563	4	4,000	1,750	5,750
17	14	28.30	1,126	1,138	12	12,000	1,750	13,750
18	15	28.30	1,603	1,615	12	12,000	1,750	13,750
19	16	28.30	1,591	1,603	12	12,000	-	12,000
20	17	28.30	1,835	1,850	15	15,000	1,750	16,750
21	18	28.30	1,171	1,178	7	7,000	1,750	8,750
22	19	28.30	980	984	4	4,000	1,750	5,750
23	20	28.30	879	892	13	13,000	1,750	14,750
24	21	28.30	1,400	1,406	6	6,000	1,750	7,750
25	22	28.30	636	647	11	11,000	1,750	12,750
26	23	28.30	1,426	1,436	10	10,000	1,750	11,750
27	24	28.30	866	880	14	14,000	1,750	15,750
28	25	28.30	1,440	1,468	28	28,000	1,750	29,750
29	26	28.30	1,221	1,237	16	16,000	1,750	17,750
30	27	28.30	1,324	1,324	-	-	-	-
31	28	28.30	1,305	1,324	19	19,000	1,750	20,750
32	29	28.30	847	855	8	8,000	1,750	9,750
33	30	28.30	1,132	1,148		16,000	1,750	17,750
34								
35								

이름 변경

1월 | 2월 | 3월 | 4월 | 5월 | 6월

준비 접근성: 계속 진행 가능

03. [새 시트] 아이콘(⊕)을 클릭하고 시트 이름을 '상반기'로 변경한 다음 [1월] 시트 앞으로 이동합니다.

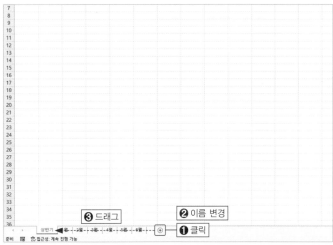

❸ 드래그 ❷ 이름 변경 ❶ 클릭

04. 새로운 파일로 시트를 복사하기 위해 '1월' 시트를 선택하고 Shift를 누른 채 '3월'을 클릭합니다.

❷ Ctrl+클릭

❶ 클릭

05. 선택된 시트에서 마우스 오른쪽 버튼을 클릭하여 [이동/복사]를 선택합니다.

❷ 클릭

❶ 마우스 오른쪽 버튼 클릭

Point

시트를 여러 개 선택하기 위해 Ctrl 을 누르면 비연속적으로 시트를 선택할 수 있습니다.

06. [이동/복사] 대화상자에서 [대상 통합 문서]를 '새 통합 문서'로 선택하고 [복사본 만들기]에 체크 표시합니다. [확인] 버튼을 클릭합니다.

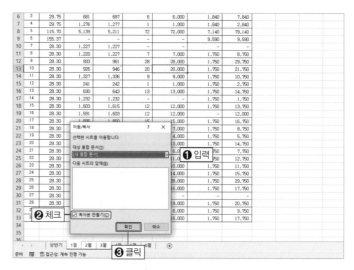

Point

[복사본 만들기]를 선택하지 않으면 시트가 복사되지 않고, 원본 통합 문서에는 없어지며 대상 통합 문서로 이동됩니다.

07. 새 통합 문서로 선택된 '1월' ~ '3월' 시트가 복사된 것을 확인할 수 있습니다.

48 시트 숨기기와 숨기기 취소

지금 시트를 사용하지 않을 때 쓰는 기능이 시트 숨기기입니다. 시트 이름에서 마우스 오른쪽 버튼을 클릭하여 [숨기기]할 수 있으며, 숨겨진 시트가 하나도 없을 때는 [숨기기 취소]가 비활성화되어 있습니다.

Key Word: 시트 숨기기, 시트 숨기기 취소
실습 파일: 1-48

01. [상반기] 시트를 숨기기 위해 [상반기] 시트 이름을 마우스 오른쪽 버튼을 클릭하고 [숨기기]를 실행합니다.

Point

[홈] – [셀] – [서식] – [숨기기 및 숨기기 취소] – [시트 숨기기]를 클릭해도 됩니다.

02. 시트가 숨겨집니다. 숨긴 시트를 다시 나타내기 위해 임의의 시트를 마우스 오른쪽 버튼을 클릭하고 [숨기기 취소]를 실행합니다.

Point

시트 숨기기가 된 것은, 마우스 오른쪽 버튼을 클릭했을 때 표시되는 [숨기기 취소] 메뉴가 활성화된 것으로 확인할 수 있습니다.

03. 숨겨진 시트의 목록이 표시됩니다. 숨기기 취소할 시트를 선택하고 [확인] 버튼을 클릭합니다.

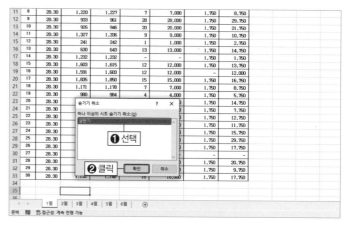

04. 숨겨져 있던 시트가 원래 위치에 다시 나타납니다.

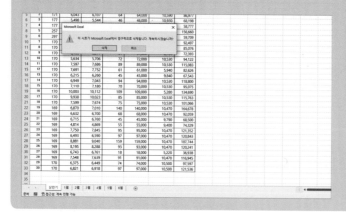

워크시트 삭제하기

필요 없는 시트는 시트의 내용과 함께 삭제할 수 있는데, 이때는 되돌리기 Ctrl+Z로 작업을 취소할 수 없습니다. 빈 시트를 삭제할 경우 메시지 대화상자가 나타나지 않고 바로 시트가 삭제됩니다.

49 여러 개의 시트를 한꺼번에 그룹 작업하기

단순하지만 쉼표 스타일, 일련번호, 합계 등을 여러 개의 시트에 적용해야 한다면 같은 작업을 여러 번 할 수 있습니다. 그러나 엑셀은 그룹 작업이 가능하여 한꺼번에 여러 개의 시트에 작업을 할 수 있습니다.

○ Key Word: 그룹 작업
실습 파일: 1-49

01. [1월] 시트를 선택하고 Shift를 누른 채 [12월] 시트를 클릭하면 '1월'부터 '12월'까지 선택되어 제목 표시줄에 [그룹]이라고 표시됩니다.

Point

축소된 화면으로 볼 때 [12월] 시트가 보이지 않을 수 있습니다. 그럴 때는 Ctrl을 누른 채 [시트 이동 버튼 ▶]을 클릭합니다. 시트의 끝 [12월]이 보입니다.

02. A열 앞에 두 개의 열을 삽입하기 위해 A열과 B열을 선택하고 마우스 오른쪽 버튼을 클릭한 다음 [삽입]을 실행합니다.

Point

단축키 Ctrl+⊞로 열을 삽입할 수 있습니다.

03. [B3] 셀에 '번호'를 입력하고, [B4: B5] 셀 범위에 '1'과 '2'를 각각 입력합니다.

Point

그룹 작업을 할 때는 [옵션] 버튼이 나오지 않습니다. [서식 옵션]이나, [자동 채우기 옵션]이 나오지 않기 때문에 [B4:B5] 셀 범위에 1, 2를 입력하여 그 차이 값만큼 숫자를 복사합니다.

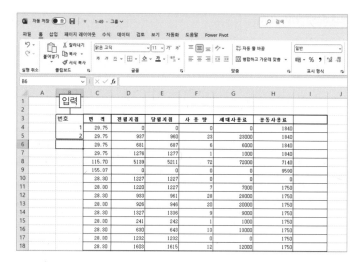

04. [B4:B5] 셀 범위를 선택하고 채우기 핸들을 더블클릭합니다.

Point

채우기 핸들을 더블클릭하면 Ctrl+A를 눌렀을 때 하나의 데이터 표로 인식하는 열의 마지막 데이터까지 복사됩니다.

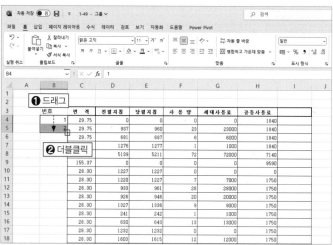

05. 일련번호가 채우기된 것을 확인한 후 [I3] 셀에 '합계'라고 입력합니다.

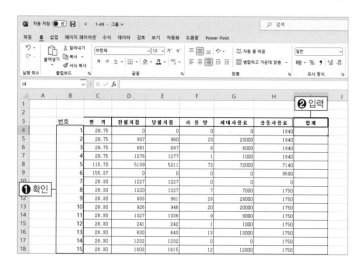

06. 합계를 넣기 위해 [I4] 셀을 선택하고 [홈] – [편집] – [자동합계∑]를 클릭합니다. [번호], [면적]을 뺀 합계를 하기 위해 [D4:H4] 셀 범위를 드래그하여 선택합니다.

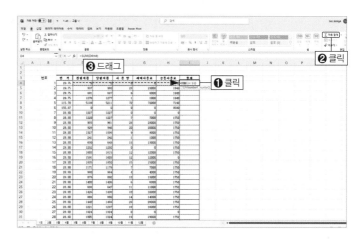

07. 수정된 수식을 [I33] 셀까지 복사하기 위해 채우기 핸들을 더블클릭합니다. [홈] – [표시 형식] – [쉼표 스타일,]을 클릭하여 적용합니다.

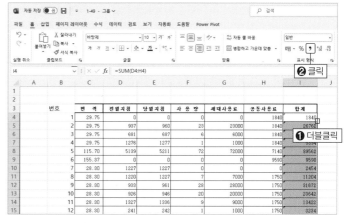

08. 마지막으로 테두리를 지정하기 위해 [B3] 셀을 선택하고 Ctrl+Shift+↓를 눌러 데이터 끝까지 선택합니다.

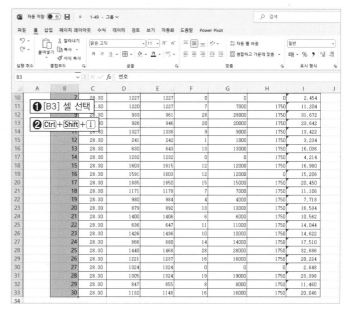

Point

I열의 오류 표시는 숫자로 인식하는 [번호], [면적]의 범위가 제외된 수식을 적용하여 표시된 것입니다.

09. [홈] – [글꼴] – [테두리 ·]를 클릭하여 [모든 테두리]를 클릭합니다.

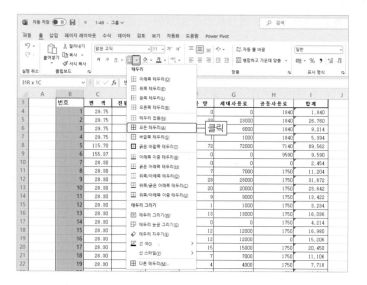

10. 시트마다 열의 폭이 다르게 설정되어 있기 때문에 B열부터 I열까지 선택하고 열과 열 사이의 경계선에서 드래그하여 보기 좋게 열 너비를 표시합니다. 모든 시트에 적용된 것을 확인할 수 있습니다.

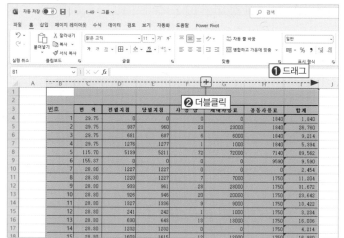

11. [그룹]으로 선택되어 있기 때문에 [12월] 시트를 클릭하여 그룹을 해제합니다.

Point

모든 시트가 선택되어 있을 때는 선택되어 있는 시트중 임의의 하나의 시트를 클릭하면 그룹이 해제됩니다.

50 시트 보호

전체 시트를 보호할 수 있고, 문서의 변형이나 row 데이터의 보호를 위해 특정 시트만 보호를 할 수 있습니다. 특정 시트만 편집 제한을 한다거나, 임의의 범위만 편집 허용한 후 시트를 보호하는 방법이 있습니다.

○ Key Word: 시트 보호, 부분 허용 시트 보호
실습 파일: 1-50

01. 전체 시트를 보호하기 위해 [홈] – [셀] – [서식] – [시트 보호]를 클릭합니다.

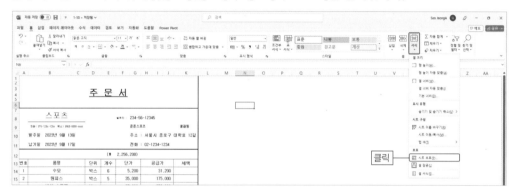

Point

엑셀은 기본적으로 모든 셀이 잠겨져 있습니다. 시트를 보호(암호 설정)해 주면 모든 시트가 보호되어 편집되지 않습니다.

02. 시트 보호 해제 암호를 한 글자 이상 입력합니다. [암호 확인] 대화상자에서도 똑같이 입력한 후 [확인] 버튼을 실행합니다.

Point

[검토] – [보호] – [시트 보호]를 클릭하여 적용할 수 있습니다.

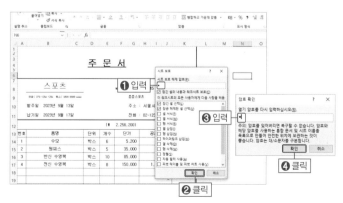

03. 임의의 셀을 선택하여 편집하면 경고 창을 확인할 수 있습니다.

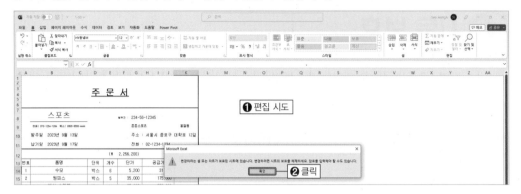

Point

상단의 모든 메뉴가 비활성화 되어 있으며, [발주서] 시트는 편집이 가능한 것을 확인할 수 있습니다.

04. [홈] – [셀] – [서식] – [시트 보호 해제]를 클릭하고 암호를 입력한 다음 [확인] 버튼을 실행합니다.

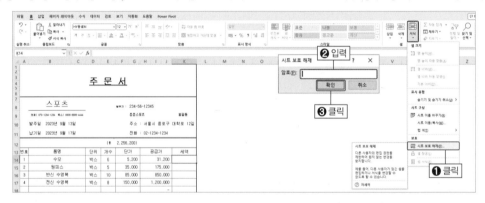

05. 시트의 일부 중 편집을 허용하기 위해 [E14:G31] 범위를 선택하고 [홈] – [셀] – [서식] – [셀 잠금]을 클릭하여 셀 잠금을 해제합니다.

06. [홈] – [셀] – [서식] – [시트 보호]를 클릭합니다. '잠긴 셀 선택'은 허용할 내용에서 제외하고 암호를 입력한 다음 [확인] 버튼을 실행합니다.

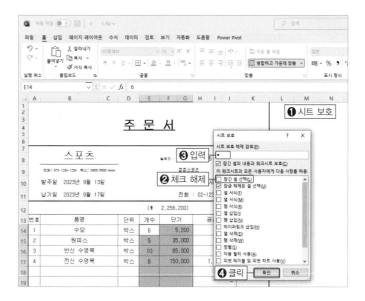

07. [E14:G31] 범위는 편집이 허용되지만, 그 외 범위는 선택되지 않는 것을 확인할 수 있습니다.

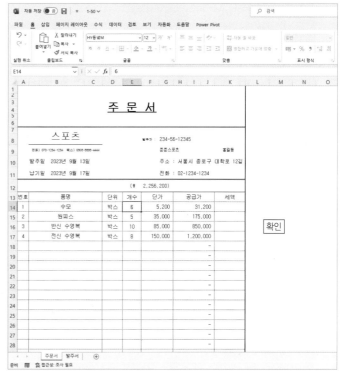

야근을 없애는
활용 예제 50가지

엑셀의 기본 기능을 배워 봤다면 보다 효율적으로 일 처리를 할 수 있는
활용 기능을 배워 보겠습니다. 방대한 양의 데이터를 효율적으로 분석하여
가공하고, 데이터 흐름에 따라 한눈에 파악할 수 있는 차트까지 표현하는
방법을 배워 봅니다.

01 데이터 이동하고 그림 복사하기

엑셀 문서를 편집하다 보면 데이터를 이동하고 복사하여 편집할 일이 많이 있습니다. 중간에 있는 데이터를 이동하려면 원래 위치에 빈 셀이 남기 때문에 삭제해야 하는데, 이때 사용할 수 있는 [잘라낸 셀 삽입] 을 배워보고, 외부 데이터로 복사하기 위해 그림으로 빠르게 복사하는 방법을 알아보겠습니다.

G Key Word: 잘라낸 셀 삽입, 그림 복사
예제 파일: 2-1

01. [6:7] 행을 선택하고 마우스 오른쪽 버튼을 클릭한 후 [잘라내기]를 실행합니다.

Point

행/열 단위로 복사/잘라내기를 하면, 삽입할 위치는 첫 번째 셀/행/열을 선택하여 삽입합니다.

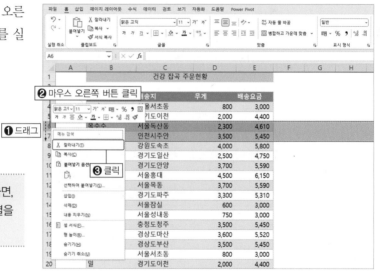

02. 이동하기 위해 [15] 행을 클릭합니다. 마우스 오른쪽 버튼을 클릭하고 [잘라낸 셀 삽입]을 선택합니다.

Point

잘라낸 셀을 삽입하지 않고 붙여넣기하면 잘라내기한 셀의 범위가 빈 칸으로 남아 있으며, 붙여넣기하려는 셀의 데이터에 덮어쓰기됩니다.

03. 데이터가 이동된 것을 확인할 수 있습니다.

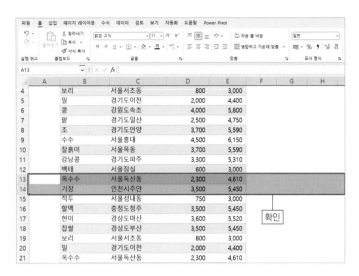

Point

[잘라내기]하면 붙여넣기 메뉴는 [잘
라낸 셀 삽입]으로 나타나며, [복사]하
면 [복사한 셀 삽입]으로 나타납니다.

04. 한 화면에 보이지 않는 많은 양
의 데이터를 그림으로 내보내기 위해
[B3] 셀을 클릭하고 Ctrl+A를 눌러
전체 화면을 선택합니다. [홈]-[클립
보드] – [복사] 메뉴의 목록 버튼 –
[그림으로 복사]를 선택합니다.

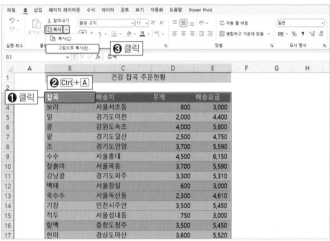

05. [그림 복사] 대화상자가 열리면
[미리 보기에 표시된 대로]를 클릭하고
[확인]을 클릭합니다.

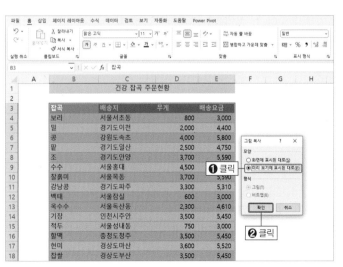

Point

[화면에 표시된 대로]를 클릭하여 복
사하면 화면의 짤린 부분은 복사되
지 않습니다.

06. [G1] 셀을 클릭하여 붙여넣기 위해 Ctrl+V를 누르면 화면에 보이지 않던 부분까지 복사된 것을 확인할 수 있습니다.

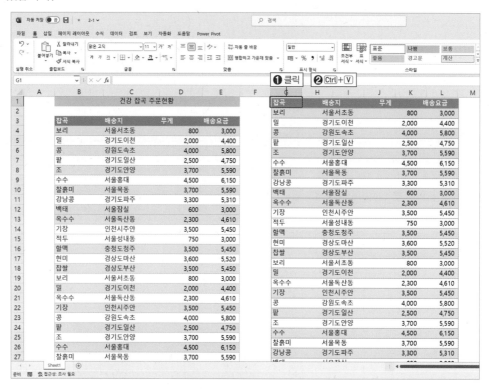

02 데이터 유효성 검사로 영문 모드 변경과 목록 설정하기

데이터를 입력할 때 오류없이 유효한 데이터만 입력할 수 있도록 설정하는 기능이 데이터 유효성 검사입니다. 여러 가지 설정하는 방법 중 [한/영]를 누르지 않아도 영문 상태로 입력할 수 있는 IME 모드로 설정하고, 사용자가 목록 버튼을 이용하여 입력하도록 할 수 있습니다.

◉ Key Word: IME 모드, 영문 모드, 목록 설정
실습 파일: 2-2

01. 아이디 열에는 영문 모드로 시작할 수 있도록 [B4:B20] 셀의 범위를 선택하고 [데이터] – [데이터 도구] – [데이터 유효성 검사]를 클릭합니다. [데이터 유효성] 대화상자에서 [IME 모드] 탭을 클릭하고 [모드] 항목으로 '영문'을 선택한 후 [확인] 버튼을 클릭합니다.

Point

[한/영]를 직접 누르지 않아도 '영문' 모드에서 시작되며 [한/영]를 눌러 한글로 변환도 가능합니다.

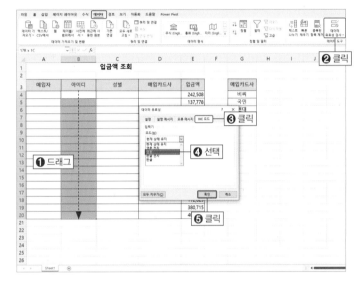

02. [A4:A20] 범위를 선택하고 [데이터] – [데이터 도구] – [데이터 유효성 검사]를 클릭합니다. [데이터 유효성] 대화상자에서 [IME 모드] 탭을 클릭하고 [모드] 항목으로 '한글'을 선택한 후 [확인] 버튼을 클릭합니다.

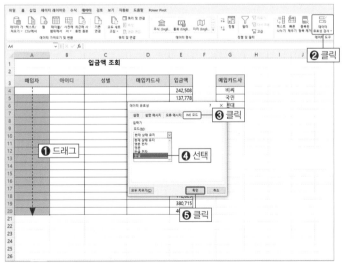

03. [A4] 셀을 클릭 후 '서윤수'라고 입력하고, [B4] 셀을 'seoys23'으로 입력합니다.

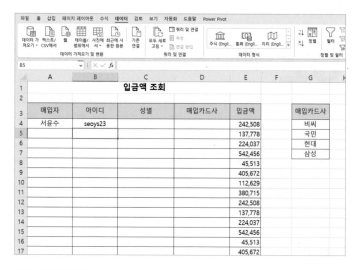

Point

(한/영)를 누르지 않아도 [A4] 셀은 한글 모드로, [B4] 셀은 영문 모드로 시작됩니다.

04. [C4:C20] 셀의 범위를 선택하고, [데이터] – [데이터 도구] – [데이터 유효성 검사]를 클릭합니다. [설정] 탭을 선택하고 제한 대상을 '목록', '원본'을 '남,여'로 입력합니다.

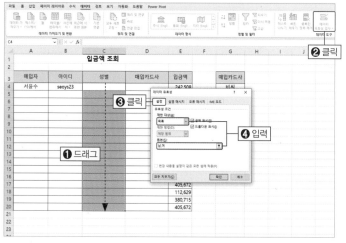

Point

'원본' 항목에 입력되는 데이터는 콤마(,)로 데이터를 구분합니다.

05. [데이터 유효성] 대화상자에서 [설명 메시지] 탭을 선택합니다. [설명 메시지] 항목에 '목록 버튼을 선택하세요'를 입력하고 [확인] 버튼을 클릭합니다.

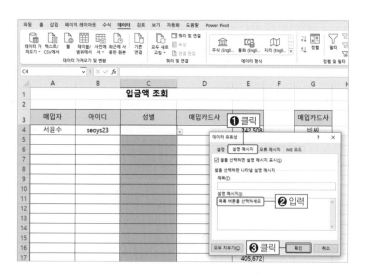

06. [C4] 셀을 클릭하고 목록 버튼을 선택하여 '남'을 클릭합니다.

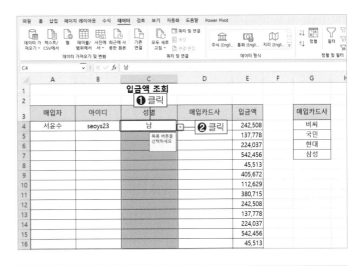

Point

설명 메시지는 설정한 범위 셀마다 나타납니다.

07. [D4:D20] 셀의 범위를 선택하고, [데이터] – [데이터 도구] – [데이터 유효성 검사]를 클릭합니다. [제한 대상] 항목의 [목록] 버튼을 선택하고, [원본] 항목을 클릭한 후 [G4:G7] 셀의 범위를 선택합니다.

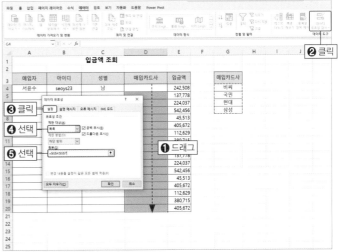

08. [데이터 유효성] 대화상자에서 [오류 메시지] 탭을 클릭합니다. 제목을 '목록 버튼에서 선택하세요'로 입력하고, '오류 메시지' 항목에서 "비씨, 국민, 외환, 삼성' 목록에서만 선택해 주세요.'를 입력합니다. [확인] 버튼을 클릭합니다.

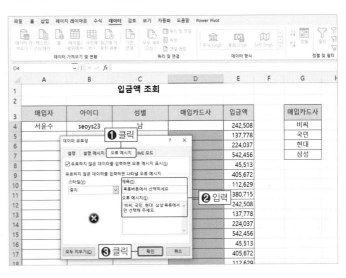

09. [D4] 셀을 클릭하여 목록 버튼에서 '국민'을 선택합니다. [D5] 셀에 목록 항목에 없는 '농협'을 입력한 후 Enter를 누르면 [데이터 유효성] 대화 상자에서 입력한 오류 메시지를 확인할 수 있습니다.

Point

오류 메시지 창에서 [다시 시도]를 클릭하여 목록 버튼을 클릭할 수 있습니다.

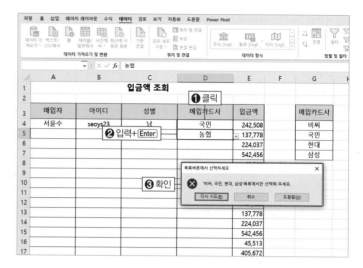

데이터 유효성 검사로 오류 찾아주기

실습 파일: 2-S_1
입력해야 하는 데이터 외에 유효하지 않은 데이터를 찾아내는 기능입니다. C ~ D열의 오류가 있는지 찾아 보겠습니다.

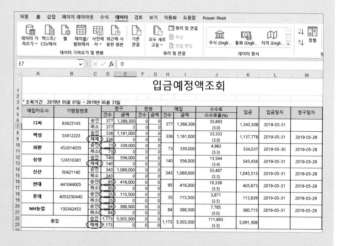

01. [C6:C23] 셀의 범위를 선택한 후 [데이터] – [데이터 도구] – [데이터 유효성 검사]를 클릭합니다. 제한 대상을 '목록', 원본 항목에 '승인,취소'라고 입력합니다.

02. [D6:D23] 셀의 범위를 선택한 후 [데이터] – [데이터 도구] – [데이터 유효성 검사]를 클릭합니다. 제한 대상을 '정수', 방법에 '>=', 최소값을 '100'으로 입력합니다.

03. [데이터] – [데이터 도구] – [데이터 유효성 검사]의 목록 버튼(▾)을 클릭하여 [잘못된 데이터]를 선택합니다.

04. 오류인 경우 그림처럼 빨간색 동그라미가 표시됩니다.

05. 조건에 맞는 데이터를 입력하면 빨간색 동그라미가 없어집니다.

03 워드아트로 제목 만들고 개체 편집하기

엑셀 문서에서 일러스트레이션 기능을 추가하기 위한 기능을 배워보겠습니다. 2021 버전의 일러스트 레이션 기능은 그림, 온라인 그림, 도형, 아이콘, 3D 모델 등이 있습니다. 삽입 탭의 워드아트와 문서 에서 쓰일 만한 것을 위주로 배워보겠습니다.

◉ Key Word: 워드아트, 그림, 스마트 아트
실습 파일: 2-3_fi

01. 워드아트를 만들기 위해 새 문서에 서 [삽입] – [텍스트] – [WordArt]에 서 [무늬채우기: 흰색, 어두운 상향 대 각선 줄무늬, 그림자]를 클릭합니다.

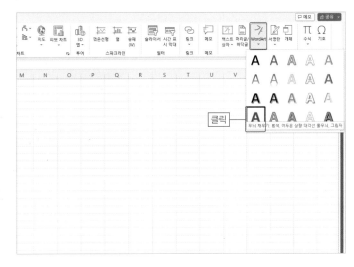

02. '필요한 내용을 적으십시오.'라는 텍스트 상자가 열리면 '일러스트레이 션'이라고 입력합니다. [홈] – [글꼴] – [글꼴 크기 작게 가]를 클릭하여 글 꼴 크기를 '40'으로 지정하고 왼쪽 윗 부분에 위치하도록 이동합니다.

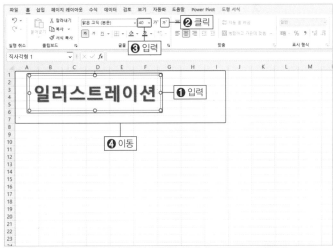

03. 온라인 그림을 삽입하기 위해 [B7] 셀을 클릭한 다음 [삽입] – [일러스트레이션] – [온라인 그림]을 클릭합니다. 여러 가지 검색 단어 중 '커피'를 클릭합니다.

04. 원하는 그림을 클릭하고 [삽입]을 클릭합니다.

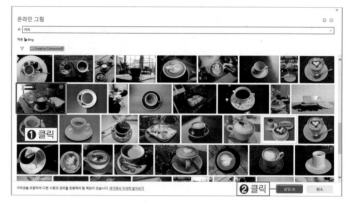

05. 삽입된 그림의 크기를 조절하기 위해 Alt를 누른 채 모서리 조절점을 드래그합니다.

Point

Alt를 누른 채 크기를 조절하면 셀의 너비/높이에 맞추어 크기를 조절할 수 있습니다.

06. 스마트 아트를 삽입하기 위해 [I7] 셀을 클릭한 다음 [삽입] − [일러스트 레이션] − [SmartArt]를 클릭합니다. [SmartArt 그래픽 선택] 대화상자에서 [프로세스형]을 클릭하고 [수식형] 을 클릭합니다.

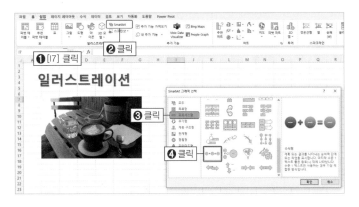

07. 텍스트 창에 '로브스타, 리베리카, 아라비카'를 입력하고 Enter를 누른 다음 '커피'를 추가로 입력합니다.

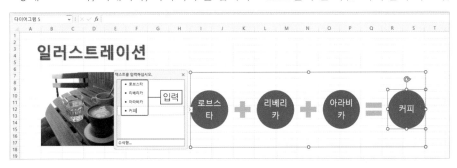

Point

텍스트 창이 열려 있지 않으면 왼쪽 화살표를 클릭하여 열어 줍니다.

08. [SmartArt 디자인] − [SmartArt 스타일] − [색 변경] − [색상형−강조색]을 클릭합니다.

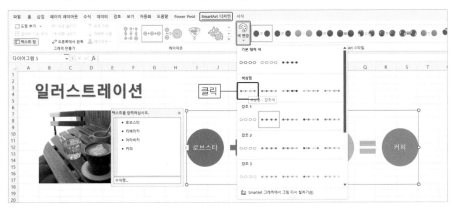

Point

눈금선이 필요없는 경우라면 [보기] − [표시] − [눈금선]을 해제합니다.

04 틀 고정하여 제목 행 유지하기

대량의 데이터를 화면상으로 볼 때 스크롤바를 움직이면 제목 행이 안 보여서 항목을 데이터와 연결해서 볼 수 없습니다. 그때 사용하는 기능이 틀 고정입니다. 스크롤바와 상관없이 제목 행을 항상 보이도록 설정 해 보겠습니다.

👉 Key Word: 틀 고정, 제목 행 유지
실습 파일: 2-4

01. 4행의 제목 행을 유지하기 위해 5행을 선택합니다. [보기] – [창] – [틀 고정] – [틀 고정]을 클릭합니다.

Point

[첫 행 고정]과 [첫 열 고정]은 각각 1행과 A열만 고정해 줍니다.

02. 마우스의 휠 버튼을 이용하여 아래 행으로 이동해 보면, 1행부터 4행까지 틀 고정된 것을 확인할 수 있습니다.

Point

화면상의 숨겨진 5~22행의 데이터를 빠르게 보려면 고정된 [C4] 셀을 클릭한 다음 방향키(↓)를 누르면 됩니다.

03. [보기] – [창] – [틀 고정] – [틀 고정 취소]를 클릭합니다. 제목 행 고정이 취소됩니다.

04. [D5] 셀을 클릭하고, [보기] – [창] – [틀 고정] – [틀 고정]을 클릭합니다.

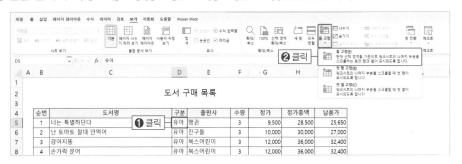

Point

선택한 셀을 기준으로 셀의 위쪽, 셀의 왼쪽으로 틀 고정됩니다.

05. 마우스의 휠 버튼과 스크롤바를 이용하여 오른쪽과 아래쪽으로 이동해 보면 1행부터 4행, A열부터 C열까지 틀 고정됩니다.

Point

[보기] – [통합 문서 보기] – [페이지 레이아웃]을 클릭하면 틀 고정이 해제됩니다. 인쇄 시에 틀 고정은 적용되지 않습니다.

순번	도서명	수량	정가	정가총액	납품가
13	책이 꼼지락 꼼지락	3	9,000	27,000	24,300
14	사과가 쿵	3	8,500	25,500	22,950
15	엄마랑 뽀뽀	3	8,500	25,500	22,950
16	늑대가 들려주는 아기돼지 삼형제 이야기	3	9,000	27,000	24,300
17	사랑해 사랑해 사랑해	3	9,500	28,500	25,650
18	진짜 진짜 재밌는 공룡 그림책	3	17,500	52,500	47,250
19	100층자리집	3	9,500	28,500	25,650
20	바다 100층짜리 집	3	11,000	33,000	29,700
21	지하 100층짜리 집	3	9,500	28,500	25,650
22	언제까지나 너를 사랑해	3	9,500	28,500	25,650
23	아찌방 일곱동무	3	9,500	28,500	25,650
24	지각대장 존	3	8,500	25,500	22,950
25	종비 봉지 공주	3	8,000	24,000	21,600
26	기차 ㄱㄴㄷ	3	9,000	27,000	24,300
27	두드려 보아요	3	8,000	24,000	21,600
28	눈물바다	3	10,500	31,500	28,350

05 인쇄해야 할 영역 1페이지로 지정하기

데이터 전체를 인쇄할 수 있고, 그 중 인쇄할 영역을 설정할 수 있습니다. 페이지 나누기 미리보기에서 설정하는 방법을 알아보겠습니다.

🖙 **Key Word:** 페이지 나누기 미리보기, 인쇄 영역, 1페이지 인쇄
실습 파일: 2-5

01. [보기] – [통합 문서 보기] – [페이지 나누기 미리보기] 메뉴를 클릭합니다.

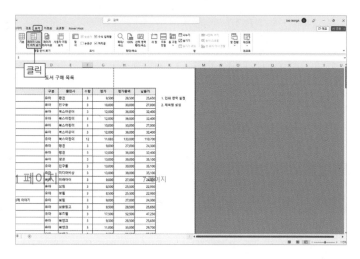

Point

[페이지 나누기 미리보기]는 상태 표시줄의 아이콘(🔲)을 클릭할 수 있습니다.

02. 인쇄 시 필요하지 않은 부분을 편집하기 위해 파란색 선에 마우스를 위치시키면, 화살표(↔, ➕)를 움직여 인쇄 영역을 조정합니다.

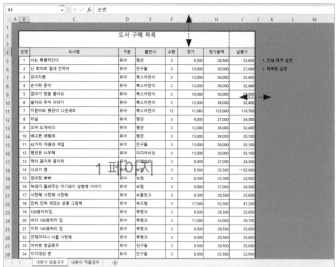

03. [I] 열도 1페이지에 포함 시키기 위해 [페이지 레이아웃] – [크기 조정] – [너비] 항목에서 [자동]을 [1페이지]로 변경합니다.

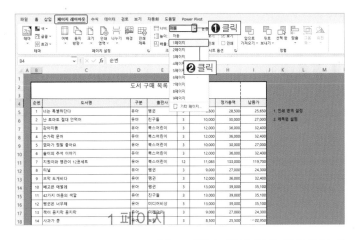

04. 인쇄하고자 하는 영역이 1페이지의 너비로 변경된 것을 확인할 수 있습니다.

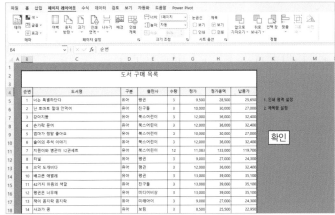

05. [내용이 적을 경우] 시트를 클릭하고 [크기 조정] 그룹에서 배율을 '130%'로 설정하여 한 페이지가 되도록 확대합니다.

06 제목 행 설정하고, 인쇄 영역 설정하기

인쇄 할 페이지가 많을 경우 매 페이지마다 반복시켜야 할 행을 설정할 수 있습니다. 또한 일부분의 데이터만 인쇄 할 수 있는 영역을 설정할 수 있습니다.

◠ **Key Word:** 인쇄 제목, 인쇄 영역 설정
실습 파일: 2-6

01. 상태 표시줄의 페이지 레이아웃(▦)을 클릭합니다. [페이지 레이아웃] – [페이지 설정] – [인쇄 제목]을 클릭합니다.

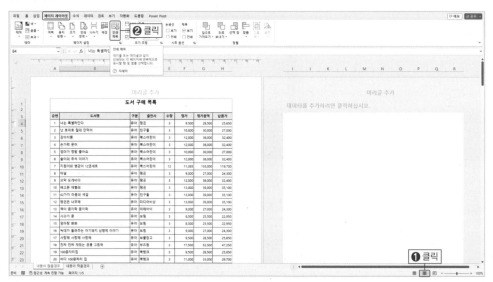

02. [페이지 설정] 대화상자의 [시트] 탭 화면에서 [인쇄 제목] 항목의 '반복할 행'을 3행 머리글로 지정합니다. [확인] 버튼을 클릭합니다.

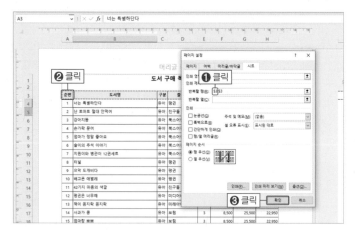

03. 각 페이지마다 제목 행이 반복된 것을 확인할 수 있습니다.

04. 데이터의 51번부터 100번까지만 인쇄하기 위해 54행을 클릭합니다. 화면을 스크롤하여 Shift를 누른채 103행을 클릭합니다. [페이지 설정] – [인쇄 영역] – [인쇄 영역 설정]을 클릭합니다.

05. [파일] 탭의 [인쇄]를 클릭하면 51번 데이터부터 인쇄할 준비가 된 것을 확인할 수 있습니다.

07 머리글과 바닥글 설정하기

페이지 레이아웃 보기 상태에서는 머리글과 바닥글을 설정하기 쉽게 되어 있습니다. 페이지 번호나 작성자 등을 머리글과 바닥글에 설정하는 방법을 알아보겠습니다.

> Key Word: 머리글, 바닥글, 페이지 번호
> 실습 파일: 2-7

01. 상태 표시줄에서 [페이지 레이아웃 📖]을 클릭하고 머리글 추가 영역의 오른쪽 영역을 클릭합니다.

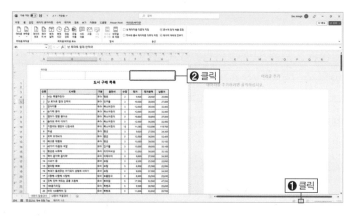

Point

머리글이나 바닥글 영역을 클릭해야 [머리글/바닥글] 메뉴가 나타납니다.

02. [머리글/바닥글] – [머리글/바닥글 요소] – [현재 날짜]를 클릭합니다. ' : 작성일자'를 추가 입력하고, [머리글/바닥글] – [탐색] – [바닥글로 이동]을 클릭합니다.

03. [머리글/바닥글] 탭 – [머리글/바 닥글 요소] – [페이지 번호]를 클릭합 니다.

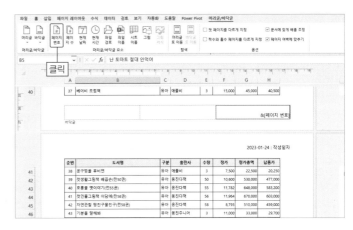

Point

[페이지 번호]를 입력한 뒤에 '페이지' 를 입력하면 '1페이지'로 표현됩니다.

04. 슬래시(/)를 입력한 후 [머리글/바 닥글] 탭의 [머리글/바닥글 요소] 그룹 의 [페이지 수]를 클릭합니다.

Point

페이지 번호만 입력하여 추가 '페이 지'를 입력할 수 있습니다. '1페이지' 로 표현됩니다.

05. 임의의 셀을 클릭하면 바닥글이 '현재 페이지 번호/전체 페이지 번호' 형식으로 표시됩니다.

Section

08 여러 개의 시트 동시에 인쇄하기

1월부터 5월까지의 데이터 양식은 시트마다 동일하기 때문에 일일이 시트를 개별 설정하지 않고 인쇄 설정을 동시에 할 수 있습니다. 동시에 설정하고 동시에 인쇄하는 방법을 알아보겠습니다.

G Key Word: 여러 시트 동시 인쇄
실습 파일: 2-8

01. [1월] 시트를 클릭하고 Shift를 누른 채 [5월] 시트를 클릭합니다.

Point

2개 이상의 시트를 선택하면 제목 표시줄에 [그룹]으로 표시됩니다.

02. [페이지 레이아웃] – [페이지 설정] 대화상자 아이콘(⬓)을 클릭합니다.

03. [페이지 설정] 대화상자에서 [여백] 탭을 선택합니다. '페이지 가운데 맞춤'에서 '가로'에 체크하고 [확인] 버튼을 클릭합니다.

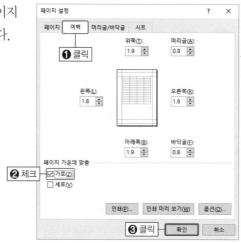

04. [파일] 탭의 [인쇄]를 클릭하면 [설정] 항목의 기본값인 [활성 시트 인쇄]가 선택된 것을 확인할 수 있습니다.

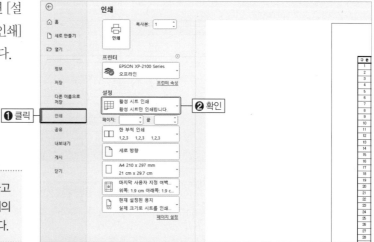

Point

1월 시트부터 5월 시트까지 선택하고 인쇄하기 때문에 [활성 시트 인쇄]의 5장을 한꺼번에 인쇄할 수 있습니다.

05. 화면 하단의 화살표(▶)를 클릭하거나 스크롤바를 움직여서 [1월] 시트부터 [5월] 시트가 인쇄될 것을 미리보기 할 수 있습니다.

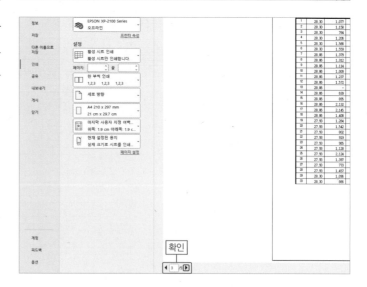

09 값이 차이나는 데이터를 혼합 차트로 표시하기

값이 많이 차이나는 데이터를 차트로 표현하려면 적은 데이터가 제대로 표현되지 않습니다. 그럴 때
사용하는 차트가 혼합 차트인데 보기 좋게 편집하는 방법을 알아보겠습니다.

◑ Key Word: 콤보 차트, 이중 축 혼합 차트
실습 파일: 2-9

01. [B3] 셀을 클릭하고 [삽입] − [차
트] − [추천 차트]를 클릭합니다. [차
트 삽입] 대화상자에서 [모든 차트] 탭
의 [혼합] 범주를 클릭합니다. cut의 차
트 종류를 '표식이 있는 꺾은 선형'으
로 선택하고, '보조 축'에 체크 표시합
니다. [확인]을 클릭합니다.

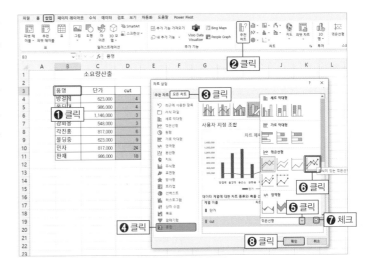

02. [차트 디자인] − [차트 스타일] − [색 변경]에서 '다양한 색상표 4'를 클릭합니다.

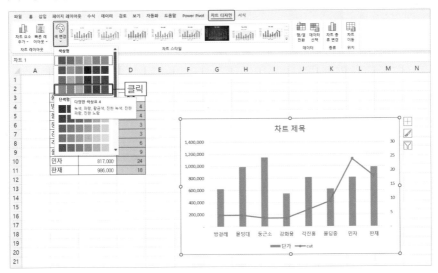

03. cut 계열의 '표식이 있는 꺾은선형'을 클릭하고 [차트 요소⊞] – [데이터 레이블] – [왼쪽]을 클릭합니다.

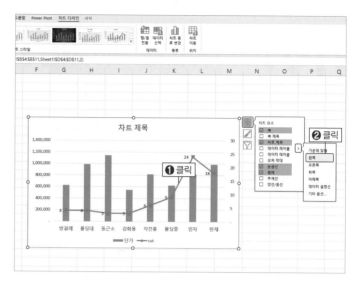

04. [보조 축]을 더블클릭하여 [축 서식] 작업 창을 표시합니다. [축 옵션■]에서 [축 옵션] 항목을 최소화합니다. [레이블] 항목에서 '레이블 위치'를 '없음'으로 지정합니다.

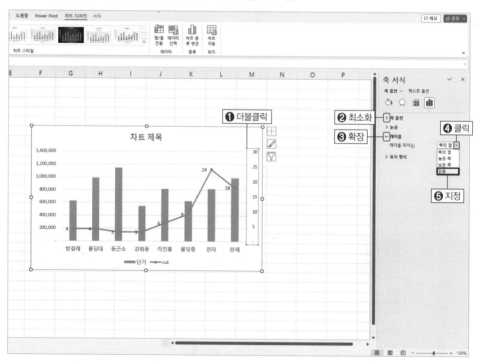

Point

익숙치 않은 보조 축을 안 보이게 하고 꺾은선형 차트의 레이블을 표시할 수 있습니다.

05. 차트 영역 안에 '차트 제목'을 클릭하고 수식 입력줄을 클릭합니다. '='을 입력하고 [B1] 셀을 클릭합니다.

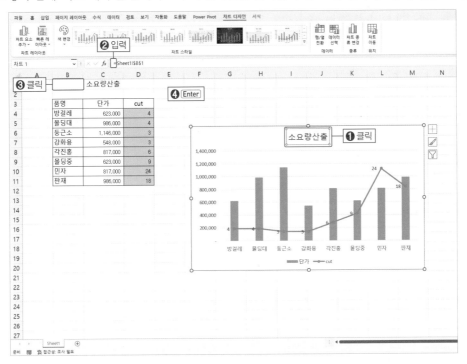

Point

차트 제목을 [B1] 셀과 연결하면 표제목에서 편집 시 차트 제목이 같이 변경됩니다.

Section

10 중간 생략 차트

데이터 차이가 많이 나는 차트를 만들 때 많은 양의 데이터와 적은 양의 데이터를 표현하는 여러 가지 방법 중 강조하여 표현하는 방법을 알아보겠습니다.

Key Word: 중간 생략 차트, 로그
실습 파일: 2-10

01. [A3] 셀을 클릭하고 [삽입] – [차트] – [세로 또는 가로막대형 차트삽입 📊] – [2차원 묶은 세로 막대형]을 클릭합니다.

Point

상대적으로 적은 양의 데이터는 작게 표현되는 것을 알 수 있습니다.

02. [세로 축]을 더블클릭하고 [축 서식] 작업 창을 표시합니다. [축 옵션 📊]에서 축 옵션 항목의 로그 눈금 간격을 '2'로 입력합니다.

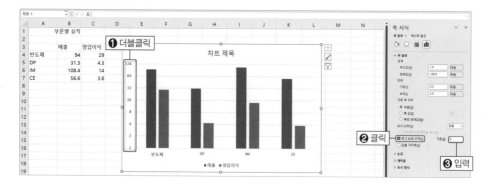

Point

로그 눈금 간격은 데이터 값의 차이를 적게 표현할 수 있으며 2 ~ 1000까지의 데이터를 입력할 수 있습니다. 데이터에 따라 로그 눈금 간격의 기준 값을 조정하여 적당한 수치 값을 찾아 표현합니다.

03. 로그 세로축 눈금 간격은 익숙하지 않은 표현 방법이기 때문에 레이블 항목에서 레이블 위치를 '없음'으로 지정하여 보이지 않게 합니다.

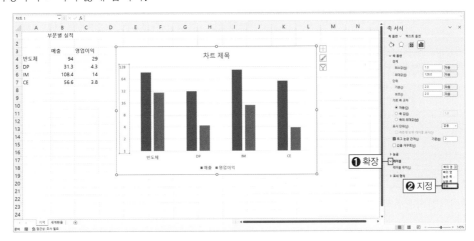

04. 파란색 매출 계열을 클릭하고 [데이터 계열 서식[📊]] 작업 창에서 [계열 옵션] 항목의 '계열 겹치기'를 '27%'로 변경합니다. [차트요소➕]의 [데이터 레이블]에 체크 표시합니다.

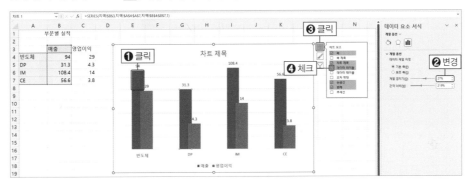

05. 차트 제목을 선택하여 Delete 를 누릅니다. 매출 계열은 [서식] – [도형 스타일] – [도형 채우기]에서 '흰색, 배경1, 15% 더 어둡게'를 클릭합니다. 영업이익 계열은 '청회색, 텍스트 2'를 클릭합니다.

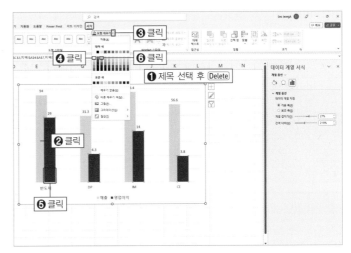

06. [차트 디자인] – [차트 레이아웃] – [차트 요소 추가] – [눈금선] – [기본 주 가로]를 클릭하여 적용해제 합니다.

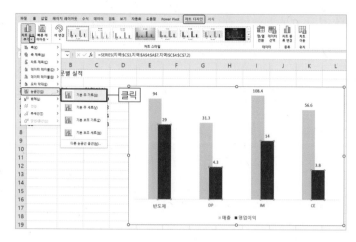

07. [삽입] – [일러스트레이션] – [도형] – [이중 물결] 도형을 클릭합니다.

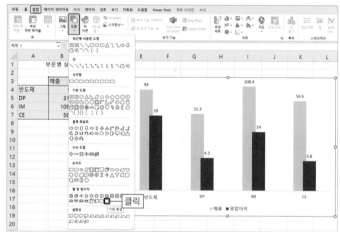

08. 보기와 같이 그리고 [도형 서식] – [도형 스타일] – [도형 윤곽선] – '윤곽선 없음'을 클릭합니다. [도형 채우기]는 '흰색, 배경1'을 클릭합니다. 적용된 도형을 Ctrl+Shift를 누른 채 마우스로 드래그하여 복사합니다.

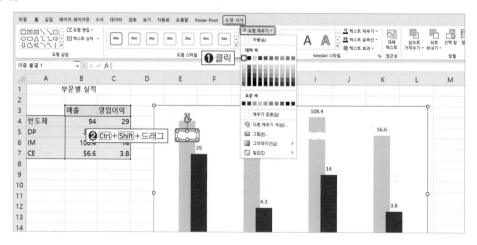

지도 차트 구하기

실습 파일: 2-S_2

지도 차트를 만들어 보겠습니다. 지도 차트는 엑셀 2019부터 추가 설치 없이 사용할 수 있습니다.

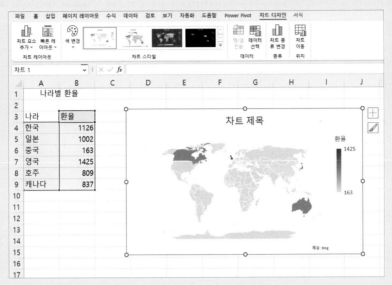

01. [A3] 셀을 클릭하고 [삽입] – [차트] – [지도] – [등치 지역도]를 클릭합니다.

02. [차트요소⊞] – [데이터 레이블] – [기타 데이터 레이블 옵션]을 클릭하여 작업 창을 표시합니다.

03. 레이블 옵션 항목 중 [항목 이름]에 체크, [값]은 체크 표시 해제합니다.

11 원형 대 원형 차트 만들기

원형 차트의 변형으로 원형 대 원형 차트, 원형 대 막대 차트 등이 있습니다. 표현하고자 하는 데이터가 많아질 때 원형의 조각들이 너무 작아져 제대로 표현하기 힘들기 때문에 다시 작은 원형 차트에 자세히 표현하는 것이 시각적으로 좋은 방법입니다.

○ KeyWord: 원형 대 원형 차트, 원형 차트
실습 파일: 2-11

01. [B2] 셀을 클릭하고 [데이터] – [정렬 및 필터] – [내림 차순]을 클릭합니다.

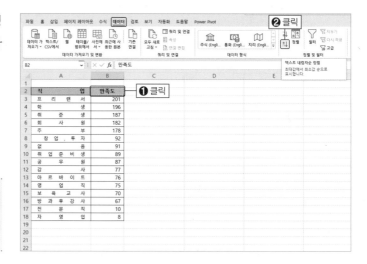

Point

내림차순이 되어 있어야 수치가 적은 데이터를 두 번째 작은 원형 차트로 보낼 수 있습니다.

02. [삽입] – [차트] – [추천 차트]를 클릭합니다. [모든 차트] 탭 화면에서 [원형] – [원형 대 원형]을 클릭하고 [확인] 버튼을 클릭합니다.

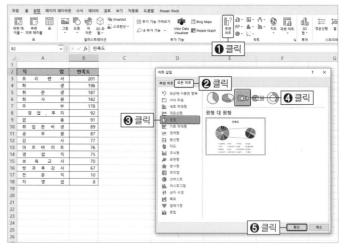

03. [범례]를 클릭하여 Delete를 눌러 삭제합니다. 원형 차트 계열을 더블클릭합니다. [데이터 계열 서식] 작업 창의 계열 옵션 항목에서 둘째 영역 값을 '6', 간격 너비를 '60%', 둘째 영역 크기를 '70%'로 변경합니다.

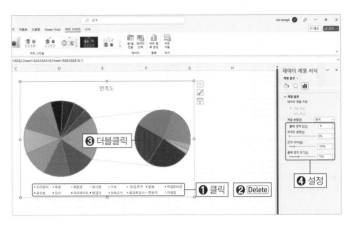

04. [차트요소⊞] – [데이터 레이블] – [기타 옵션]을 클릭하여 작업 창을 표시합니다.

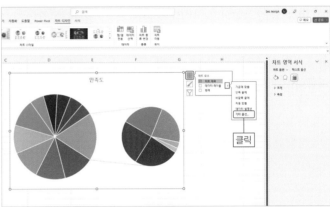

05. [데이터 레이블 서식] – [데이터 레이블 서식📊] – [레이블 옵션] 항목에서 '값'은 체크 표시를 해제하고, '항목 이름'과 '백분율'은 체크 표시합니다. 레이블 위치는 '안쪽 끝에'로 지정합니다. [서식] – [WordArt 스타일] – [텍스트 채우기] – [흰색, 배경 1]을 클릭합니다.

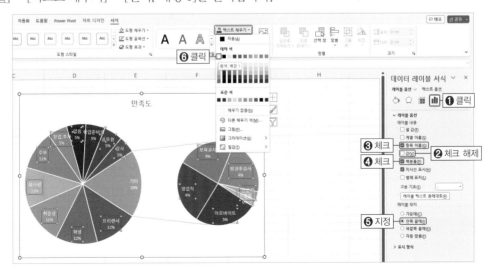

12 누적 가로 막대형 차트 만들기

데이터에 의해 차트를 표현할 수 있는데, 데이터 레이블을 이용하여 값을 다양하게 표현할 수 있는 방법을 알아보겠습니다.

☞ Key Word: 누적 가로 막대형 차트, 레이블 값 표시
실습 파일: 2–12

01. [B3] 셀을 클릭하고 [삽입] – [차트] – [세로 또는 가로 막대형 차트 ⬛] – [누적 가로 막대형] 차트를 클릭합니다.

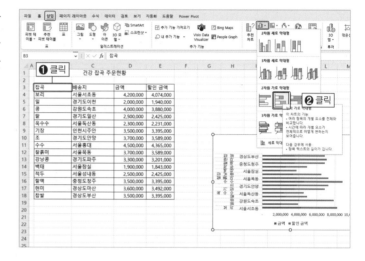

02. 가로 축을 편집하기 위해 가로 축을 더블클릭하여 [축 서식] 작업 창을 엽니다.

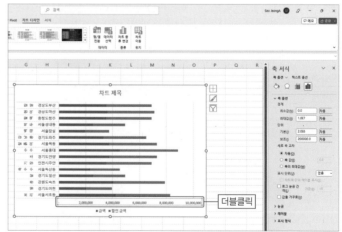

03. [축 옵션 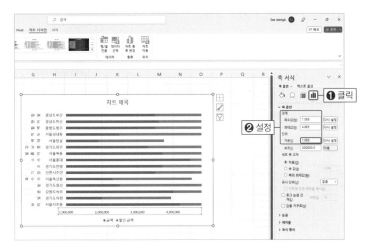] 항목에서 경계의 최소
값을 '1000000', 최대값을 '4800000', 단
위 기본을 '1000000'으로 입력합니다.

04. 금액 계열을 클릭하고, [차트요소
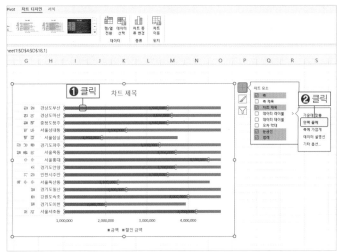] - [데이터 레이블] - [안쪽 끝에]
를 클릭합니다.

05. 할인 금액 계열을 클릭하고 [차트
요소] - [데이터 레이블] - [축에 가깝
게]를 클릭합니다.

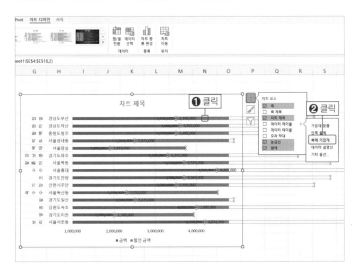

06. 할인 금액 계열이 선택된 상태에서 [서식] – [도형 스타일] –[도형 채우기] – [채우기 없음]을 클릭합니다.

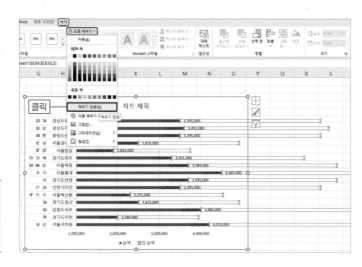

07. 금액 계열의 데이터 레이블을 클릭하여 [WordArt 스타일] – [텍스트 채우기] – [흰색]을 선택합니다. 범례를 클릭하여 Delete를 눌러 삭제합니다.

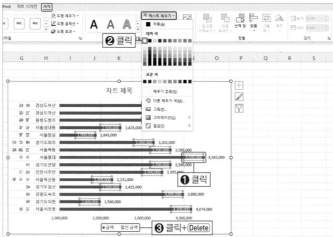

08. 차트 제목을 클릭하고 수식 입력 줄을 클릭합니다. 등호(=)를 입력하고 [B1] 셀을 클릭합니다. Enter를 누르고 제목을 [B1] 셀과 연결합니다.

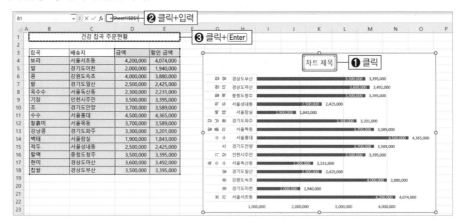

13 빈 데이터를 꺾은선 그래프로 표현하기

데이터를 꺾은선형 차트로 표현하기 위해 차트를 작성했을 때 비어 있는 셀 때문에 꺾은선형 차트가 끊겨 있는 경우가 종종 있습니다. 빈 셀에 의한 끊김 현상을 해결하는 방법을 알아보겠습니다.

⊙ Key Word: 꺾은선형 차트, 차트 연결하기
실습 파일: 2-13

01. [B3:Q7] 범위를 선택하고 [삽입] – [차트] – [꺾은 선형 또는 영역형 차트 삽입 ⋈ ✓] – [꺾은선형] 차트를 클릭합니다.

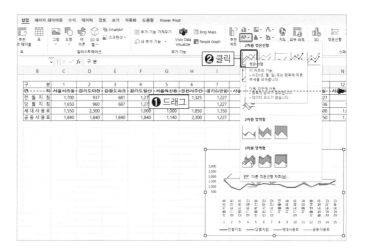

02. 데이터의 아래쪽에 차트를 위치시키고, 가로 축의 텍스트가 한 줄 처리되도록 크기를 조정합니다. [차트 필터 🖓]를 클릭하여 [모두 선택]을 체크 해제합니다. [당월 지침]을 선택하여 [적용] 버튼을 클릭합니다.

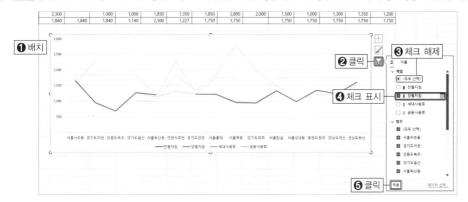

Point

차트 필터가 보이지 않는 엑셀 버전은 [B3:Q7] 범위를 선택하고 [데이터] – [정렬 및 필터] – [필터]를 적용할 수 있습니다.

03. '인천시주안' 데이터가 없기 때문에 꺾은선형 차트가 끊어져 있습니다. 이 문제를 해결하기 위해 [차트 디자인] – [데이터] – [데이터 선택]을 클릭합니다.

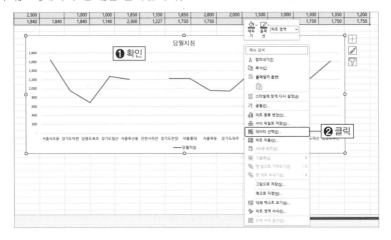

Point

또 다른 방법으로 차트에서 마우스 오른쪽 버튼을 클릭하고 [데이터 선택]을 할 수 있습니다.

04. [데이터 원본 선택] 대화상자에서 [숨겨진 셀/빈 셀] 버튼을 클릭합니다.

05. [숨겨진 셀/빈 셀 설정] 대화상자에서 빈 셀 표시 형식 항목을 '선으로 데이터 요소 연결'로 지정하고 [확인] 버튼을 두 번 클릭하여 모든 대화상자를 닫습니다.

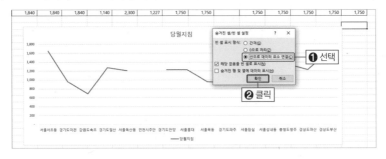

Point

필터로 보이지 않는 모든 데이터에도 한 번의 설정으로 꺾은선형 차트에 표시됩니다.

14 스파크라인 삽입하기

엑셀은 단순화된 차트인 스파크라인을 제공합니다. 스파크라인, 열, 승패 세 가지 종류를 제공하며 서로 호환되어 쉽게 종류를 변경할 수 있습니다.

◯▸ Key Word: 스파크라인, 열, 승패
　　실습 파일: 2-14

01. [C4:G14] 범위를 선택한 다음 [빠른 분석📊]을 클릭합니다. 빠른 분석 버튼의 스파크라인 메뉴에서 '선'을 클릭합니다.

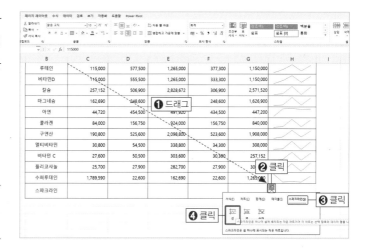

Point

데이터의 변화 추세를 나타낼 때 적합합니다.

02. 스파크라인이 적용된 [H4] 셀을 클릭한 다음 [스파크라인] – [표시] 그룹에서 '높은 점', '낮은 점', '표식'에 체크 표시합니다.

03. [스파크라인] – [스타일] 그룹에서 [자세히 ▼] 버튼을 클릭하고 [바다색, 스파크라인 스타일 색상형 #6]을 선택합니다.

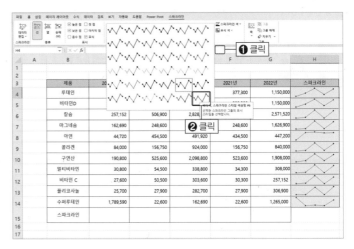

04. [스파크라인]–[스타일]–[표식 색] – [높은 점] – [빨강]을 클릭합니다.

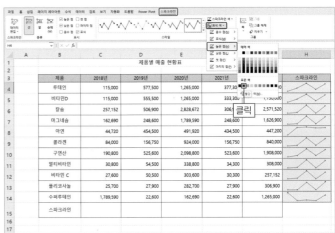

05. [C15] 선을 클릭하고 [삽입] – [스파크라인] – [열]을 클릭합니다.

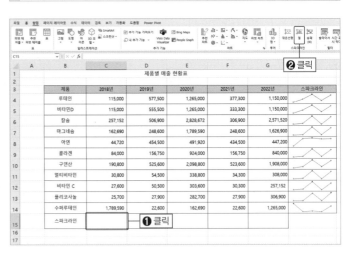

06. [스파크라인 만들기] 대화상자의 데이터 범위를 'C4:C14'로 지정하고, [확인] 버튼을 클릭합니다.

Point

[C4:F14] 셀의 범위를 먼저 지정하고 스파크라인을 만들 수도 있습니다.

07. [C15] 셀에 적용되어 있는 스파크라인을 복사하기 위해 채우기 핸들(▪)을 [G15] 셀까지 드래그합니다. 스파크라인이 적용된 [C15] 셀을 클릭한 다음 [스파크라인] – [표시] 그룹에서 '높은 점'에 체크 표시합니다.

Point

데이터 값의 차이를 비교할 때 적합합니다.

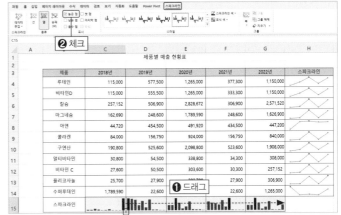

Level UP

적용한 스파크라인 삭제하기

[스파크라인] – [그룹] – [지우기]를 클릭하고 현재 선택한 셀만 지우려면 [선택한 스파크라인 지우기], 선택한 셀의 하나의 그룹을 지우려면 [선택한 스파크라인 그룹 지우기]를 클릭하여 지울 수 있습니다.

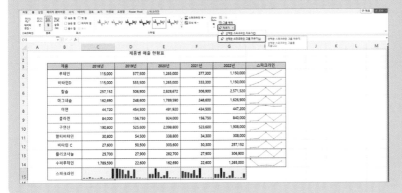

15 텍스트 줄 바꿈된 셀 나누기

ERP 시스템에서 엑셀로 저장했을 때 다양한 오류가 있는데, 그중 한 가지가 엑셀에서 두 가지의 데이터가 하나의 열에 입력되어 있는 상태입니다. 수식이나 데이터 기능을 제대로 사용할 수 없으며, 텍스트 줄 바꿈 되어 있는 데이터를 각각의 열에 나누는 방법을 알아보겠습니다.

◐ Key Word: 텍스트 줄 바꿈, 텍스트 나누기
실습 파일: 2-15

01. G열의 텍스트를 나누기 위해 열 삽입을 하겠습니다. H열을 마우스 오른쪽 버튼으로 클릭하고 [삽입]을 실행합니다.

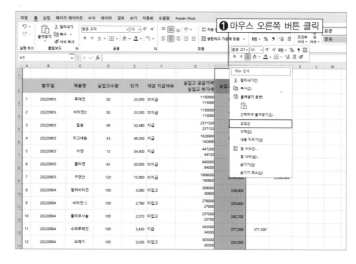

Point

Ctrl + + 를 눌러 열을 삽입할 수 있습니다.

02. [G2:G19] 범위를 선택하고 [데이터] – [데이터 도구] – [텍스트 나누기]를 클릭합니다.

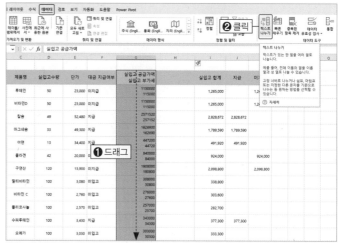

03. [텍스트 마법사] 대화상자가 표시됩니다. 구분 기호로 데이터가 나누어져 있기 때문에 [다음] 버튼을 클릭합니다.

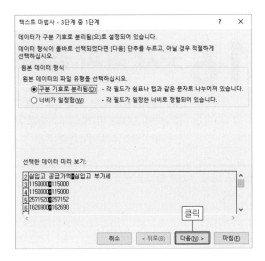

04. [구분 기호]에서 '기타'에 체크 표시하고 Ctrl+J를 눌러줍니다. [다음] 버튼을 클릭하고 텍스트 마법사 3단계로 이동한 다음 [마침] 버튼을 클릭합니다.

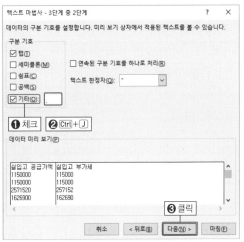

Point

[텍스트 마법사] 대화상자의 입력란에서는 Alt+Enter로 줄 바꿈을 입력할 수 없습니다. 줄 바꿈의 아스키 코드 값은 '10'이며 아스키 코드는 Alt를 누른 상태에서 입력합니다. 숫자 10은 숫자 키패드를 이용해야 합니다. 숫자 키패드가 따로 없을 경우 단축키 Ctrl+J로 지정할 수 있습니다.

05. 경고창이 나타나면 [확인] 버튼을 클릭하여 텍스트 나누기를 완료합니다.

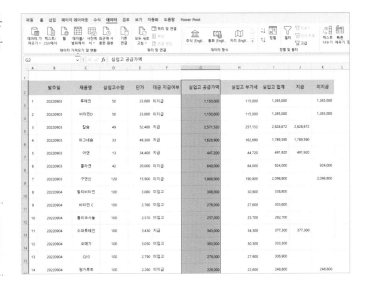

Point

텍스트 나누기 3단계는 데이터 서식을 변경하며, 숫자 값은 숫자로, 날짜 값은 날짜로 변경 가능합니다.

16 숫자 날짜 올바른 형식 변환하기

ERP 데이터를 엑셀로 저장했을 경우, 숫자가 숫자로 인식되어 있지 않거나 날짜가 날짜로 인식되지 않는다면 제대로 된 엑셀의 기능을 사용하지 못합니다. 텍스트 나누기를 이용하여 올바른 형식으로 변환하는 방법을 알아보겠습니다.

Key Word: 숫자를 날짜로 변경
실습 파일: 2-16

01. 날짜로 인식하지 못한 데이터를 날짜로 변환하기 위해 [B3:B19] 범위를 선택합니다. [데이터] – [데이터 도구] – [텍스트 나누기]를 클릭합니다. 데이터가 분리되지 않도록 [다음] 버튼을 클릭하여 텍스트 마법사 3단계까지 이동합니다.

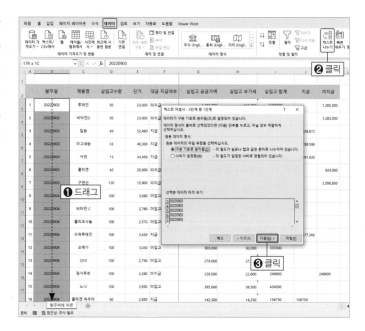

Point

숫자로 인식된 날짜를 클릭하고 [홈] 탭 – [표시 형식] 그룹에서 표시 형식 목록을 표시하면 '간단한 날짜', '자세한 날짜'에 변경할 수 없는 형식이기 때문에 '#'으로 표시됩니다.

02. 열 데이터 서식에서 '날짜'를 선택하고 [마침] 버튼을 클릭합니다.

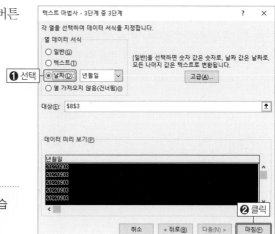

Point

날짜를 '년월일'로 지정하여 날짜 순서를 변경할 수 있습니다.

03. 숫자로 인식된 데이터가 날짜 형식으로 변환 되었습니다.

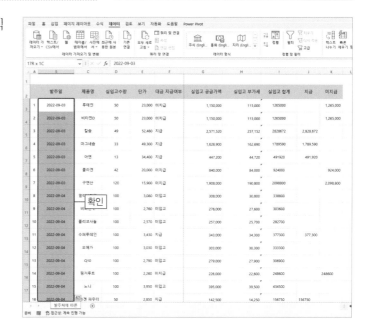

04. [I3:I19] 범위를 선택하고 데이터 왼쪽 윗 부분에서 오류 표시(⚠)를 클릭합니다. [텍스트 형식으로 지정된 숫자]가 선택되어 있는 것이 확인됩니다. [숫자로 변환]을 클릭합니다.

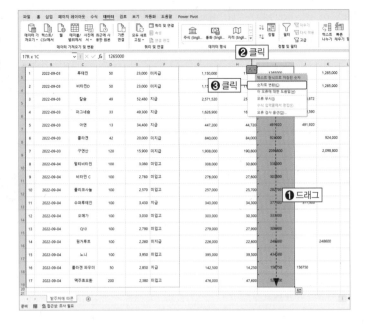

Point

오류 표시가 되어 있지 않지만 숫자로 인식하지 못하고, 문자로 인식된 숫자인 경우 [텍스트 나누기]에서 형식 변경이 가능합니다.

05. 변환된 데이터를 확인할 수 있습니다. [일반]으로 인식되어 있는 데이터를 마우스 오른쪽 버튼을 클릭하여 나타나는 미니바에서 [쉼표 스타일 ,]을 클릭하여 표시 형식을 적용합니다.

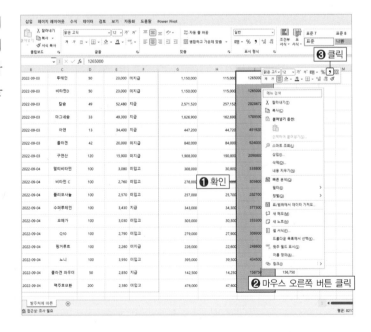

17 다양한 기준으로 정렬하기

정렬의 순서는 작은 값에서 큰 값으로, 이전 날짜에서 최근 날짜로, 숫자–공백–특수 문자–알파벳 소문자, 대문자 순서로 정렬됩니다. 논리값은 False, True 순서로 정렬됩니다. 오류값은 정렬 순서가 동일합니다. 다양한 기준으로 정렬하는 방법을 알아보겠습니다.

○ KeyWord: 셀 값 정렬, 셀 색 정렬, 셀 아이콘 정렬
실습 파일: 2–17

01. [C3] 셀을 클릭하고 [데이터] – [정렬 및 필터] – [텍스트 오름차순 정렬 ↓]을 클릭합니다.

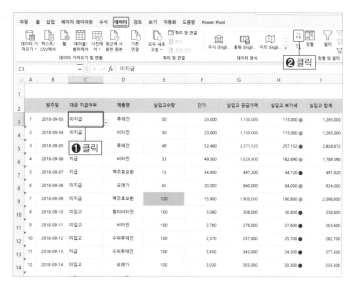

02. [데이터] – [정렬 및 필터] – [정렬]을 클릭합니다. [정렬] 대화상자에서 '세로 막대형' 정렬 기준은 '실입고 수량', '정렬 기준'은 '셀 색'을 지정하고 '정렬'에서 셀 색을 지정합니다.

Point

셀 색, 글꼴 색, 아이콘은 모두 조건부 서식 및 직접 적용하여 변경된 값입니다.

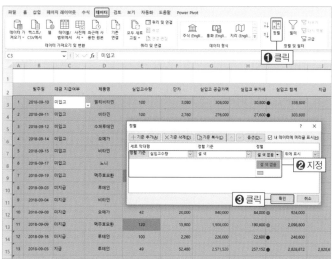

03. 셀 색으로 정렬된 것을 확인할 수 있습니다.

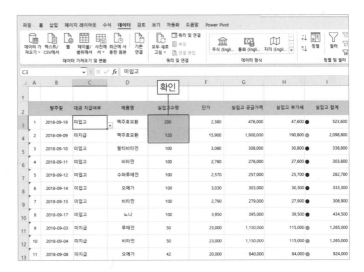

04. 기준을 추가하여 다시 정렬하기 위해, [정렬 및 필터] – [정렬]을 클릭합니다. [정렬] 대화상자에서 [기준 추가] 버튼을 클릭합니다. '다음 기준'은 '실입고 공급가액', '정렬 기준'을 '글꼴 색'으로 지정한 다음 '정렬'에서 '글꼴 색'을 클릭합니다. [확인] 버튼을 클릭합니다.

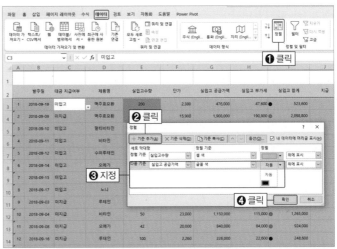

05. 우선순위인 '실입고 수량'과 두 번째 기준인 '실입고 공급가액'으로 정렬된 것을 확인할 수 있습니다.

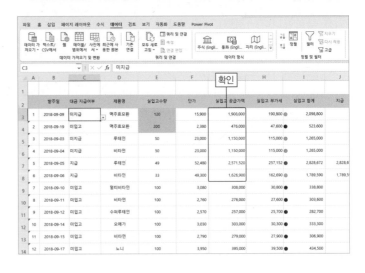

18 사용자 지정 목록으로 정렬하기

모든 데이터가 오름차순, 내림차순으로 정렬되는 것이 아니라 의미적인 높낮이를 갖고 있기도 합니다. 사용자가 지정한 목록 순서로 정렬하는 방법을 알아보겠습니다.

ᴥ Key Word: **사용자 지정 목록 정렬**
실습 파일: 2-18

01. [B3] 셀을 클릭하고 [데이터] 탭 − [정렬 및 필터] − [정렬]을 클릭합니다. [정렬] 대화상자에서 '세로 막대형 정렬 기준'을 '대금 지급여부'로 지정합니다. '정렬'을 '사용자 지정 목록'을 클릭합니다.

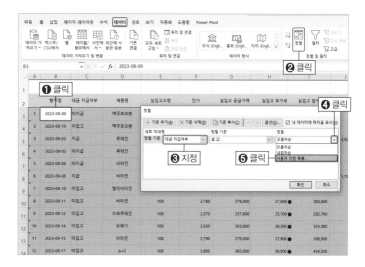

02. [사용자 지정 목록] 대화상자에서 '목록 항목'에 '미지급, 지급, 미입고'를 Enter를 눌러 입력합니다. [추가] 버튼을 클릭하고 [확인] 버튼을 클릭합니다.

Point

[추가] 버튼을 클릭하면 사용자 지정 목록에 추가됩니다.

03. 사용자 지정 정렬에서도 오름차순으로 정렬할지 내림차순으로 정렬할지 지정할 수 있습니다. [기준 추가] 버튼을 클릭합니다. '다음 기준'을 '제품명', '정렬'을 '내림차순'으로 지정하고 [확인] 버튼을 클릭합니다.

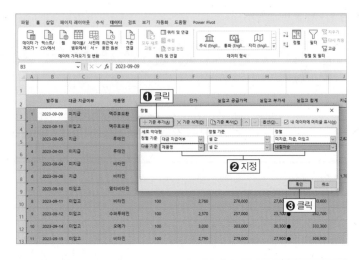

04. 대금 지급여부별 제품명을 기준으로 정렬된 것을 확인할 수 있습니다.

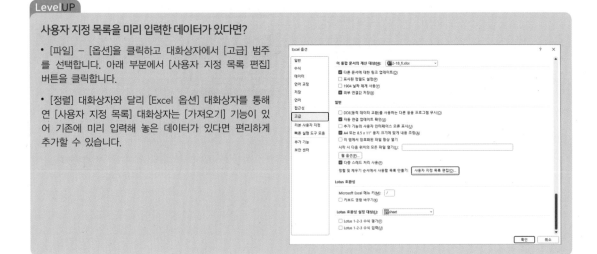

19 중복 데이터 서식 변경하고 삭제하기

중복 데이터를 삭제하는 것은 [데이터] 메뉴의 [중복된 항목 제거]를 사용하면 됩니다. 그러나 정말 삭제해도 되는지 확인하기 위해 [조건부 서식]을 이용하여 서식을 변경할 수 있습니다.

○→ Key Word: 중복 데이터 서식 변경, 중복된 항목 제거
실습 파일: 2-19

01. 서식을 변경하기 위해 [B4:B234] 범위를 선택하고, [홈] – [스타일] – [조건부 서식]을 클릭합니다.

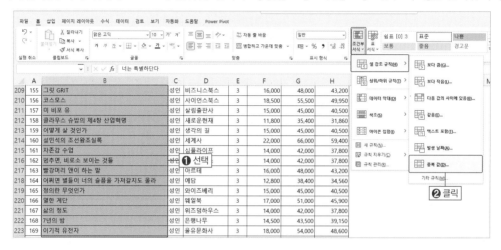

02. [중복 값] 대화상자에서 '중복'이 선택되어 있는지 확인하고 [확인] 버튼을 클릭합니다.

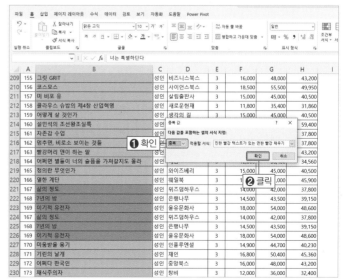

Point

중복된 데이터만 서식이 변경되었기 때문에 정말 삭제해도 되는지 확인할 수 있습니다.

03. 중복된 데이터를 삭제하기 위해 [A3] 셀을 클릭합니다. [데이터] – [데이터 도구] – [중복된 항목 제거]를 클릭합니다.

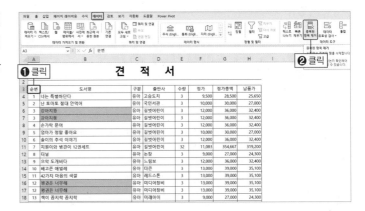

04. [중복 값 제거] 대화상자에서 [모두 선택 취소] 버튼을 클릭하고 '도서명'만 체크 표시합니다. [확인] 버튼을 클릭합니다.

Point

띄어쓰기 하나라도 다르면 중복된 내용이 아니기 때문에 모두 선택된 상태에서 하지 말고, 중요하게 생각하는 기준 열을 한두 가지 정도 체크 하는 것이 좋습니다.

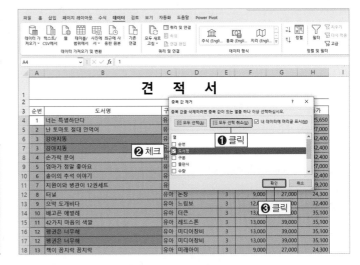

05. 몇 개의 중복된 데이터가 삭제되었는지 확인할 수 있습니다. [확인] 버튼을 클릭합니다.

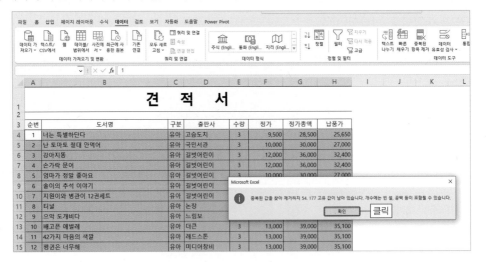

06. 중복된 항목이 삭제되었기 때문에 조건부 서식에서 적용한 서식 또한 없어진 것을 확인할 수 있습니다.

[중복된 항목 제거 경고] 대화상자 확인하기

- 서식을 변경하기 위해 B열의 범위를 선택한 채로 [데이터] - [데이터 도구] - [중복된 항목 제거]를 클릭하면 [중복된 항목 제거 경고] 대화상자가 나타납니다. 전체 데이터를 선택하거나, 임의의 셀을 클릭하면 자동으로 전체 데이터를 선택하는데 일부의 범위를 선택하고 있기 때문에 경고창이 나타납니다.

- 해결 방법은 처음부터 임의의 셀을 클릭하고 시작하거나 [중복된 항목 제거 경고] 대화상자에서 '선택 영역 확장'을 선택하고, [중복된 항목 제거] 버튼을 클릭하면 중복된 항목 제거를 시작할 수 있습니다.

Section

20 병합되어 있는 셀 해제하여 빈 셀 없애기

엑셀에서는 데이터가 병합되어 있을 때 기능을 제대로 사용하지 못하는 경우가 있습니다. 필터나 피벗 테이블은 병합된 데이터를 빈 항목으로 인식하여 제대로 된 결과를 도출하지 못하거나 실행되지 않는 기능들이 있습니다. 해결하는 방법을 배워보겠습니다.

○→ Key Word: 병합 해제, 빈 셀 없애기
실습 파일: 2-20

01. 병합된 셀을 빠르게 선택하기 위해 [A4] 셀을 클릭하고 스크롤바를 아래로 이동합니다. Shift를 누른 채 [A174] 셀을 클릭합니다. [홈] - [맞춤] - [병합하고 가운데 맞춤囲]을 클릭하여 병합되어 있는 셀을 해제합니다. [A4:A174] 범위를 그대로 선택한 채, [홈] - [편집] - [찾기 및 선택]을 클릭하고 [이동 옵션]을 클릭합니다.

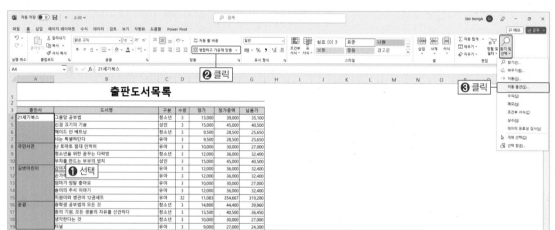

02. [이동 옵션] 대화상자에서 '빈 셀'을 선택하고 [확인] 버튼을 클릭합니다.

03. 선택이 유지되어 있는 상태에서 '=A4'를 입력한 후 Ctrl+Enter를 누릅니다.

Point

....

Ctrl+Enter는 채우기 핸들과 같은 역할을 하며 연속적이지 않은 비연속적인 영역에 빠르게 입력하고자 할 때 사용합니다.

....

04. 수식을 없애고 값만 복사하기 위해 [A4] 셀을 클릭하고 Ctrl+Shift+↓를 눌러 [A4:A174] 범위를 선택합니다. Ctrl+C를 누르고 Ctrl+V를 누릅니다. [붙여넣기 옵션]-[값]을 클릭합니다.

Point

....

붙여넣기한 후 키보드에서 Ctrl을 누르면 옵션이 펼쳐지며, [값] 붙여넣기의 단축키 V를 눌러 빠르게 실행할 수 있습니다.

....

05. [A5] 셀을 클릭하고 수식 입력줄을 확인하면 수식은 없어지고 결과값만 남은 것을 확인할 수 있습니다.

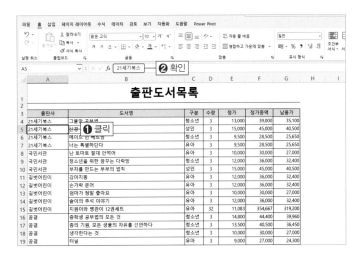

Point

....

단축키 Ctrl+`를 눌러 수식을 펼쳐서 볼 수 있습니다.

....

21 인쇄하지 않고 화면에서 비교하기

여러 개의 시트를 비교 분석할 때 굳이 인쇄하지 않아도 모니터에서 화면을 비교할 수 있습니다. 창
정렬 기능을 배우겠습니다.

⌾ KeyWord: 새 창, 화면에서 비교
실습 파일: 2-21

01. [보기] – [창] – [새 창]을 클릭합니다.

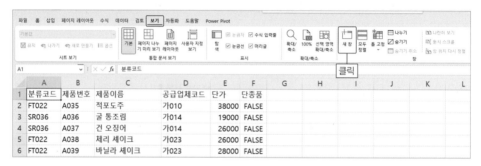

Point

[새 창]을 클릭하면 현재 보던 창과 똑같은 창이 한 개 더 생기는데 파일명에 '– 2'가 부여됩니다.

02. [보기] – [창] – [모두 정렬]을 클
릭합니다. [창 정렬] 대화상자에서 '세
로'를 클릭하고 [확인] 버튼을 클릭합
니다.

Point

현재 열린 모든 엑셀 창이 정렬됩
니다.

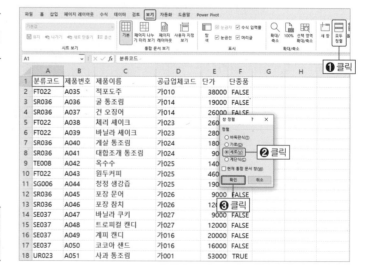

03. 한 개의 창만 눌러 [비교] 시트를 클릭합니다. 하나의 파일이지만 두 개의 시트 내용을 한눈에 확인할 수 있습니다. [비교] 시트의 [A1] 셀에 '비교 완료'라고 입력합니다.

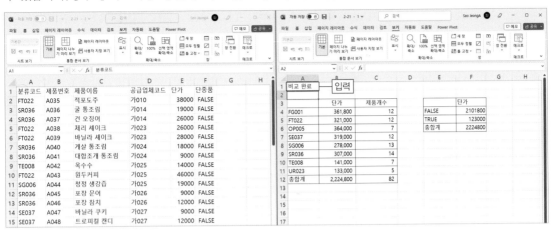

Point

같은 문서이기 때문에 하나의 창에서만 변경을 해도 다른 창(파일)에 적용됩니다.

04. 창 중에 한 개의 창을 닫으면 원래 상태로 창 한 개에만 나타나며, [비교] 시트에 텍스트가 입력된 것을 확인할 수 있습니다.

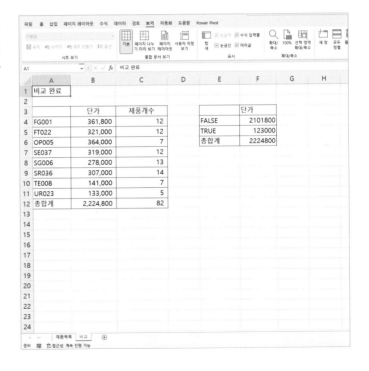

나란히 보기

[새 창]을 클릭했을때 [나란히 보기]를 클릭하면 가로 창으로 펼쳐지며, [동시 스크롤]이 선택되어 있는 것이 기본입니다. 다시 [동시 스크롤]을 클릭하면 해제되어 따로 스크롤됩니다.

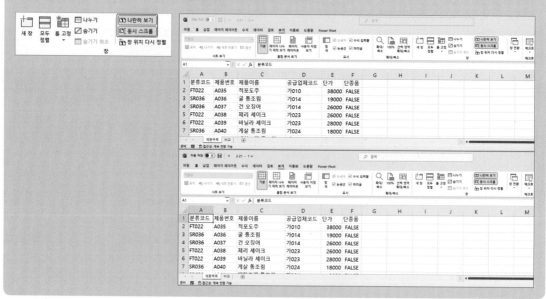

22 열/행 숨기기 한 데이터 복사하기

열이나 행이 숨겨져 있는 데이터를 복사하여 붙여넣기 하면 숨겨져 있는 열이나 행이 그대로 펼쳐져서 복사됩니다. 그러므로 숨겨진 대로 화면에 보이는 셀만 다시 선택하여 복사하는 방법을 알아보겠습니다.

➔ Key Word: 화면에 보이는 셀만 복사, 이동 옵션 선택
   실습 파일: 2-22

01. D열을 클릭하고 Ctrl 을 누른 채 F열을 클릭합니다. 마우스 오른쪽 버튼을 클릭하여 [숨기기]를 선택합니다.

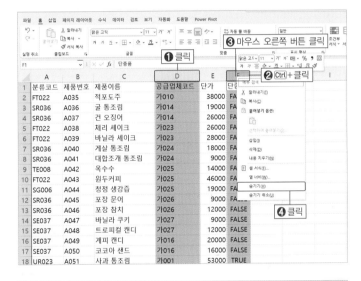

02. [9:13] 행을 선택하고 마우스 오른쪽 버튼을 클릭하여 [숨기기]를 선택합니다.

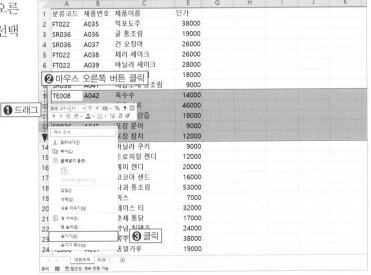

03. [A1] 셀을 클릭하고 Ctrl+A를 누릅니다. [홈] – [편집] – [찾기 및 선택]을 클릭하고, [이동 옵션]을 선택합니다. [이동 옵션] 대화상자에서 '화면에 보이는 셀만'을 선택하고 [확인] 버튼을 클릭합니다.

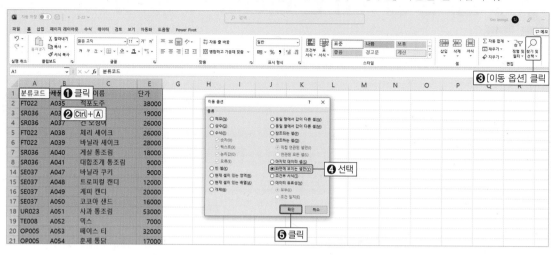

Point

화면에 보이는 셀만 선택하지 않으면 숨기기 한 행과 열이 같이 복사됩니다.

---

04. 화면에 보이는 셀만 선택되었으니 복사하기 위해 Ctrl+C를 누릅니다. [새 시트] 아이콘(⊕)을 클릭합니다.

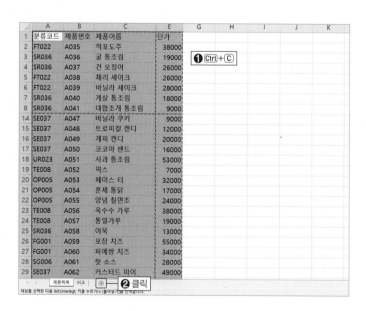

05. 새 시트에 Ctrl+V를 누릅니다. 숨겨진 행과 열을 제외한 데이터만 복사되었습니다. 원본의 열 너비를 유지하기 위해 [붙여넣기 옵션] - [원본 열 너비 유지]를 클릭합니다.

Section

23 원하는 데이터 서식 변경하기

여러 가지 조건에 의한 데이터만 서식을 변경하는 기능을 조건부 서식이라고 합니다. 조건부 서식 종류 중 [셀 강조 규칙]과 [상위/하위 규칙]에 대하여 알아보겠습니다.

G→ Key Word: 셀 강조 규칙, 상위 하위 규칙
실습 파일: 2-23

01. 분류 코드 중 F로 시작하는 데이터에 서식을 변경하기 위해 [A2] 셀을 선택하고 Ctrl + Shift + ↓를 눌러 [A2:A83] 범위를 선택합니다. [홈] – [스타일] – [조건부 서식] – [셀 강조 규칙] – [텍스트 포함]을 선택합니다.

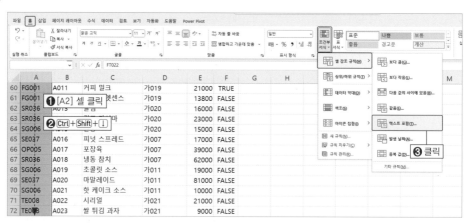

02. [텍스트 포함] 대화상자에서 다음 텍스트를 포함하는 셀의 서식 지정을 'f'로 지정하고 [확인]을 클릭합니다.

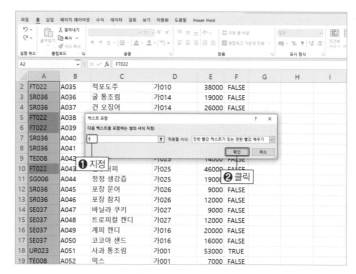

Point

대/소문자를 구분하지 않기 때문에 소문자 'f'로 입력 가능합니다. 'F'로 시작하는 'FT022, FG001'의 데이터 서식이 변경되었습니다.

03. 단가의 상위 30%의 데이터만 서식을 변경하기 위해 [E2:E83] 범위를 선택하고 [홈] − [스타일] − [조건부 서식] − [상위/하위 규칙] − [상위 10%]를 클릭합니다.

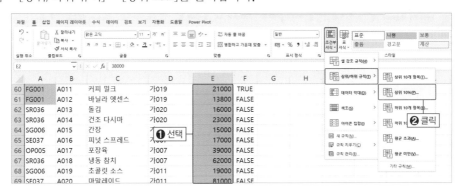

04. [상위 10%] 대화상자에서 '다음 상위 순위에 속하는 셀의 서식 지정'을 '30%', '적용할 서식'을 '사용자 지정 서식'으로 지정합니다. [셀 서식] 대화상자의 [글꼴] 탭에서 '글꼴 스타일'을 '굵은 기울임꼴', '색'을 '빨강'으로 지정하고 [확인] 버튼을 클릭합니다.

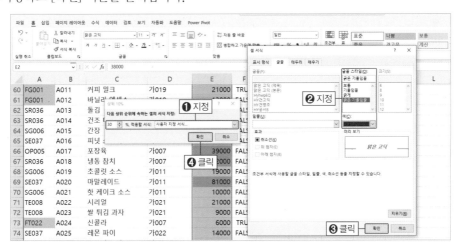

05. 분류코드가 'F'로 시작하는 데이터와 단가가 상위 '30%'인 경우의 데이터의 서식이 변경된 것을 확인할 수 있습니다.

24 조건부 서식으로 데이터 막대 만들기

데이터 막대는 데이터 값에 따라 막대의 길이를 나타내는 기능입니다. 데이터를 셀에 시각적으로 표현하는 방법을 알아보겠습니다.

◉ Key Word: 데이터 막대, 조건부 서식 편집
실습 파일: 2-24

01. [C4:C11] 범위를 선택하고 [홈] - [스타일] - [조건부 서식] - [데이터 막대] - [빨강 데이터 막대]를 클릭합니다.

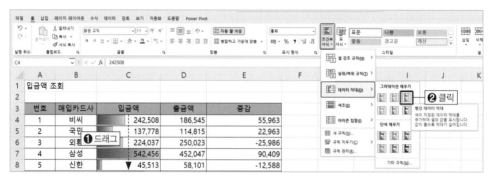

02. [E4:E11] 범위를 선택하고 [홈] - [스타일] - [조건부 서식] - [데이터 막대] - [파랑 데이터 막대] 를 클릭합니다.

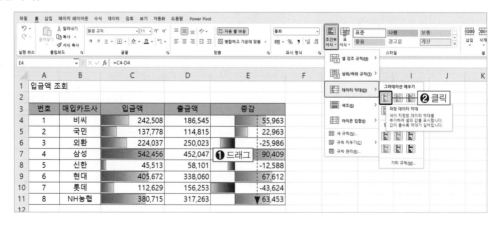

Point

증가한 경우 오른쪽에 배치되고, 감소한 경우 왼쪽에 배치됩니다.

03. 조건부 서식을 편집하기 위해 [홈] – [스타일] – [조건부 서식] – [규칙 관리]를 클릭합니다. [조건부 서식 규칙 관리자] 대화상자에서 [규칙 편집]을 클릭합니다.

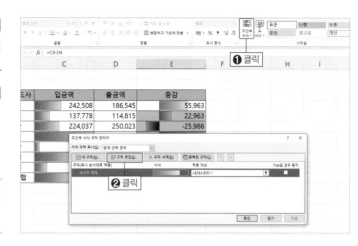

Point

적용된 데이터 막대를 더블클릭해도 편집 가능합니다.

04. [서식 규칙 편집] 대화상자의 규칙 설명 편집에서 [음수 값 및 축] 버튼을 클릭합니다. 증감이 표시된 범위의 셀 중간부터 양수와 음수가 표시되도록 하기 위해 [음수 값 및 축 설정] 대화상자의 [축 설정] 항목에서 '셀 중간점'을 선택합니다. [확인] 버튼을 클릭하여 모든 대화상자를 닫습니다.

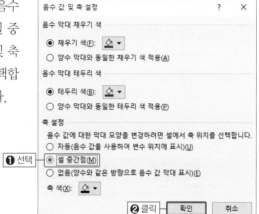

05. 셀의 중간으로 중심축이 변경된 것을 확인할 수 있습니다.

	A	B	C	D	E	F	G	H
1	입금액 조회							
2								
3	번호	매입카드사	입금액	출금액	증감			
4	1	비씨	242,508	186,545	55,963			
5	2	국민	137,778	114,815	22,963			
6	3	외환	224,037	250,023	-25,986			
7	4	삼성	542,456	452,047	90,409			
8	5	신한	45,513	58,101	-12,588			
9	6	현대	405,672	338,060	67,612			
10	7	롯데	112,629	156,253	-43,624			
11	8	NH농협	380,715	317,263	63,453			
12								
13								
14								
15								

25 사이값, 유효성 검사로 조건부 서식 지정하기

단가의 사이값으로 조건부 서식을 지정하는 방법으로 직접 값을 입력하는 것과 셀 값을 지정하는 차이는 유동적으로 상황에 맞게 값을 바로 지정하고 바로 결과값을 볼 수 있기 때문입니다. 유효성 검사와 조건부 서식을 활용하여 목록을 변경했을 때 서식이 같이 변경되는 방법을 알아보겠습니다.

◑ Key Word: 사이값, 목록과 서식
　　실습 파일: 2-25

01. [E7:E88] 범위를 선택하고 [홈] – [스타일] – [조건부 서식] – [셀 강조 규칙] – [다음 값의 사이에 있음]을 클릭합니다.

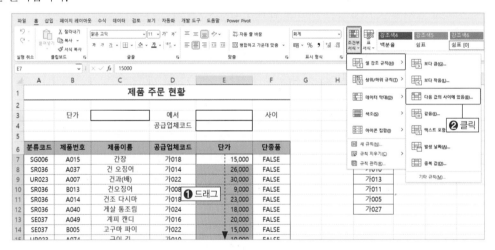

02. [해당 범위] 대화상자에서 첫째 칸을 'C3'셀, 둘째 칸을 'E3'셀을 클릭합니다. [확인] 버튼을 클릭합니다.

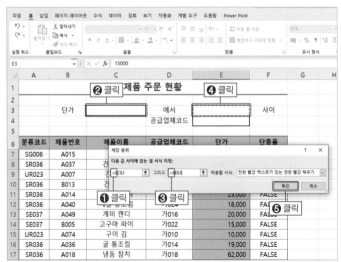

Point

지정한 셀에 값이 지정되지 않았기 때문에 범위 지정한 전체가 서식이 변경되지 않은 것을 알 수 있습니다.

03. [C3] 셀에 '50000'을, [E3] 셀에 '80000'을 입력하면 단가 열에 조건에 맞는 서식이 변경된 것을 알 수 있습니다.

04. 공급업체코드에 유효성 검사를 지정하기 위해 [E4] 셀을 클릭하고 [데이터] − [데이터 도구] − [데이터 유효성 검사]를 클릭합니다. [데이터 유효성] 대화상자에서 '제한 대상'에 '목록', '원본'에 'I2:I12'를 드래그 하여 지정합니다.

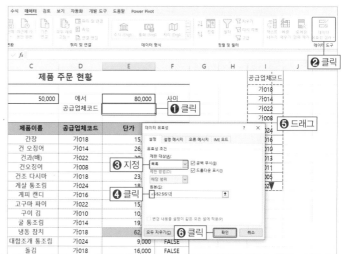

05. 유효성 검사가 적용된 [E4] 셀에 임의의 값을 선택하고 [A7:F88] 범위를 선택합니다. [홈] − [스타일] − [조건부 서식] − [새 규칙]을 클릭합니다.

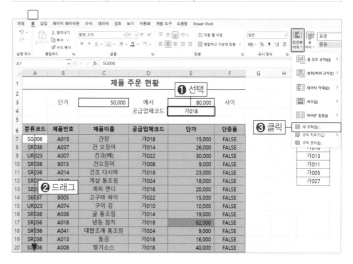

06. [새 서식 규칙] 대화상자에서 '수식을 사용하여 서식을 지정할 셀 결정'을 클릭한 다음 '다음 수식이 참인 값의 서식 지정'을 '=$E$4=$D7'으로 입력합니다. [서식] 버튼을 클릭합니다.

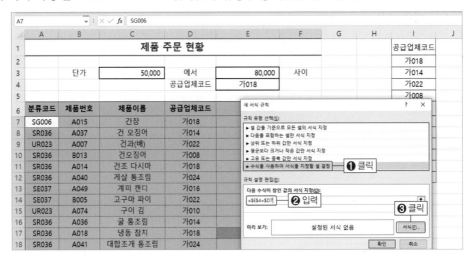

07. [셀 서식] 대화상자에서 [채우기] 탭을 클릭한 다음 임의의 색을 클릭하고 [확인] 버튼을 두 번 눌러 적용완료합니다.

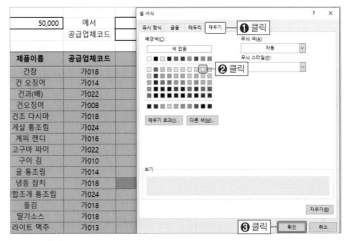

08. [E4] 셀의 공급업체코드를 변경할 때마다 서식 적용되는 행이 바뀌는 것을 알 수 있습니다.

Point

I열은 [데이터 유효성 검사] 기능이 적용되었기 때문에 삭제하지 않고 마우스 오른쪽 버튼을 클릭하고 [숨기기]를 클릭합니다.

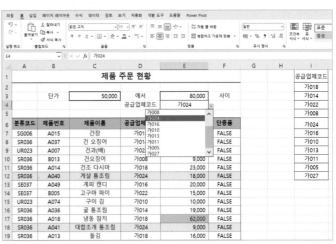

Section

26 다양한 조건으로 필터링하기

데이터에 따라 '숫자 필터', '날짜 필터', '텍스트 필터', '색 기준 필터'가 있습니다. 필터링 된 기능으로 추출한 데이터를 복사, 삭제 편집이 가능하기 때문에 실질적으로 업무에서 많이 사용하는 기능 중 하나입니다.

⊙ Key Word: 숫자 필터, 날짜 필터, 텍스트 필터
실습 파일: 2-26

01. [A2] 셀을 클릭하고 [데이터] – [정렬 및 필터] – [필터]를 클릭합니다. 2행에 필터 단추가 표시됩니다.

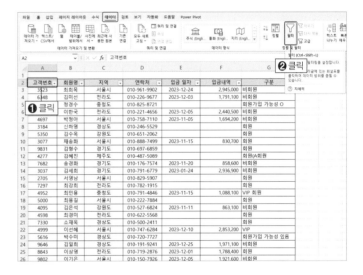

Point

단축키 Ctrl+Shift+L을 눌러 지정 가능합니다.

02. [지역] 필터 아이콘을 클릭하고 [텍스트 필터] – [끝 문자]를 클릭합니다.

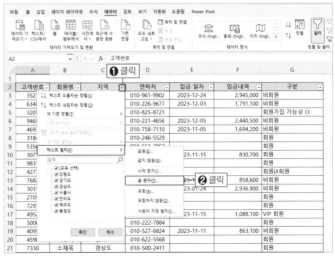

03. [사용자 지정 자동 필터] 대화상자에서 '찾을 조건'에서 '끝 문자'를 '도'로 지정하고 [확인] 버튼을 클릭합니다.

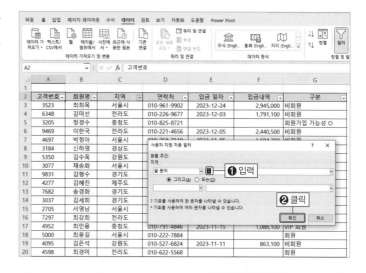

04. [회원명] 필터 아이콘을 클릭하고 검색창에 '김'을 입력하면 김이 포함된 데이터만 체크되는 것을 확인할 수 있습니다. [확인] 버튼을 클릭합니다.

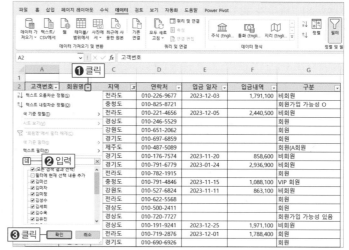

05. [지역]이 '도'로 끝나며, [회원명]이 '김'으로 시작하는 필터링 결과를 확인할 수 있습니다.

Point

자동 필터 아이콘에 삼각형만(▼) 표시되면 조건이 적용되지 않은 필드이고, 깔때기 모양(⫬)이 있으면 조건이 지정되어 있다는 의미입니다.

고객번호	회원명	지역	연락처	입금 일자	입금내역	구분
6348	김미선	전라도	010-226-9677	2023-12-03	1,791,100	비회원
5350	김수옥	강원도	010-651-2062			회원
9831	김형수	경기도	010-697-6859			회원
4277	김혜진	제주도	010-487-5089			회원(A회원
3037	김세희	경기도	010-791-6779	2023-01-24	2,936,900	비회원
4095	김은석	강원도	010-527-6824	2023-11-11	863,100	비회원
9646	김일희	경상도	010-191-9241	2023-12-25	1,971,100	비회원
2433	김태화	경기도	010-690-6926			회원
5712	김지연	경기도	010-___-___19			회원 가능성 있음
8744	김현아	충청도	010-___-___25			회원가입 가능성 있음
7234	김성수	경기도	010-222-9247	2023-11-15	2,928,800	회원(A회원
5049	김미정	경상도	010-674-4821	2023-11-20	1,912,600	회원
4191	김미자	전라도	010-827-7076	2023-12-15	871,200	비회원
7922	김이종	제주도	010-520-8987			회원가입 하려고 함
8560	김은숙	전라도	010-574-7472	2023-12-10	2,790,200	VIP회원
5651	김미정	충청도	010-970-5266	2023-11-15	3,502,800	회원
2837	김현아	경상도	010-126-5727	2023-12-10	2,457,300	회원(VIP)
8468	김유진	경상도	010-714-9702	2023-11-15	814,500	회원

06. [지역] 필터 아이콘을 클릭하고 ["지역"에서 필터 해제]를 클릭합니다.

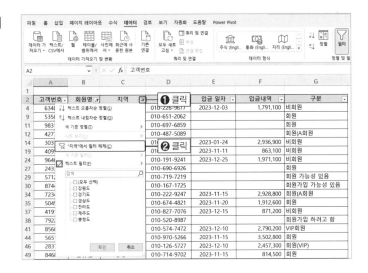

07. [입금 일자] 필터 아이콘을 클릭하고 '모두 선택'을 선택하여 전체를 해제한 후 '12월'만 클릭합니다.

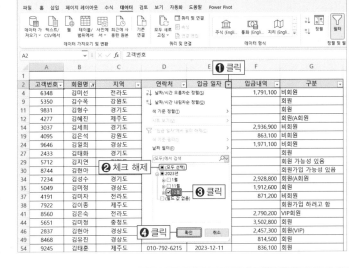

Point

필드가 날짜인 경우 일, 주, 월, 분기 연 등의 값으로 검색할 수 있습니다.

08. 두 가지 이상의 조건을 한꺼번에 제거하려면 [데이터] – [정렬 및 필터] – [지우기]를 클릭합니다.

Point

필터가 적용된 상태에서 Ctrl+Shift+ L을 누르면 필터가 해제되며 조건을 제거할 수 있습니다.

27 조건부 서식된 결과로 자동 필터하기

앞에서 다루었던 필터링뿐 아니라 '색 기준 필터'에 대해 좀 더 알아보겠습니다. 서식이 변경된 데이터가 있으면 '색 기준 필터'가 활성화됩니다. 또한 상위 30%에 포함된 데이터를 필터링해 보겠습니다.

➔ Key Word: 자동 필터, 색 기준 필터
실습 파일: 2-27

01. [입금내역] 필터 아이콘을 클릭하고 [숫자 필터] – [상위 10]을 클릭합니다.

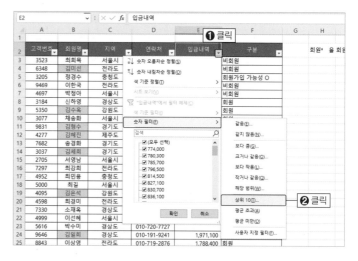

02. [상위 10 자동 필터] 대화상자에서 '표시'를 '상위', '30', '%'로 지정하고 [확인] 버튼을 클릭합니다.

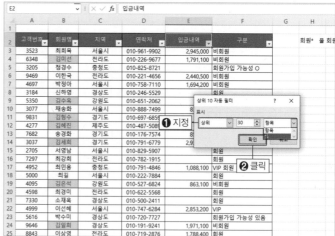

03. [회원명]의 필터 아이콘을 클릭하고 [색 기준 필터]에서 '글꼴 색 기준 필터'의 색을 클릭합니다.

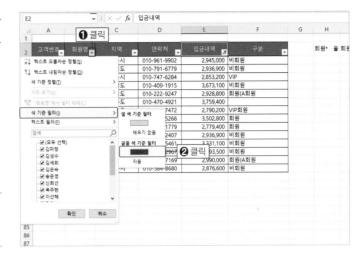

04. 두 가지 기준으로 필터링 된 결과를 확인할 수 있습니다.

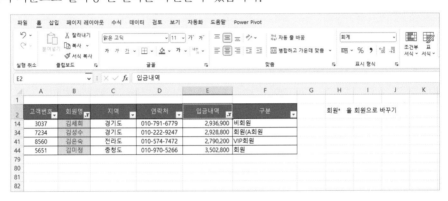

05. 두 가지 이상의 조건을 한꺼번에 제거하려면 [데이터] – [정렬 및 필터] – [지우기]를 클릭합니다.

28 대량의 데이터 빠르게 통합하기

데이터 통합은 참조 영역으로 추가한 첫 행과 왼쪽 열을 기준으로 합계, 개수, 평균, 최대값, 최소값, 곱, 수치 개수 등을 요약하고 집계할 수 있습니다. 엑셀의 통합은 원본 데이터에서 시작하지 않고 결과를 입력해야 하는 셀을 클릭한 다음 시작하거나 범위를 지정한 다음 시작합니다.

Key Word: **통합**
실습 파일: 2-28

01. 구분에 따른 수량, 정가, 납품가에 대해 합계를 구하기 위해, [L3:O7] 셀의 범위를 선택합니다. [데이터] – [데이터 도구]– [통합 📊]을 클릭합니다.

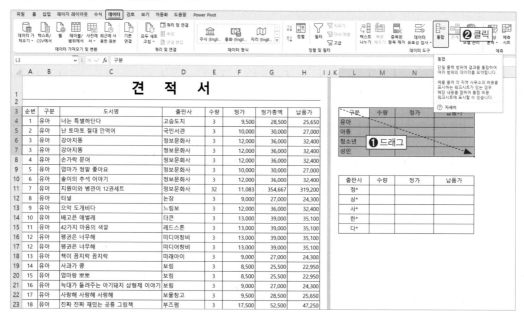

Point

첫 행과 왼쪽 열을 비교하여 통합되므로 원본 데이터와 결과 데이터의 제목을 같게 해야 합니다.

02. [통합] 대화상자에서 '함수'를 '합계', '참조'를 '[B3:H234]'로 지정합니다. [추가] 버튼을 클릭하여 모든 참조 영역에 추가하고, 사용할 레이블에서 '첫 행', '왼쪽 열'에 체크 표시하여 선택합니다. [확인] 버튼을 클릭합니다.

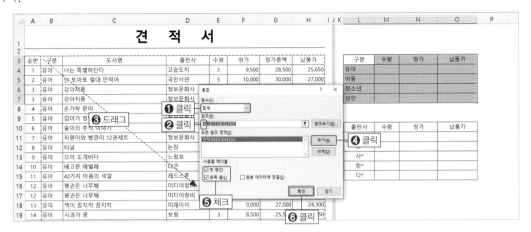

Point

사용할 레이블에 '첫 행'을 선택한 것과 모든 참조 영역에 추가한 범위의 첫 행을 비교하여 이름이 같은 데이터를 기준으로 합계가 구해집니다.

03. 전체 데이터 중 일부분만 통합을 하기 위해 [L10:O15] 범위를 선택합니다. [데이터] − [데이터 도구]− [통합]을 클릭합니다.

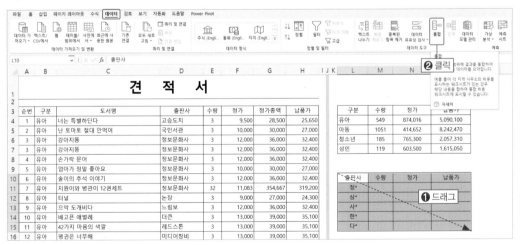

Point

'정*'은 '정'으로 시작하는 *(전체)의 데이터를 포함합니다.

04. 기존의 모든 참조 영역 내용을 [삭제] 버튼을 클릭하여 삭제합니다. '함수'에 '합계'를 '평균'으로 변경하고, '참조'에서 '[D3:H234]' 범위를 선택합니다. '사용할 레이블'에서 '첫 행', '왼쪽 열'에 체크 표시하여 선택하고 [확인] 버튼을 클릭합니다.

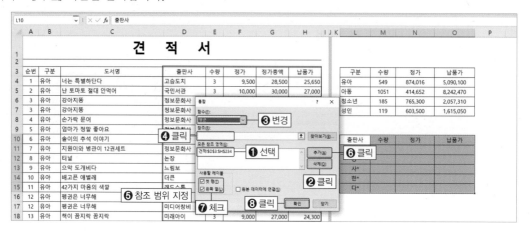

Point

출판사별로 통합하기 위해 [참조] 영역에 [출판사] 필드부터 범위 지정하여 추가합니다.

05. 출판사별 수량, 정가, 납품가가 평균으로 통합된 것을 확인할 수 있습니다. 마우스 오른쪽 버튼을 클릭하고 미니바에서 쉼표 스타일(,)을 클릭하여 천 단위 쉼표를 넣어줍니다.

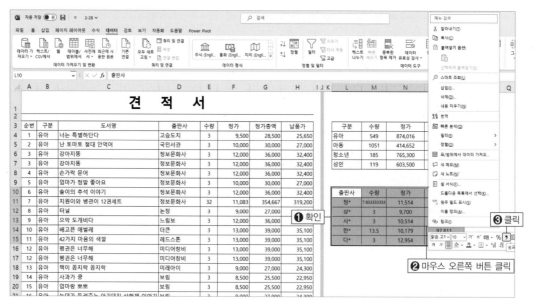

29 여러 시트에 있는 데이터 통합하기

1사분기에서 4사분기까지 다른 시트에 있는 데이터의 합계를 구하려 합니다. 원본 데이터와 결과 데이터가 다른 시트에 있으면 [원본 데이터에 연결]을 클릭할 수 있습니다. 통합의 기능은 결과를 입력해야 하는 시트의 셀을 클릭하고 시작합니다.

◑ Key Word: 시트별 통합, 원본 데이터에 연결
실습 파일: 2-29

01. 면적에 대한 통합을 하기 위해 [통합] 시트를 선택하고 [A3] 셀을 클릭합니다. [데이터] – [데이터 도구] – [통합 ☷]을 클릭합니다.

02. [통합] 대화상자에서 '함수'를 '합계', '참조'에서 [1사분기] 시트를 클릭하고 [B3:H33] 범위를 선택합니다. [추가] 버튼을 클릭합니다.

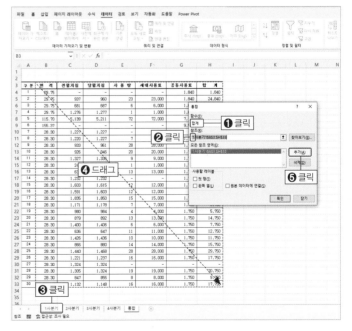

03. 참조에서 [2사분기] 시트를 클릭하고 [B3:H28] 범위를 선택한 다음 [추가] 버튼을 클릭합니다. 같은 방법으로 [3사분기] 시트의 [B3:H30], [4사분기] 시트의 [B3:H23] 범위를 각각 추가합니다.

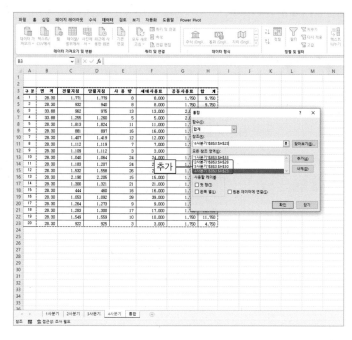

Point

추가하려는 범위의 시작 셀은 같기 때문에, 달라지는 마지막 셀을 선택할 때는 Shift 를 누른 채 마지막 셀만 클릭하여 선택을 추가합니다.

04. [통합] 대화상자의 '사용할 레이블'에서 '첫 행', '왼쪽 열', '원본 데이터에 연결'에 체크 표시합니다. [확인] 버튼을 클릭합니다.

Point

원본 데이터와 결과 데이터가 다른 시트에 있으면 [원본 데이터에 연결]이 가능합니다.

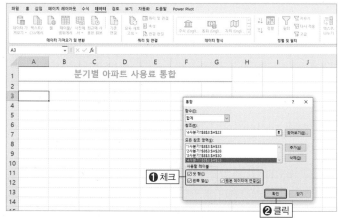

05. 열 너비를 조절하고 [A3] 셀에 '면적'을 입력합니다. B열 머리글에서 마우스 오른쪽 버튼을 클릭하고 [삭제]를 클릭합니다.

Point

'원본 데이터에 연결'을 체크하여 통합하면 항상 비어있는 열이 추가되니 삭제하면 됩니다. 삭제 단축키는 Ctrl + − 입니다.

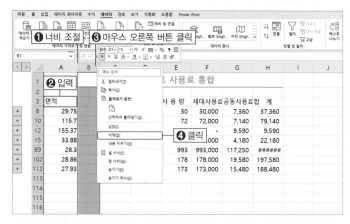

30 부분합하기

부분합은 말 그대로 그룹을 기준으로 부분적으로 합을 하는 기능입니다. 그룹별로 합계, 평균, 개수 등을 자동으로 계산합니다. 부분합을 하기 위해서는 먼저 그룹화할 항목으로 정렬되어 있어야 합니다.

G→ Key Word: 부분합, 정렬하고 시작
실습 파일: 2-30

01. 부분합에서 그룹화할 기준으로 정렬합니다. [A3] 셀을 클릭하고 [데이터] − [정렬 및 필터] − [정렬]을 클릭합니다.

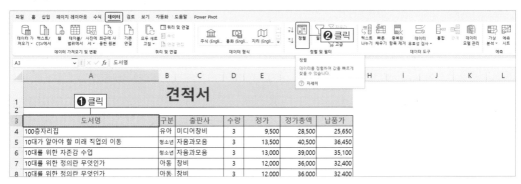

02. [정렬] 대화상자에서 첫 번째 기준인 '정렬 기준'을 '구분'으로 지정합니다. [기준 추가] 버튼을 클릭한 후 '다음 기준'을 '출판사'로 지정합니다. [확인] 버튼을 클릭합니다.

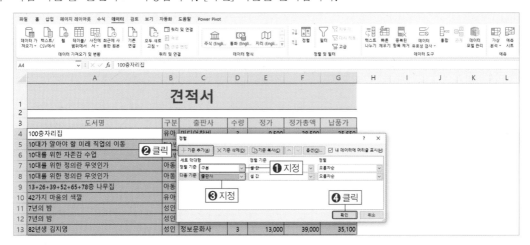

03. 첫 번째 부분합을 하기 위해 [데이터] – [개요] – [부분합]을 클릭합니다.

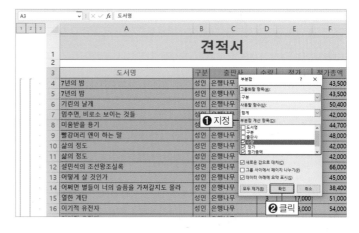

04. [부분합] 대화상자에서 '그룹화할 항목'을 '구분', '사용할 함수'를 '합계'로 지정합니다. '부분합 계산 항목'에서 '수량, 정가, 정가총액, 납품가'를 체크 표시합니다. [확인] 버튼을 클릭합니다.

05. 다시 한 번 [부분합]을 실행합니다. [부분합] 대화상자가 표시되면 '그룹화할 항목'에 '출판사', '사용할 함수'를 '합계', '부분합 계산 항목'에서 '수량, 정가, 정가총액, 납품가'를 체크합니다. '새로운 값으로 대치'를 클릭하여 체크 해제하고 [확인] 버튼을 클릭합니다.

Point

'새로운 값으로 대치'를 체크 해제하지 않으면 '구분'으로 합계한 결과값이 없어지고 새롭게 부분합이 적용됩니다. 부분합을 삭제하기 위해서는 [모두 제거] 버튼을 클릭합니다.

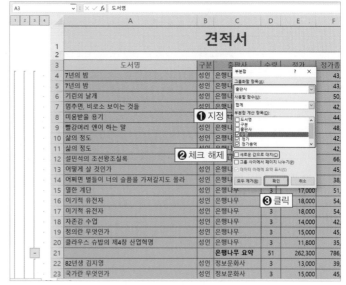

31 부분합의 요약 복사하기

부분합을 적용하면 화면 왼쪽에 그룹 보기 방식이 적용되는데 한 가지 그룹으로 부분합을 적용하면
기본 세 가지의 보기 방식을 제공합니다. 보기 방식을 변경하여 결과값을 복사할 때 범위를 선택하
면, 숨겨진 데이터까지 함께 선택되기 때문에 화면에 보이는 부분만 선택해서 복사해 보겠습니다.

○ Key Word: 화면에 보이는 셀만 복사, 부분합 복사
실습 파일: 2-31

01. 화면 왼쪽의 그룹화 되어 있는
보기 방식에서 [3]을 클릭하고 [B3:
G254] 셀의 범위를 선택합니다.

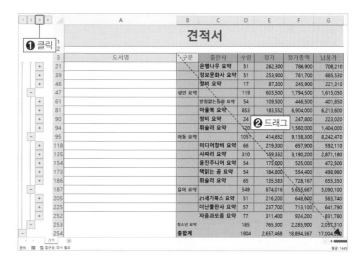

02. 화면에 보이는 데이터만 다시 선택
하기 위해 [홈] – [편집] – [찾기 및 선
택] – [이동 옵션]을 클릭합니다.

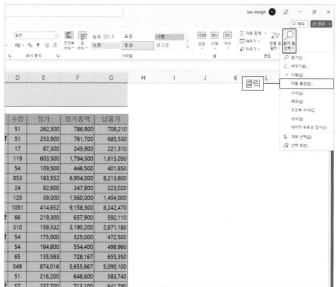

03. [이동 옵션] 대화상자에서 '화면에 보이는 셀만'을 선택하고 [확인] 버튼을 클릭합니다. [Ctrl]+[C]를 눌러 복사합니다.

Point

[화면에 보이는 셀만] 선택하는 작업을 하지 않고 복사하면 전체 데이터가 펼쳐져서 붙여넣기됩니다.

04. [새 시트] 아이콘(⊕)을 클릭하여 [Ctrl]+[V]를 눌러 붙여넣습니다.

Level UP

그룹 변경하기

- 부분합을 적용했을 때 화면 왼쪽이 그룹화됩니다.

- 윤곽 기호는 그룹별 수준을 변경할 수 있는데 [1]은 전체 총합계, [2]는 첫 번째 부분합을 적용한 [구분]에 대한 소계, [3]은 두 번째 부분합을 적용한 [출판사]에 대한 소계, [4]는 전체 데이터를 표시합니다.

- [+] : 확장 버튼을 클릭하면 숨겨진 하위 수준을 볼 수 있습니다.
  [−] : 축소 버튼을 클릭하면 보이는 하위 수준을 숨깁니다.

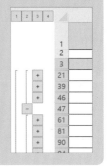

32 데이터베이스를 관리하기 위한 규칙

엑셀의 정렬, 필터, 부분합, 피벗 테이블 등 기능을 제대로 사용하려면 표를 만들기 위한 규칙을 알아야 합니다. 필드(열)와 레코드(행)를 기준으로 데이터베이스가 기본 구성되며, 필드명인 표의 첫 행을 기준으로 기능을 활용할 수 있습니다.

○ Key Word: 데이터베이스, 필드, 레코드
실습 파일: 2-32

01. 데이터베이스를 활용하려면 병합되지 않아야 하고, 하나의 필드(열)에는 한 가지의 정보가 입력되어야 합니다. 그리고 하나의 표에 비어 있는 행이나 비어 있는 열을 갖고 있지 않아야 합니다. 제목은 한 줄로 입력되어야 합니다. 데이터베이스는 기본적으로 필드명과 필드(열), 레코드(행)를 기준으로 구성됩니다.

Point

필드명 : 필드를 구분할 수 있는 이름, 첫 행을 의미합니다.
필드 : 한 개의 성질을 갖고 있으며 열을 의미합니다.
레코드 : 행 각각을 의미합니다.

02. 하나의 표는 빈 행이나 빈 열이 없어야 합니다. 빈 행이나 열을 기준으로 그 앞까지만 범위로 인식되기 때문입니다.

03. 필드명은 한 줄로 입력되어 있어야 하며, 병합되어 있지 않아야 합니다.

04. 병합된 셀이 없어야 합니다. 병합된 셀에 정렬 기능을 수행하면 '이 작업을 수행하려면 모든 셀의 크기가 동일해야 합니다'라는 메시지가 표시되며, 필터나 피벗 테이블을 수행하면 병합된 셀의 첫 셀을 제외하고 '비어 있음' 항목으로 인식됩니다.

05. 한 셀에는 하나의 정보만 입력되어야 합니다. 하나의 필드에 두 개 이상의 정보가 입력되어 있다면 필터, 피벗 테이블 등 데이터 메뉴들을 그룹화할 수 없습니다.

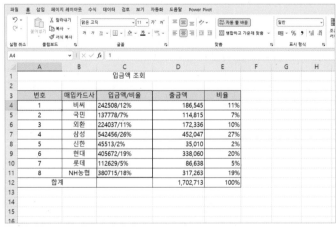

33 추천 피벗 테이블, 피벗 차트 만들기

피벗 테이블은 대량의 데이터를 간단하게 요약하는 표를 말합니다. [추천 피벗 테이블]은 엑셀 2013부터 제공되는 기능이며, 데이터에 가장 적합한 피벗 테이블을 추천하여 빠르게 만들 수 있습니다.

⊙ Key Word: 추천 피벗 테이블, 피벗 차트
실습 파일: 2-33

01. [A3] 셀을 클릭하고 [삽입] – [표] – [추천 피벗 테이블]을 클릭합니다.

Point

추천 피벗 테이블은 Ctrl+A를 누르면 화면 오른쪽 아랫부분에 빠른 분석 아이콘(🔳)이 표시되며 [테이블] 탭에서 선택할 수 있습니다. 빠른 분석 단축키는 Ctrl+Q입니다.

02. [권장 피벗 테이블] 대화상자에서 [합계 : 모집, 개수 : 강좌명(대상 기준)]을 선택하고 [확인] 버튼을 클릭합니다.

03. 새로운 시트가 삽입된 다음 피벗 테이블이 만들어집니다. 피벗 차트를 만들기 위해 [피벗 테이블 분석] – [도구] – [피벗 차트]를 클릭합니다.

04. [차트 삽입] 대화상자에서 [혼합] 범주를 클릭하고 '개수 : 강좌명'의 보조 축에 체크 표시합니다. [확인] 버튼을 클릭합니다.

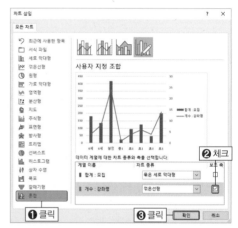

05. 피벗 테이블과 피벗 차트가 완성된 것을 확인할 수 있습니다.

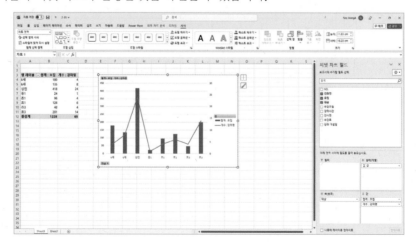

34 크로스탭 피벗 테이블 만들기

피벗 테이블은 대량의 데이터를 분석하여 요약하는 기능으로, 정렬, 필터, 부분합, 통합 등 기능을 합쳐 놓은 것과 같다고 볼 수 있습니다. 행, 열, 값에 필드명을 이동해 넣으면 요약 및 분석할 수 있습니다.

ⓖ Key Word: 대량의 데이터 요약, 크로스탭
실습 파일: 2-34

01. [A3] 셀을 클릭하고 [삽입] – [표] – [피벗 테이블]을 클릭합니다.

02. [표 또는 범위의 피벗 테이블] 대화상자에서 '테이블 또는 범위 선택'의 '표/범위'에 자동으로 선택된 [A3:I68] 셀 범위를 그대로 사용하고 '새 워크시트' 위치 그대로 [확인] 버튼을 클릭합니다.

03. 시트가 추가되고 피벗 테이블 작업 영역이 표시됩니다. [피벗 테이블 필드] 작업 창에서 '수강요일' 필드를 [열] 영역, '대상' 필드를 [행] 영역, '수강료' 필드를 [값] 영역으로 드래그합니다.

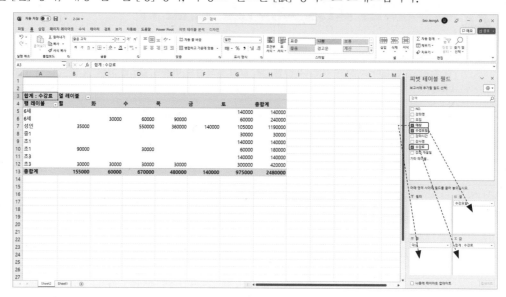

04. 계산된 [D5] 셀을 마우스 오른쪽 버튼으로 클릭합니다. [값 요약 기준] – [개수]를 선택합니다.

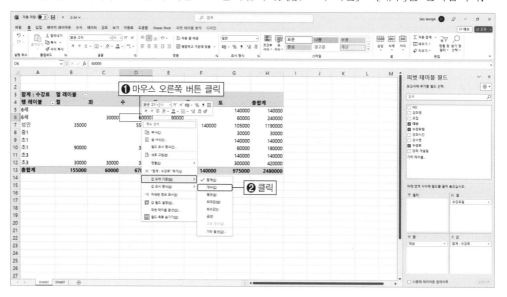

05. [피벗 테이블 디자인] – [레이아웃] – [총합계] – [열의 총합계만 설정]을 클릭합니다.

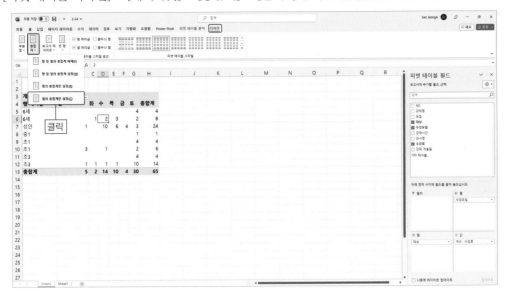

Point

피벗 테이블 영역 안의 셀이 선택되어야 [피벗 테이블 분석] 탭과 [피벗 테이블 필드] 작업 창이 표시됩니다.

06. [피벗 테이블 디자인] – [피벗 테이블 스타일] 그룹에서 [자세히] 아이콘(▾)을 클릭하고 [진한 파랑, 피벗 스타일 어둡게 6]을 클릭합니다.

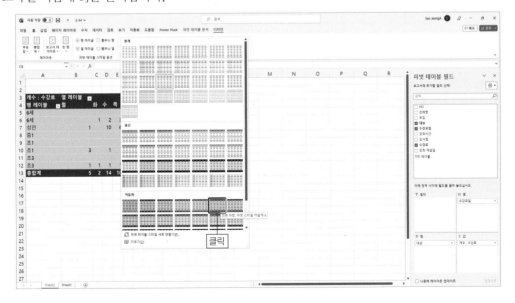

피벗 테이블 지우기

실습 파일: 2-S_3

피벗 테이블을 지우는 방법은 두 가지로 나눌 수 있습니다. 필드만 제거하는 방법과 피벗 테이블 영역을 모두 제거하는 방법을 알아보겠습니다.

01. [피벗 테이블 분석] – [동작] – [지우기] – [모두 지우기]를 선택합니다. 피벗 테이블 영역은 남고 필드명만 초기화됩니다.

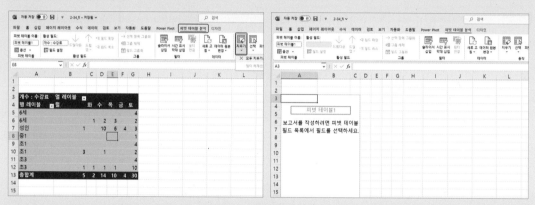

02. 피벗 테이블 영역을 모두 제거하려면 피벗 테이블을 선택하고 [홈] – [편집] – [지우기] – [모두 지우기]를 클릭합니다. 피벗 테이블이 모두 제거된 것을 확인할 수 있습니다.

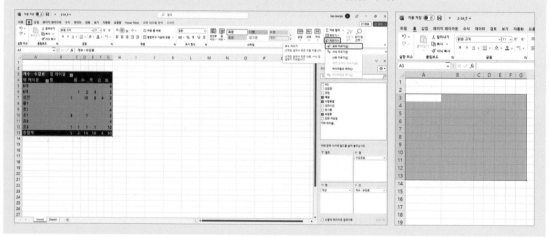

35 숫자 데이터 그룹 지정하여 피벗 테이블 만들기

값 영역에 똑같은 필드명을 여러 번 적용하여 개수, 합계, 평균을 구해 봅니다. 숫자 데이터인 경우 다시 한번 그룹으로 지정할 수 있습니다. 숫자 데이터 그룹을 지정하는 방법을 알아보겠습니다.

ⓖ Key Word: 그룹 지정
실습 파일: 2-35

01. [A3] 셀을 클릭하고, [삽입] – [표] – [피벗 테이블]을 클릭합니다. [피벗 테이블 만들기] 대화상자에서 [확인] 버튼을 클릭합니다.

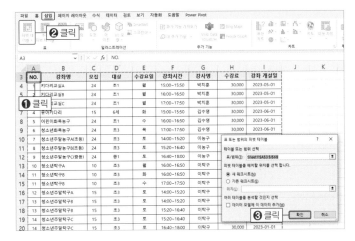

02. 시트가 추가되고 피벗 테이블 작업 영역이 표시됩니다. [피벗 테이블 필드] 작업 창에서 '수강요일' 필드를 [행] 영역으로 드래그하고, '수강료' 필드를 [값] 영역으로 세 번 드래그합니다.

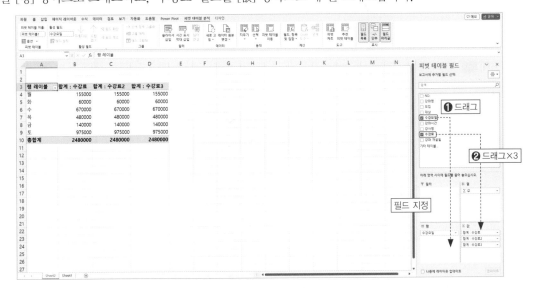

03. 피벗 테이블 영역의 첫 번째 수강료 셀을 마우스 오른쪽 버튼으로 클릭하고 [값 요약 기준] – [개수]를 실행합니다. 세 번째 수강료 셀에서 같은 방법으로 [평균]을 클릭합니다.

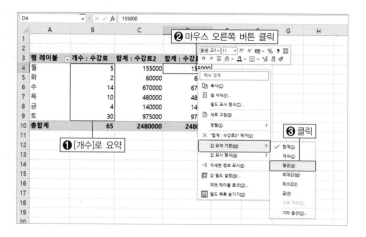

04. [B4:D10] 범위를 선택하고 마우스 오른쪽 버튼을 클릭한 다음 [쉼표 스타일 ,]을 클릭합니다.

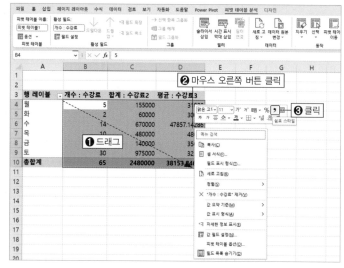

05. [피벗 테이블 필드] 목록창에서 [행] 영역의 '수강요일'을 왼쪽 셀 영역으로 드래그하여 삭제합니다.

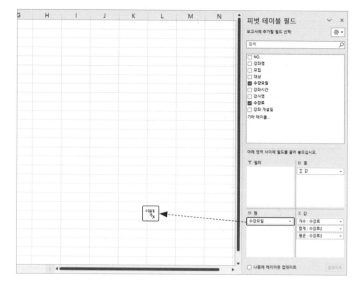

06. [피벗 테이블 필드] 목록창에서 '모집' 필드를 [행] 영역으로 드래그하고, [A4] 셀을 클릭합니다. 마우스 오른쪽 버튼을 클릭하고 [그룹]을 클릭합니다.

07. [그룹화] 대화상자에서 시작을 '1'로 입력하고 [확인] 버튼을 클릭합니다.

Point

[모집] 필드가 숫자이기 때문에 데이터의 최소값과 최대값이 [그룹화] 대화상자에 표시되며 값 각각을 상황에 따라 편집할 수 있습니다.

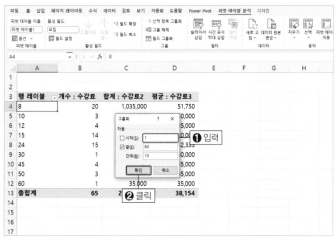

08. 1부터 10단계 값으로 그룹화된 것을 확인할 수 있습니다.

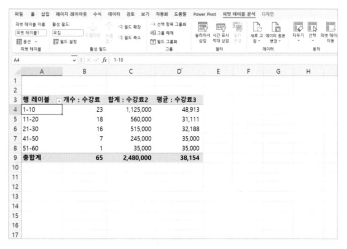

Section

36 날짜 데이터 그룹 지정하여 피벗 테이블 만들기

날짜 데이터는 주로 일별로 표현되기 때문에 이를 그룹화하면 '일, 월, 분기, 연' 단위로 할 수 있습니다. 2013 버전 이상에서는 자동으로 그룹화 되는 부분도 있지만 상황에 따라 원하는 그룹으로만 표현할 수 있어야 하기 때문에 수동으로 그룹화 하는 방법도 알아보겠습니다.

○→ Key Word: 날짜 그룹 지정, 그룹(월, 분기, 연)
　　실습 파일: 2-36

01. [A3] 셀을 클릭하고, [삽입] – [표] – [피벗 테이블]을 클릭합니다. [피벗 테이블 만들기] 대화상자에서 [확인] 버튼을 클릭합니다.

02. [Sheet2]가 추가되고 피벗 테이블 작업 영역이 표시됩니다. [피벗 테이블 필드] 목록창에서 '강좌 개설일' 필드를 [행]으로, '수강료' 필드를 [값]으로 드래그합니다.

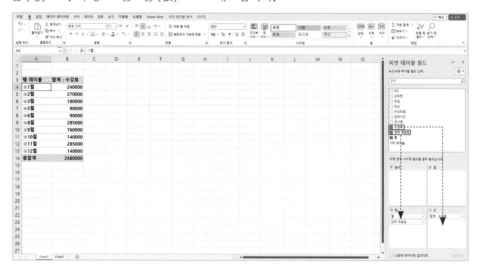

03. 월이 표시된 [A4] 셀을 마우스 오른쪽 버튼으로 클릭하고 [그룹]을 실행합니다.

04. '월'을 다시 클릭하여 선택을 해제하고 '날짜 수'에 10을 입력합니다. [확인] 버튼을 클릭합니다.

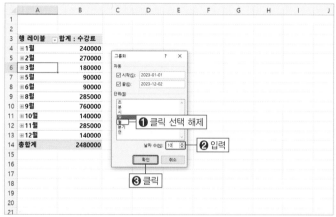

Point

일주일, 열흘 단기간의 날짜를 그룹화하기에 좋은 방법이며, [그룹화] 대화상자에서 단위를 '일'만 선택했을 때 '날짜 수'가 활성화됩니다.

05. [A4] 셀을 마우스 오른쪽 버튼으로 클릭하고 [그룹]을 실행합니다.

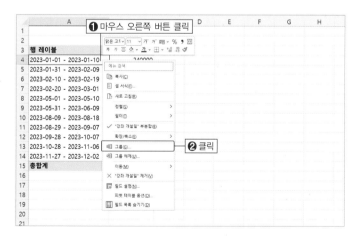

06. '일'을 클릭하여 선택을 해제하고, '월', '분기'를 클릭하여 선택한 다음 [확인] 버튼을 클릭합니다.

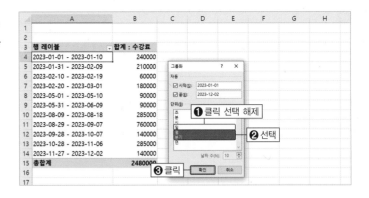

07. [피벗 테이블 디자인] – [레이아웃] – [보고서 레이아웃] – [테이블 형식으로 표시]를 클릭합니다. [피벗 테이블 디자인] – [레이아웃] – [부분합] – [부분합 표시 안함]을 클릭합니다.

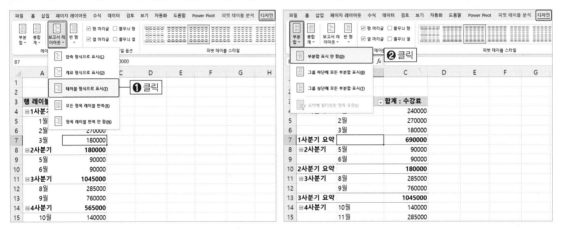

Point

기본 형식이 [압축 형식으로 표시]이며 [개요 형식으로 표시], [테이블 형식으로 표시] 중에 선택할 수 있습니다.

08. [C4:C14] 범위를 선택하고 마우스 오른쪽 버튼을 클릭한 다음 미니바에 서 [쉼표 스타일(）]을 클릭합니다.

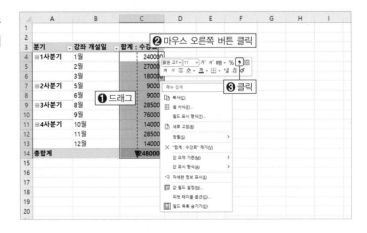

37 두 개의 피벗 테이블과 슬라이서 연결하고 사용하기

슬라이서를 사용하면 현재 보고 있는 피벗 테이블 결과 외에 여러 가지 다른 조건으로 필터링을 할 수 있는 장점이 있습니다. 슬라이서는 엑셀 2010부터 사용 가능하며, 슬라이서 연결은 엑셀 2016부터 사용 가능합니다.

Key Word: 슬라이서, 슬라이서 연결
실습 파일: 2-37

01. [Sheet2]에서 [A3] 셀을 클릭합니다. [피벗 테이블 필드] 목록창에서 '모집' 필드를 [행] 영역, '수강료' 필드를 [값] 영역으로 이동합니다.

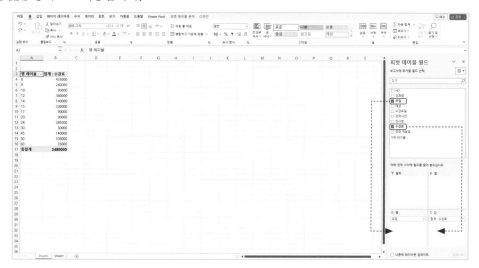

02. [A4] 셀을 마우스 오른쪽 버튼으로 클릭한 다음 [그룹]을 실행합니다. [그룹화] 대화상자에서 시작을 '1'로, 단위를 '20'으로 입력하고 [확인] 버튼을 클릭합니다.

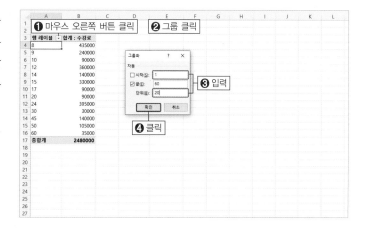

03. [Sheet1]에서 [A3] 셀을 클릭하고 [삽입] – [표] – [피벗 테이블]을 클릭합니다. [피벗 테이블 만들기] 대화상자에서 '기존 워크시트'를 클릭한 다음 '위치'를 [Sheet2] – [D3] 셀을 클릭합니다.

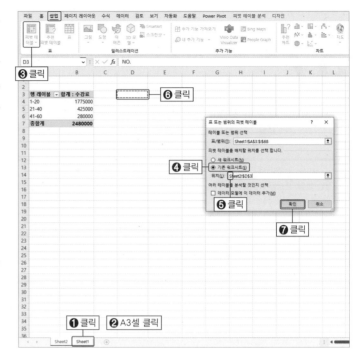

04. [피벗 테이블 필드] 목록창에서 '수강요일' 필드를 [행] 영역, '수강료' 필드를 [값] 영역으로 이동합니다. [B4:B7], [E4:E10] 범위를 선택하고 각각의 범위를 마우스 오른쪽 버튼을 클릭한 다음 미니바에서 [쉼표 스타일(,)]을 클릭합니다.

05. [A3] 셀을 클릭한 다음 [피벗 테이블 도구 분석] – [필터] – [슬라이서 삽입]을 클릭합니다. [슬라이서 삽입] 대화상자에서 '대상', '강사명'에 체크 표시하고 [확인] 버튼을 클릭합니다.

Point

선택하고 있는 셀이 피벗 테이블 영역이 아니면 리본 메뉴에 [피벗 테이블 분석] 탭이 생성되지 않습니다.

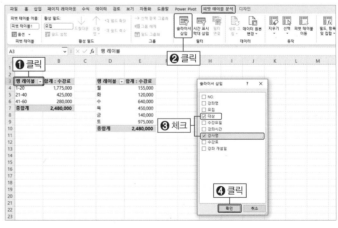

06. [D3] 셀을 클릭한 다음 [피벗 테이블 분석] – [필터] – [슬라이서 삽입]을 클릭합니다. [슬라이서 삽입] 대화상자에서 '강좌시간'에 체크 표시하고 [확인] 버튼을 클릭합니다.

Point

슬라이서를 연결하기 위해서는 한 개의 피벗 테이블에서 모든 슬라이서를 추가하면 안되며, 각각의 피벗 테이블에서 하나 이상씩의 슬라이서를 추가해야 연결됩니다.

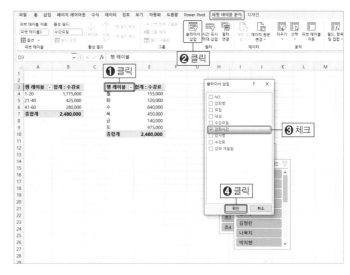

07. 슬라이서를 보기 좋게 배치하고, [A3] 셀을 클릭한 다음 [피벗 테이블 분석] – [필터] – [필터 연결]을 클릭합니다. [필터 연결(피벗 테이블1)] 대화상자에서 '강좌시간'을 체크 표시한 다음 [확인] 버튼을 클릭합니다.

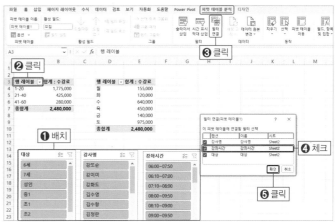

08. [D3] 셀을 클릭한 다음 같은 방법으로 [필터 연결]을 클릭합니다. [필터 연결(피벗 테이블3)] 대화상자에서 '강사명', '대상'을 체크 표시한 다음 [확인] 버튼을 클릭합니다.

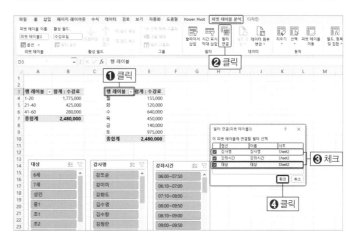

38 슬라이서 편집하고 시간 표시 막대 사용하기

슬라이서를 스타일을 변경하고, 열을 변경하여 스크롤바 없이 클릭할 수 있습니다. 시간 표시 막대는 연, 분기, 월, 일별 흐름을 한눈에 파악할 수 있으며, 시간 표시 막대는 엑셀 2013부터 사용할 수 있습니다.

G→ Key Word: 슬라이서, 슬라이서 편집
실습 파일: 2-38

01. 피벗 테이블 영역인 [A3] 셀을 클릭합니다. [피벗 테이블 분석]- [필터] 그룹에서 [시간 표시 막대 삽입]을 클릭합니다. [시간 표시 막대 삽입] 대화상자에서 '강좌 개설일'을 클릭하고 [확인] 버튼을 클릭합니다.

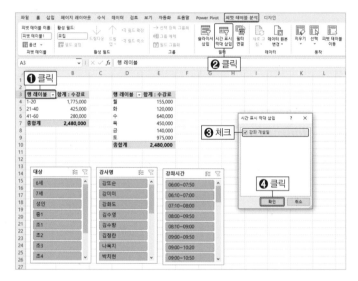

Point

시간 표시 막대 삽입 기능에는 날짜나 시간이 원본 데이터에 포함되었을 때 사용할 수 있습니다.

02. [타임라인]-[시간표시 막대]-[보고서 연결]을 클릭합니다. [보고서 연결(강좌 개설일)] 대화상자에서 '피벗 테이블2'를 체크 표시한 다음 [확인] 버튼을 클릭합니다.

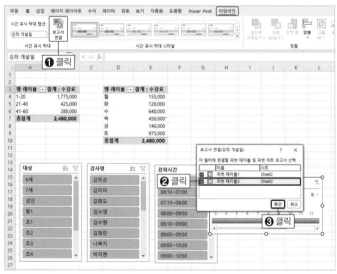

Point

슬라이서를 연결하기 위한 또 하나의 방법은 [슬라이서] 탭, [타임라인] 탭에서 [보고서 연결]을 이용하여 동일하게 두 개의 피벗 테이블과 연결하는 것입니다.

03. 대상 슬라이서를 클릭하고 [슬라이서] – [단추] – [열]을 '2'로 변경하고, 같은 방법으로 강사명 슬라이서는 '3', 강좌시간 슬라이서는 '3'으로 변경한 다음 크기를 보기와 같이 변경합니다.

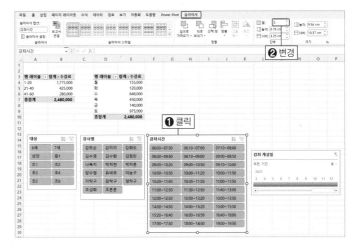

04. 강좌 개설일 시간 표시 막대는 '월'을 클릭한 다음 '분기'로 변경합니다.

05. 강사명 슬라이서에 [강미미]를 클릭하면 대상 슬라이서에서 [성인]이 활성화되며, 강좌시간 슬라이서는 '4'개의 시간이 활성화되는 것을 볼 수 있습니다. 또한 두 개의 피벗 테이블도 필터가 적용되어 표시되는 것을 알 수 있습니다. 강사명 슬라이서의 [필터지우기] 아이콘(▨)을 클릭합니다.

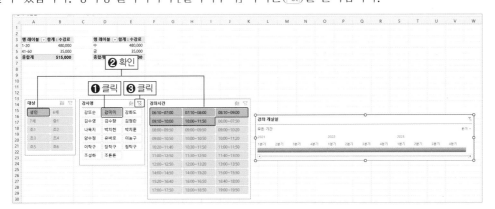

Point

[A3] 셀을 클릭하고 [피벗 테이블 분석] – [도구] – [피벗 차트]를 추가하면 슬라이서를 변경했을 때 피벗 테이블과 피벗 차트가 함께 변하며 시각적인 효과를 증가시킬 수 있습니다.

06. 대상 슬라이서에서 [초1]을 클릭하고 Ctrl을 누른 상태에서 [초3]을 클릭합니다. 강사명 슬라이서에서 [김정란]을 클릭하고 Shift를 누른 상태에서 [유바로]를 클릭합니다.

Point

슬라이서 창에서 [다중 선택] 아이콘 (⊞)을 클릭하고 개체를 선택할 수 있습니다.

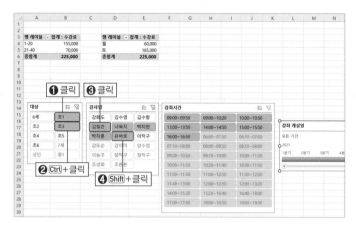

07. 강좌시간 슬라이서를 선택하고 [슬라이서] – [슬라이서 스타일] – [연한 녹색, 슬라이서 스타일 밝게 6]을 클릭한 다음 [슬라이서] – [슬라이서 설정]을 클릭합니다. [슬라이서 설정] 대화상자에서 '데이터가 없는 항목 숨기기'를 체크 표시합니다.

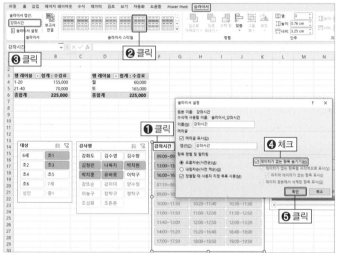

08. 모든 슬라이서에서 필터 해제를 클릭합니다. 강좌 개설일 타임라인에서 2021년 3분기부터 2022년 1분기까지 드래그하여 선택합니다.

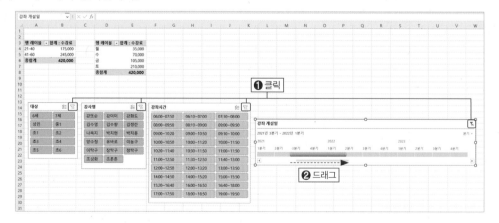

39 피벗 테이블에서 수식 사용하기

피벗 테이블에서는 원본 데이터를 참조로 수식을 추가 사용할 수 있습니다. 피벗 테이블 필드에서 제공되는 필드명을 이용하여 계산하는 방법을 알아보겠습니다.

⊙ Key Word: 피벗 테이블 수식, 레이블 입력
실습 파일: 2-39

01. [삽입] – [표] – [피벗 테이블]을 클릭하여 새 시트에 피벗 테이블을 만들고 [피벗 테이블 필드] 목록창에서 '수강요일' 필드를 [행] 영역, '수강료', '모집' 필드를 [값] 영역으로 드래그합니다.

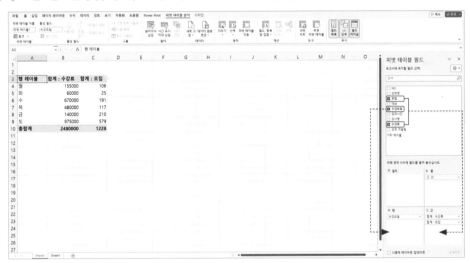

02. [피벗 테이블 분석] – [계산] – [필드, 항목 및 집합] – [계산 필드]를 클릭합니다.

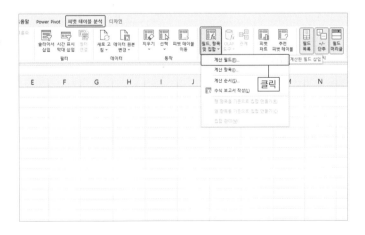

03. [계산 필드 삽입] 대화상자에서 이름을 '총합계', 수식에 커서를 두고 0을 지운 다음 '수강료'를 더블클릭합니다. '*'를 입력하고 필드에서 '모집'을 더블클릭한 다음 [확인] 버튼을 클릭합니다.

Point

'=수강료*모집' 수식이기 때문에 '='을 필수로 넣어줍니다.

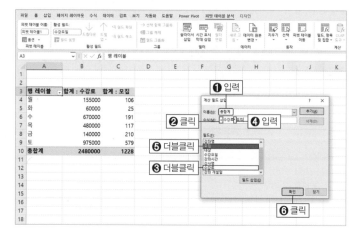

04. [B3:D3] 범위에 '수강금액, 모집인원, 합계'를 각각 입력합니다. [피벗 테이블 분석] – [표시] – [필드 머리글]을 클릭하여 선택 해제합니다.

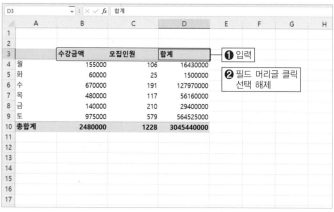

05. [B4:D10] 범위를 드래그하여 선택하고 마우스 오른쪽 버튼을 클릭한 다음 미니바에서 [쉼표 스타일(﹐)]을 클릭합니다.

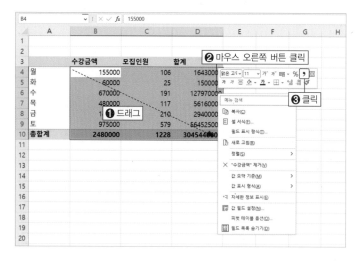

S e c t i o n

40 보안에 취약한 피벗 테이블 값으로 복사하기

피벗 테이블은 보안에 취약합니다. RowData 없이 피벗 테이블만 공유해도 피벗 테이블의 숫자 값을 더블클릭하면 하위 메뉴가 새로운 시트와 함께 생성됩니다. 이는 피벗 테이블의 다양한 기능 중 하나지만 보안을 위해서는 좋지 않은 기능이므로 값으로 복사하는 기능을 알아보겠습니다.

Key Word: 하위 수준 표시, 값으로 복사
실습 파일: 2-40

01. RowData 없이 피벗 테이블이 있는 [Sheet2]만 있습니다. [B5] 셀을 더블클릭합니다.

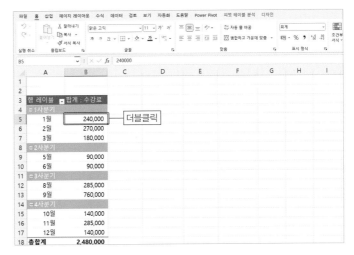

02. 시트가 생성되며 하위 수준이 표시되는 것을 알 수 있습니다.

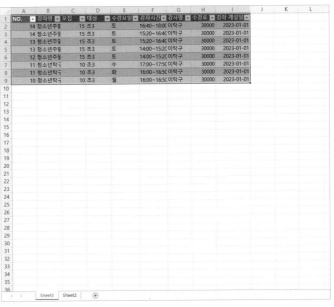

03. [Sheet2]를 클릭하고 [B5] 셀에서 마우스 오른쪽 버튼을 클릭한 다음 [피벗 테이블 옵션]을 클릭합니다.

04. [피벗 테이블 옵션] 대화상자에서 [데이터] 탭을 클릭한 다음 '하위 수준 표시 사용'을 체크 표시 해제합니다. [확인] 버튼을 클릭합니다.

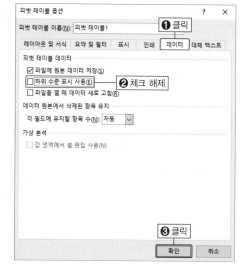

Point

[피벗 테이블 옵션] 대화상자에서 [데이터] 탭의 '하위 수준 표시 사용'을 다시 체크하면 원 상태로 유지됩니다.

05. [B5] 셀을 더블클릭하면 '피벗 테이블에서 이 부분을 변경할 수 없습니다.' 메시지 대화상자가 표시됩니다. [확인] 버튼을 클릭합니다.

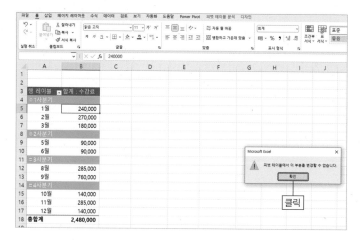

06. [피벗 테이블 분석] – [표시] – [필드 머리글]을 클릭하여 '행 레이블' 텍스트를 보이지 않게 하고, [B3] 셀을 클릭한 다음 '수강료 합계'를 입력합니다.

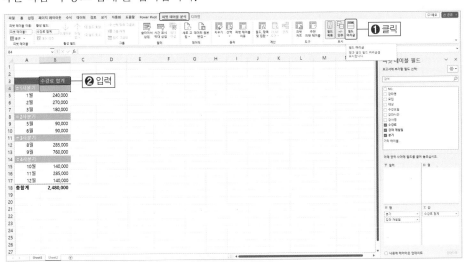

07. [A3:B18] 범위를 선택하고 Ctrl+C를 눌러 복사합니다.

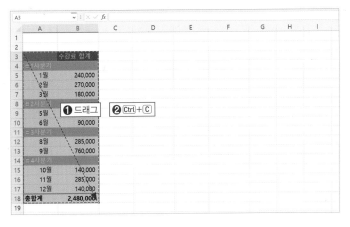

Point

> 붙여넣기 옵션에서는 한 번에 한 가지만 선택 가능하기 때문에 열 너비를 조절하여 수치가 모두 보이게 편집해 주어야 합니다.

08. '새 시트' 아이콘(⊕)을 클릭한 다음 [B3] 셀을 클릭하고 Ctrl+V를 눌러 붙여넣기 합니다. [옵션] 버튼을 클릭한 다음 '값 및 숫자 서식' 아이콘(🗐)을 클릭합니다.

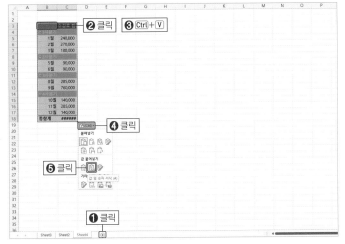

원본 데이터 변경 시 새로고침

실습 파일: 2-S_4

피벗 테이블은 대량의 데이터를 간단하게 요약하는 기능으로 테이블이 만들어지면 원본 데이터와의 연결이 끊어지도록 되어 있습니다. 만약 원본 데이터가 피벗 테이블을 만든 다음 편집되었다면 수동으로 새로 고침해야 합니다.

01. 원본 데이터가 변경되었다면 [피벗테이블분석]–[데이터]–[새로 고침]을 클릭합니다.

02. 계속 사용해야 하는 데이터이면서 자주 원본 데이터가 변경된다면 옵션에서 설정할 수 있습니다. [피벗 테이블 분석] – [피벗 테이블] – [옵션]을 클릭합니다.

03. [피벗 테이블 옵션] 대화상자에서 [데이터] 탭을 선택하고 '파일을 열 때 데이터 새로 고침'에 체크 표시한 다음 [확인] 버튼을 클릭합니다.

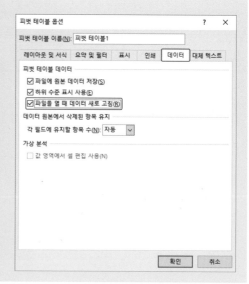

Section

41 빈 행 삽입하기

엑셀 데이터 행 사이에 빈 행을 삽입해야 하는 경우가 있습니다. 데이터가 많을 경우 행을 하나씩 추가하기는 너무 번거로울 것입니다. 이럴 때 정렬을 이용하면 간단하게 행 사이에 빈 행을 삽입할 수 있습니다.

○ Key Word: 빈 행 삽입
실습 파일: 2-41

01. [H4] 셀에 '1'을 입력하고, 채우기 핸들을 더블클릭하여 데이터 끝까지 채웁니다.

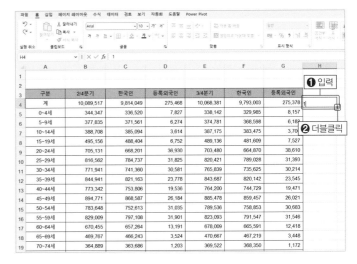

02. 옵션 버튼 아이콘을 클릭한 다음 '연속 데이터 채우기'를 클릭합니다.

03. 선택된 범위 그대로 Ctrl+C를 눌러 복사하고, [H26] 셀을 클릭한 다음 Ctrl+V를 눌러 붙입니다.

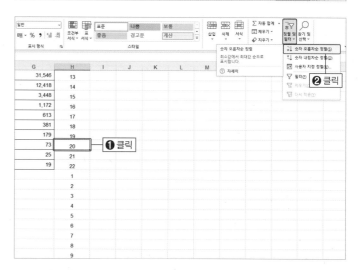

04. H열에서 임의의 셀을 클릭하고 [홈] - [편집] - [정렬 및 필터] - [숫자 오름차순 정렬]을 클릭합니다.

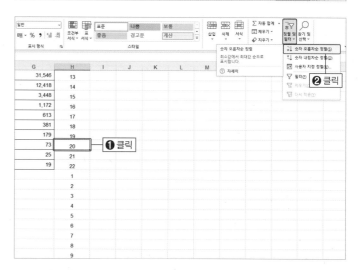

05. 격 행으로 빈 행이 삽입된 것을 확인할 수 있습니다. H열 데이터는 삭제해 줍니다.

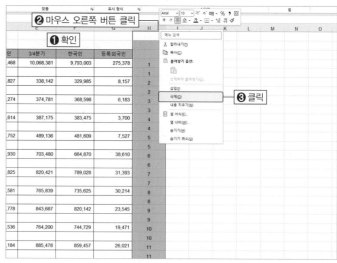

42 분리된 데이터에서 하나의 열로 합치기

외부 시스템에서 작성된 데이터를 엑셀에서 편집할 때 다양한 형식의 데이터가 있습니다. 데이터를 관리하기 위해 데이터가 한 행으로 보이게 나누거나, 한 행에 있는 데이터를 모아서 표현할 수 있어야 합니다. 기능을 활용할 수 있다면 쉽게 변경할 수 있습니다.

◉ Key Word: 빈 행 삽입, 셀 삽입/삭제, 데이터 관리
실습 파일: 2-42

01. 빈 행을 삽입하기 위해 [M4] 셀을 클릭하고, 일련번호를 입력합니다. 복사한 다음 [M96] 셀에 붙여넣기 합니다. [홈]-[편집]-[정렬 및 필터]-[숫자 오름차순 정렬]을 클릭합니다.

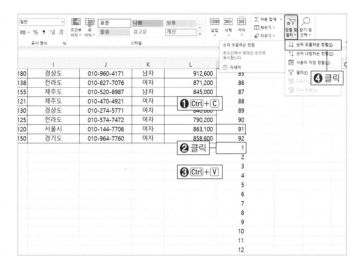

Point

자세한 방법은 Section 41번을 참고하세요.

02. K열과 L열의 셀들을 한 칸씩 아래로 내리기 위해 [K2:L2] 범위를 드래그하여 선택한 다음 마우스 오른쪽 버튼을 클릭하고 삽입을 클릭합니다. [삽입] 대화상자에서 '셀을 아래로 밀기'를 선택한 다음 [확인] 버튼을 클릭합니다.

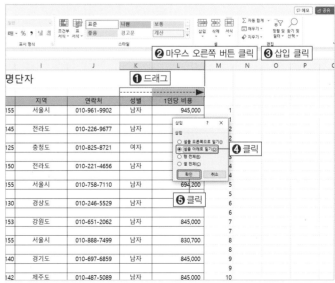

03. '지역' 과 '연락처' 밑으로 '성별', '1인당 비용'을 이동하기 위해 [I5] 셀을 클릭하고 Shift를 누른 채 [J187] 셀을 클릭하여 선택합니다. [홈] - [편집] - [찾기 및 선택] - [이동 옵션]을 클릭합니다.

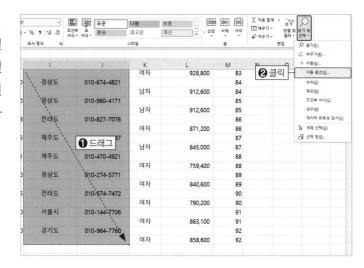

04. [이동 옵션] 대화상자에서 '빈 셀'을 클릭하여 선택합니다.

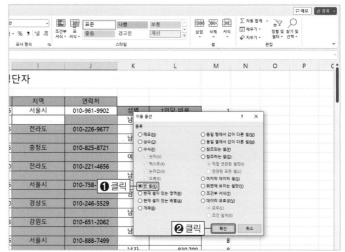

05. 마우스 오른쪽 버튼을 클릭한 다음 [삭제]를 클릭합니다. [삭제] 대화상자에서 '셀을 왼쪽으로 밀기'를 클릭하여 선택합니다.

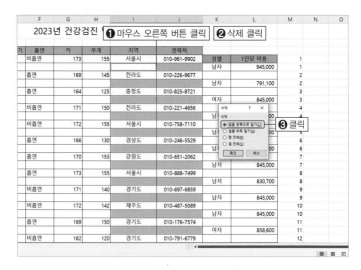

06. K열에서 M열까지 마우스 오른쪽 버튼을 클릭한 다음 [삭제]를 클릭합니다.

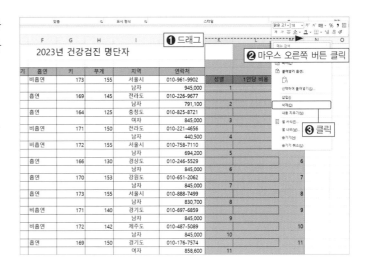

07. [A4:A5] 범위를 드래그하여 선택한 다음 [홈] - [맞춤] - [병합하고 가운데 맞춤]을 클릭합니다. [B4:B5] 범위를 드래그하여 선택한 다음 Ctrl+Y를 눌러 재실행합니다. 같은 방법으로 [C4:C5], [D4:D5], [E4:E5], [F4:F5], [G4:G5], [H4:H5] 범위에 적용합니다.

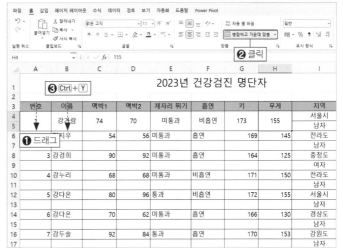

08. 4행부터 5행까지 드래그하여 선택한 다음 [홈] - [클립보드] - [서식 복사]를 클릭합니다. 6행부터 드래그 마지막 행까지 서식을 복사 완료합니다.

Point

행/열 단위로 서식을 복사하면 마우스로 드래그했을 때 마지막 데이터가 되면 속도가 느려지다 멈춥니다.

43 하나의 열에서 데이터 분리하기

외부 데이터를 엑셀에서 편집할 때 피벗 테이블, 정렬, 필터, 통합, 부분합 등 데이터를 관리하기 위해서는 하나의 열에 두 개 이상의 데이터 종류가 있다면 분리하여 한 열에 한 종류의 데이터가 위치하도록 해야 합니다. A열에서 D열까지 두 번씩 반복해서 중복되는 행은 일괄 삭제하는 방법을 알아보겠습니다.

↪ Key Word: 데이터 분리
실습 파일: 2-43

01. [F3] 셀에 '연락처', [G3] 셀에 '1인당 비용'을 입력합니다. [G4] 셀에 '=F5'를 입력합니다.

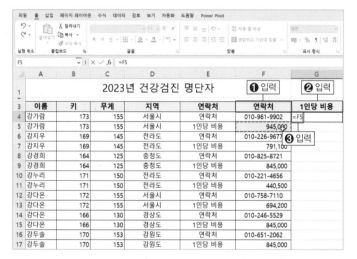

02. [G4:G5] 범위를 드래그한 다음 채우기 핸들을 더블클릭합니다.

Point

수식이 있는 [G4] 셀과 빈 셀 [G5]이므로 수식과 빈 셀이 반복해서 복사됩니다. 작업이 완료될 때까지 범위를 유지하여 진행하는 것이 속도를 높이는 방법입니다.

03. [G4:G187] 범위가 선택되어 있는 상태에서 Ctrl + C을 눌러 복사합니다. 선택된 범위 그대로 Ctrl + V로 붙여넣기한 다음 붙여넣기 옵션에서 [값 📋]을 선택합니다.

Point

중복된 항목인 5행을 삭제할 경우 수식이 입력된 G열에 에러가 표시됩니다. 행을 삭제해도 에러가 발생하지 않도록 수식을 값으로 변경해야 합니다.

04. 중복되는 항목을 삭제하기 위해 [홈] – [편집] – [찾기 및 선택] – [이동 옵션]을 클릭합니다.

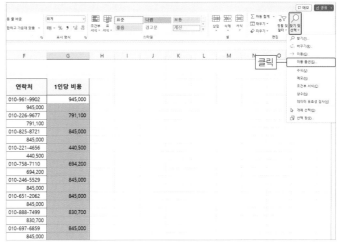

05. [이동 옵션] 대화상자에서 '빈 셀'을 클릭한 다음 [확인] 버튼을 클릭합니다.

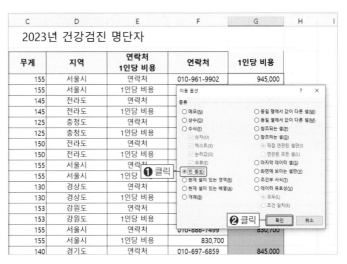

06. 선택된 셀에서 마우스 오른쪽 버튼을 클릭한 다음 [삭제]를 클릭합니다.

07. [삭제] 대화상자에서 [행 전체]를 클릭합니다.

08. 데이터 값이 분리된 것을 알 수 있습니다. 서식을 복사하기 위해 F열을 선택한 다음 [홈] – [클립보드] – [서식 복사]를 클릭합니다. G열을 클릭하여 테두리 서식을 복사한 다음 [홈] – [표시 형식] – [쉼표 스타일]을 클릭합니다.

44 다중 페이지 목록을 하나의 데이터로 편집하기

외부 데이터에서 다운로드한 데이터를 주문일자나 제품번호를 기준으로 분석해야 하는데 엑셀에서 하나의 표로 인식하지 못하는 형태로 분석이 어렵습니다. 병합되어 있는 셀을 병합 해제한 다음 불필요한 빈 열과 반복되는 제목 행을 삭제하는 방법을 알아보겠습니다.

○ Key Word: 데이터 편집, 반복 행 삭제
실습 파일: 2-44

01. D열부터 I열까지 드래그하여 [홈] – [맞춤] – [병합하고 가운데 맞춤]을 클릭하여 병합해제합니다.

02. 빈 열을 삭제하기 위해 E열을 클릭한 다음 Ctrl을 누른 상태에서 G, I열을 클릭합니다. 마우스 오른쪽 버튼을 클릭하여 [삭제]를 클릭합니다.

03. 한 셀에 두 줄 이상의 텍스트가 입력된 것을 한 줄로 변경하기 위해 E열을 선택한 다음 [홈] – [맞춤] – [자동 줄 바꿈]을 클릭합니다.

Point

열을 클릭하여 자동 줄바꿈할 수 없다면 두 번 클릭하여 실행할 수 있습니다.

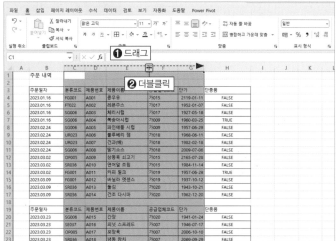

04. C열에서 G열을 선택한 다음 열과 열 사이에 마우스를 위치하여 더블클릭합니다.

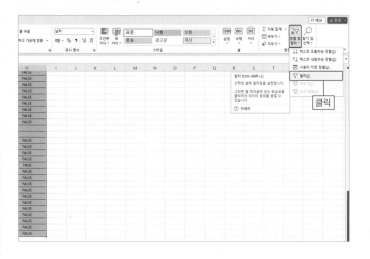

05. 빈 행과 반복되는 제목을 삭제하기 위해 [B3:H93] 범위를 선택한 다음 [홈] – [편집] – [정렬 및 필터] – [필터]를 클릭합니다.

Point

화면이 자동으로 위쪽으로 이동하지 않으면 방향키 ⊟로 이동합니다. 엑셀은 한 개의 표로 인식하는 경우에는 범위를 지정하지 않고 임의의 셀을 클릭한 다음 자동 필터를 적용합니다.

06. '주문일자'의 필터 아이콘(▾)을 클릭한 다음 [모두 선택]을 체크 표시 해제합니다. '주문일자', '필드 값 없음'을 체크 표시한 다음 [확인] 버튼을 클릭합니다. 제목 3행을 제외한 18행부터 77행을 드래그 하여 범위 지정한 다음 마우스 오른쪽 버튼을 클릭한 다음 [행 삭제]를 클릭합니다.

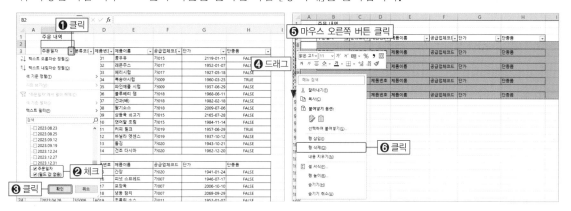

Point

삭제 단축키는 Ctrl+-입니다.

07. '주문일자'에 적용된 필터를 해제하기 위해 필터 아이콘을 클릭한 다음 "주문일자"에서 필터 해제'를 클릭합니다.

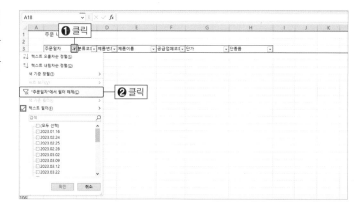

08. 문자로 인식한 B열을 날짜 속성으로 변경하기 위해 B열을 선택한 다음 [홈] – [편집] – [찾기 및 선택] – [바꾸기]를 클릭합니다. [찾기 및 바꾸기] 대화상자에서 '찾을 내용'에 '.', '바꿀 내용'에 '–'를 입력한 다음 [모두 바꾸기]를 클릭합니다.

Point

바꾸기 단축키는 Ctrl+H입니다.

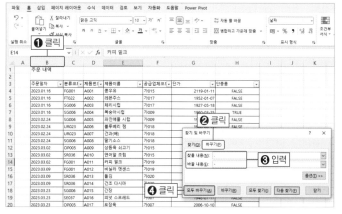

45 고급 필터로 OR 조건 필터링하기

고급 필터는 자동 필터로 하지 못하는 OR의 개념으로 필터링 할 수 있으며, 수식을 사용하여 필터링 하는 것도 가능합니다. 고급 필터 사용법을 알아보겠습니다.

Key Word: OR 개념 필터, 고급 필터
실습 파일: 2-45

01. [2023년] 시트의 [A3] 셀을 클릭하고 Ctrl+A를 눌러 전체를 선택합니다. 이름상자에 '검진자명단'을 입력합니다. [OR_1] 시트의 [B2:C4]를 드래그하여 이름상자에 '조건_1'을 입력합니다. [OR_2] 시트의 [B2:C4]를 드래그하여 이름상자에 '조건_2'을 입력합니다.

Point

이름 정의 시작은 문자나 언더바(_)로 시작합니다(예 : _2023년, 주문_현황).

02. [OR_1] 시트의 [B8] 셀을 클릭하고 [데이터] – [정렬 및 필터] – [고급]을 클릭합니다. [고급 필터] 대화상자에서 '결과'를 '다른 장소에 복사', '목록 범위'를 '검진자명단', '조건 범위'를 '조건_1', '복사 위치'를 '[B8]'로 지정하고 [확인] 버튼을 클릭합니다.

Point

결과를 다른 시트에 복사해야 한다면 결과를 입력해야 하는 시트에서 고급 필터를 시작합니다.

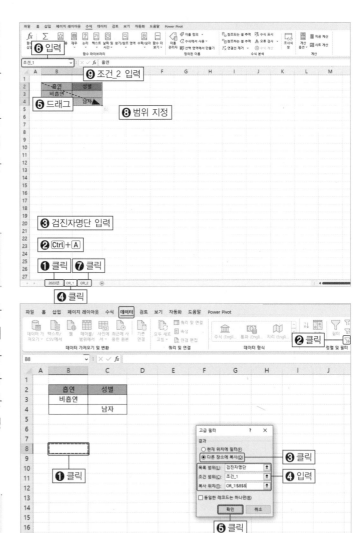

03. 흡연 여부가 '비흡연'이거나 성별이 '남자'인 경우 필터링되어 복사됩니다.

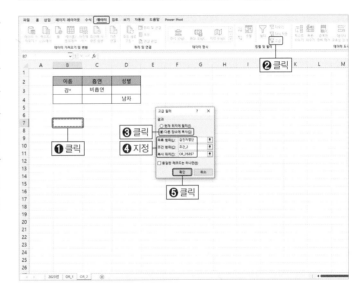

04. [OR_2] 시트의 [B7] 셀을 클릭하고 [데이터] – [정렬 및 필터] – [고급]을 클릭합니다. [고급 필터] 대화상자에서 '결과'를 '다른 장소에 복사', '목록 범위'를 '검진자명단', '조건 범위'를 '조건_2', '복사 위치'를 [B7]로 지정하고 [확인] 버튼을 클릭합니다. 이름이 '강'으로 시작하고 흡연 여부는 '비흡연'이거나 성별이 '남자'인 경우가 필터링되어 복사되었습니다.

LevelUP

고급 필터 조건을 만들 때 규칙 알아보기

- 엑셀의 고급 필터는 조건이 셀에 미리 입력되어 있어야 한다는 점이 중요한 부분입니다. 조건을 입력해야 하는 규칙을 지켜야 그에 맞는 결과값을 확인할 수 있습니다. 규칙을 만드는 조건을 배워보겠습니다.

- 조건을 작성할 필드명을 원본 데이터와 동일하게 입력해야 합니다.

❶ AND조건 : 여러 개의 조건을 같은 행에 입력합니다.
– 흡연 여부가 '비흡연'이고, 성별은 '남자'인 경우 필터링합니다.

흡연	성별
비흡연	남자

❷ OR조건 : 조건 값을 다른 행에 작성합니다.
– 흡연 여부가 '비흡연'이거나, 성별은 '남자'인 경우 필터링합니다.

흡연	성별
비흡연	
	남자

46 매크로 개발 도구 생성 및 준비

매크로를 기록하고 실행하려면 [개발 도구] 탭을 추가해야 합니다. 일반적으로 엑셀을 쓸 경우 개발 도구가 필요하지 않기 때문에 [개발 도구] 탭은 기본 탭이 아니며, 추가 생성 메뉴로 표시할 수 있습니다. [개발 도구] 탭을 추가해 보겠습니다.

⊙ Key Word: 개발 도구

01. [개발 도구] 탭을 표시하기 위해 [파일] – [옵션]을 클릭합니다.

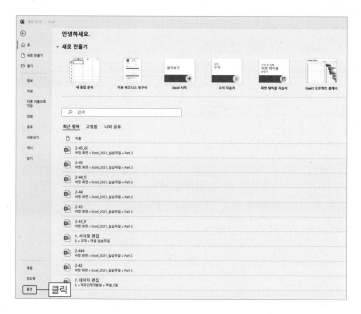

02. [Excel 옵션] 대화상자에서 [리본 사용자 지정]의 범주를 클릭합니다. 오른쪽 리본 메뉴 사용자 지정에서 '개발 도구'에 체크 표시하고 [확인] 버튼을 클릭합니다.

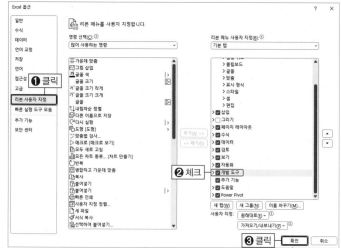

03. [개발 도구] 탭이 추가된 것을 확인할 수 있습니다.

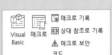

Level UP

[개발도구] 탭 [코드] 그룹 알아보기

- **Visual Basic** : 매크로를 작성하면 VBA 코드로 작성되는 곳이며, Visual Basic 편집기를 표시해서 보거나 편집할 수 있습니다.
- **매크로** : 현재 열려있는 문서에 매크로가 기록된 목록을 대화상자로 볼 수 있습니다.
- **매크로 기록** : [매크로 기록] 대화상자가 표시되며 기록이 시작됩니다.
- **상대 참조로 기록** : [상대 참조로 기록]을 누르지 않은 기본 상태에서는 절대 참조로 기록되며, 이 항목을 눌렀을 때는 선택한 셀 위치에서 상대적으로 움직이는 상대 참조로 매크로가 기록됩니다.
- **매크로 보안** : 매크로가 포함된 문서를 열 때 보안 레벨을 설정할 수 있습니다. 기본적으로 '모든 매크로 제외(알림 표시)'가 선택되어 있습니다.

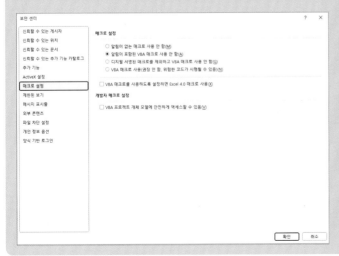

47 매크로 포함 문서 저장하고 열기

매크로를 기록한 통합 문서는 반드시 '매크로 포함 통합 문서'로 저장해야 합니다. 일반적으로 저장하는 파일인 엑셀 통합 문서로 저장하면 매크로는 제외되어 저장됩니다. 또한 매크로가 포함된 통합 문서를 열 때는 [보안 경고창]을 허용해야 매크로를 실행할 수 있습니다.

⟳ Key Word: 매크로 사용 통합 문서
실습 파일: 2-47

01. [보안 경고]가 표시됩니다. 매크로를 실행하기 위해 [콘텐츠 사용] 버튼을 클릭합니다.

Point

처음 매크로가 포함된 엑셀 파일을 열 때는 [보안 경고] 창이 표시되지만, 저장한 다음 같은 파일을 다시 열 때는 보안 경고창이 열리지 않습니다. 그 이유는 엑셀 2010 이상부터 '신뢰할 수 있는 문서 기능'이 추가되었기 때문입니다.

02. 매크로가 포함된 파일이 실행되었습니다.

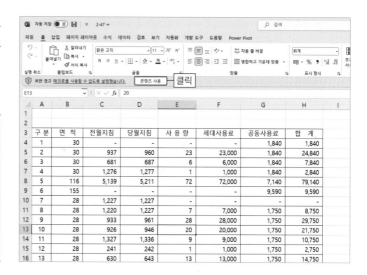

구 분	면 적	전월지침	당월지침	사 용 량	세대사용료	공동사용료	합 계
1	30	-	-		-	1,840	1,840
2	30	937	960	23	23,000	1,840	24,840
3	30	681	687	6	6,000	1,840	7,840
4	30	1,276	1,277	1	1,000	1,840	2,840
5	116	5,139	5,211	72	72,000	7,140	79,140
6	155					9,590	9,590
7	28	1,227	1,227	-	-		-
8	28	1,220	1,227	7	7,000	1,750	8,750
9	28	933	961	28	28,000	1,750	29,750
10	28	926	946	20	20,000	1,750	21,750
11	28	1,327	1,336	9	9,000	1,750	10,750
12	28	241	242	1	1,000	1,750	2,750
13	28	630	643	13	13,000	1,750	14,750

구 분	면 적	전월지침	당월지침	사 용 량	세대사용료	공동사용료	합 계
1	30	-	-		-	1,840	1,840
2	30	937	960	23	23,000	1,840	24,840
3	30	681	687	6	6,000	1,840	7,840
4	30	1,276	1,277	1	1,000	1,840	2,840
5	116	5,139	5,211	72	72,000	7,140	79,140
6	155					9,590	9,590
7	28	1,227	1,227	-	-		-
8	28	1,220	1,227	7	7,000	1,750	8,750
9	28	933	961	28	28,000	1,750	29,750
10	28	926	946	20	20,000	1,750	21,750
11	28	1,327	1,336	9	9,000	1,750	10,750
12	28	241	242	1	1,000	1,750	2,750
13	28	630	643	13	13,000	1,750	14,750
14	28	1,232	1,232	-		1,750	1,750

03. [5월] 시트를 클릭하고 [서식변환] 도형을 클릭합니다. 테두리와 쉼표 스타일이 적용되는 매크로가 실행되는지 확인할 수 있습니다.

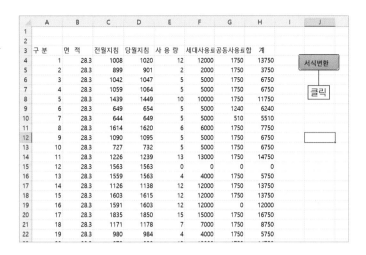

04. 매크로를 포함하여 저장하기 위해 [파일] – [다른 이름으로 저장]을 클릭합니다. 원하는 위치를 클릭하고 파일 이름을 입력합니다. 'Excel 매크로 사용 통합 문서 (*.xlsm)'를 선택하고 [저장] 버튼을 클릭합니다.

보안 경고 메시지 창에서 [콘텐츠 사용]을 허용하지 않았을 경우

매크로가 포함된 파일의 경고 메시지를 허용하지 않은 상태에서 매크로를 실행하면 실행할 수 없다는 메시지가 나타납니다. 반드시 [콘텐츠 사용]을 클릭해야 매크로를 실행할 수 있습니다.

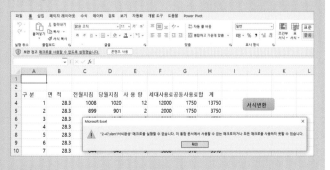

매크로가 적용된 통합 문서를 일반적인 통합 문서로 저장할 경우

매크로를 기록하고 일반적인 '엑셀 통합 문서'로 저장하면 다음과 같은 경고 대화상자를 확인할 수 있습니다. 경고 대화상자에서 매크로를 포함해서 저장하려면 [아니요] 버튼을 클릭하여 형식을 변경하여 저장할 수 있고, 매크로를 포함하지 않고 저장하려면 [예] 버튼을 클릭합니다.

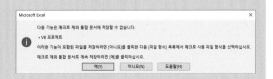

48 상대 참조와 절대 참조의 차이점 알아보기

[개발 도구] – [코드] – [상대 참조로 기록]을 선택한 상태로 매크로를 기록하면 매크로를 실행할 때 현재 커서가 있는 위치에서 상대적으로 위치를 변경하면서 실행하는 매크로를 기록하며, [상대 참조로 기록]을 클릭하지 않은 상태에서는 절대 참조로 매크로가 기록됩니다.

⊙ Key Word: 매크로 기록, 상대 참조, 절대 참조
실습 파일: 2-48_fi

01. 일련번호 숫자 1부터 10까지를 [A1:A10] 범위의 매 시트마다 입력해야 합니다. [A1] 셀을 클릭하고 [개발 도구] – [코드] – [매크로 기록]을 클릭합니다.

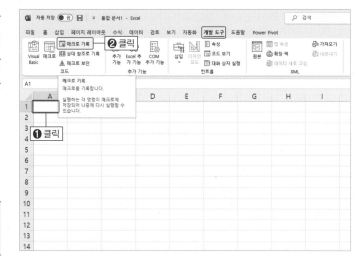

Point

[매크로 기록] 아이콘(📷)은 화면 하단 상태 표시줄에도 있습니다.

02. [매크로 기록] 대화상자에서 '매크로 이름'을 '절대참조', '바로 가기 키'는 'Ctrl+q'로 지정하고 [확인] 버튼을 클릭합니다.

Point

매크로 이름은 공백(띄어쓰기)을 인식하지 못합니다. 바로 가기 키에 'q'만 입력했는데 Ctrl+Shift+Q로 변경되면 Caps Lock이 켜져 있기 때문입니다.

03. [A1] 셀에 숫자 '1'을 입력하고 Ctrl 을 누른 채로 10까지 번호를 입력합니다. [A1] 셀을 다시 클릭하고, [개발 도구] – [코드] – [기록 중지]를 클릭합니다.

Point

기록해야 하는 모든 동작을 마쳤는데 [기록 중지]를 클릭하지 않은 상태로 다시 시작하는 경우가 있습니다. 이러한 경우 무한 루프가 발생하여 프로그램이 중단될 수 있습니다. 매크로로 기록을 모두 마쳤다면 반드시 기록을 중지해야 합니다.

04. [새 시트] 아이콘(⊕)을 클릭하고 매크로 기록 단축키인 Ctrl + Q 를 클릭합니다. 새 시트 [A1:A10] 범위에 1부터 10까지 번호가 입력됩니다.

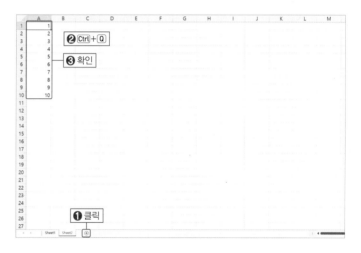

05. 현재 선택된 셀을 기준으로 숫자 1부터 10까지를 입력해야 합니다. [D3] 셀을 클릭하고 [개발 도구] – [코드] – [상대 참조로 기록]과 [매크로 기록]을 클릭합니다.

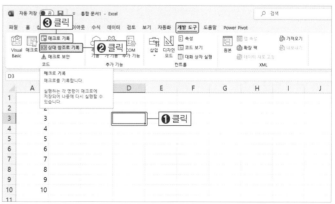

06. [매크로 기록] 대화상자에서 '매크로 이름'을 '상대참조', '바로 가기 키'를 'Ctrl+w'로 지정합니다. [확인] 버튼을 클릭합니다.

07. [C4] 셀에 숫자 '1'을 입력한 후 Ctrl 을 누른 채로 아래로 드래그하여 '10'까지 번호를 입력합니다. [C4] 셀을 다시 클릭하고, [개발 도구] – [코드] – [기록 중지]를 클릭합니다.

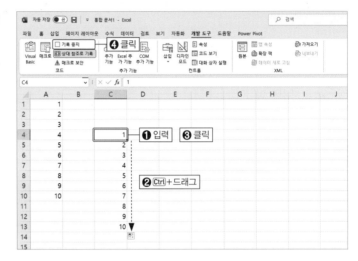

08. 비어있는 임의의 셀을 클릭하고 Ctrl+W를 누르면 1부터 10까지 번호가 입력됩니다.

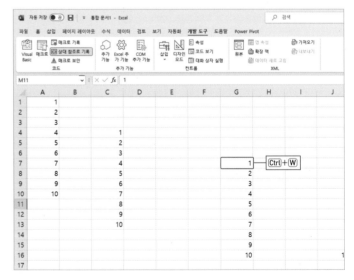

49 절대 참조로 매크로 기록하기

1월부터 12월까지의 시트에 '합계' 텍스트, 합계, 쉼표, 테두리를 지정해야 합니다. 1월에서 매크로를
기록하고 12월까지 적용할 수 있는 매크로를 기록해 보겠습니다.

◑ Key Word: 절대 참조, 매크로 기록
  실습 파일: 2-49

01. 매 시트마다 [H3] 셀을 클릭하고
시작해야 하기 때문에 [H3] 셀이 아닌
임의의 다른 셀 [A1] 셀을 클릭합니다.
[개발 도구] – [코드] – [매크로 기록]
을 클릭합니다.

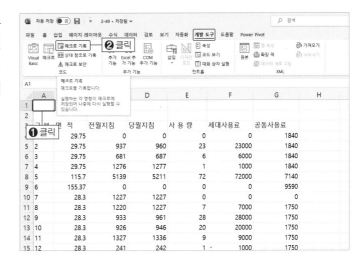

02. [매크로 기록] 대화상자에서 '매크로 이름'을 '시트편집', '바로
가기 키'를 'Ctrl+q'로 지정하고 [확인] 버튼을 클릭합니다.

03. [H3] 셀을 클릭하고 '합계'를 입력합니다. [H4] 셀에 '=SUM(B4:G4)'을 입력하고 수식을 데이터 끝인 [H33] 셀까지 복사합니다.

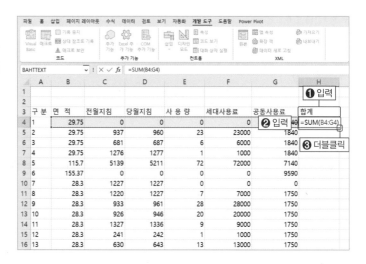

04. [B4:H33] 범위를 선택하고 [홈] – [표시 형식] – [쉼표 스타일 ⁹]을 클릭합니다.

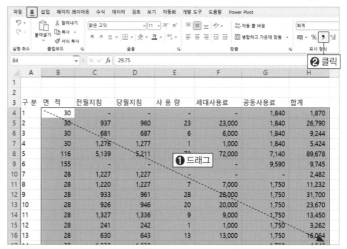

05. [A3:H3] 범위를 선택하고, Ctrl을 누른 채로 [A4:H33] 범위를 선택합니다. [홈] – [글꼴] – [테두리 ▾]를 클릭하고 [모든 테두리]와 [굵은 바깥쪽 테두리]를 순서대로 선택합니다.

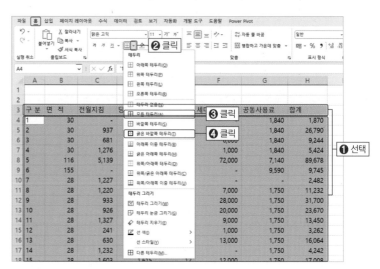

06. [I3] 셀을 클릭하고 [개발 도구] − [코드] − [기록 중지]를 클릭합니다.

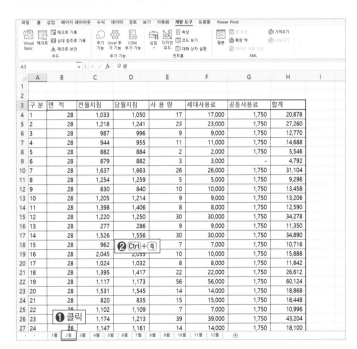

07. [2월] 시트를 클릭하고 Ctrl+q를 누르면 기록된 매크로가 실행되는 것을 확인할 수 있습니다.

08. 매크로 포함 통합 문서로 저장하기 위해 [파일] − [다른 이름으로 저장]을 클릭합니다. 저장 경로를 지정하고 파일 이름을 지정한 다음 'Excel 매크로 사용 통합 문서'를 선택합니다. [저장] 버튼을 클릭합니다.

Section

50 상대 참조로 매크로 기록하기

수행해야 하는 셀의 위치가 유동적으로 변경되어야 한다면 상대 참조로 기록해야 합니다. 상대 참조로 기록하기 위해서는 [상대 참조로 기록]을 클릭한 다음 [매크로 기록]을 실행합니다. 실습을 통해 기록하는 과정을 배워보겠습니다.

G- Key Word: 매크로 기록, 상대 참조로 기록
실습 파일: 2-50

01. 처음 옮겨야 할 셀을 클릭하기 위해 [E4] 셀을 클릭합니다. [개발 도구] – [코드] – [상대 참조로 기록]을 클릭하고, [매크로 기록]을 클릭합니다. [매크로 기록] 대화상자에서 '매크로 이름'을 '셀 이동', '바로 가기 키'는 'Ctrl+w'로 지정한 다음 [확인] 버튼을 클릭합니다.

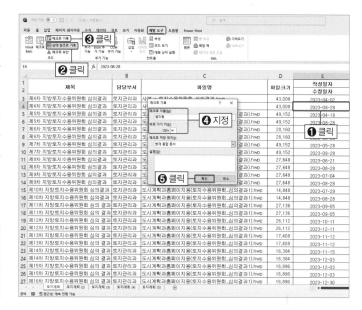

Point

상대 참조로 매크로를 기록하기 때문에 첫 번째 옮겨야할 [E4] 셀을 클릭하고 시작하는 것이 중요합니다.

02. 선택되어 있던 [E4] 셀의 테두리를 드래그하여 [F3] 셀로 이동합니다.

03. 4행을 마우스 오른쪽 버튼으로 클릭하고 [삭제]를 클릭합니다.

04. 다음 이동해야 하는 셀인 [E5] 셀을 클릭하고 [개발도구] – [코드] – [기록 중지]를 클릭합니다. Ctrl+W를 눌러 기록했던 기능이 수행되는 것을 확인할 수 있습니다. 간단하게 매크로를 수정하기 위해 [개발도구] – [코드] – [Visual Basic]을 클릭합니다.

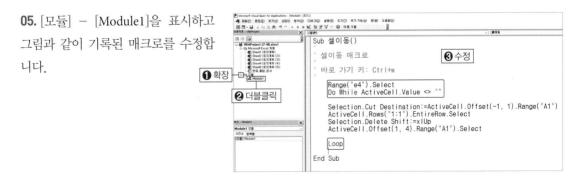

05. [모듈] – [Module1]을 표시하고 그림과 같이 기록된 매크로를 수정합니다.

```
Sub 셀이동()
'
' 셀이동 매크로                          ❸ 수정
'
' 바로 가기 키: Ctrl+w
'
    Range("e4").Select
    Do While ActiveCell.Value <> ""

    Selection.Cut Destination:=ActiveCell.Offset(-1, 1).Range("A1")
    ActiveCell.Rows("1:1").EntireRow.Select
    Selection.Delete Shift:=xlUp
    ActiveCell.Offset(1, 4).Range("A1").Select

    Loop

End Sub
```

```
Sub 셀이동()
' 셀이동 매크로
' 바로 가기 키: Ctrl+w

    Range("E4").Select
    Do While ActiveCell.Value <> ""

    Selection.Cut Destination:=ActiveCell.Offset(-1, 1).Range("A1")
    ActiveCell.Rows("1:1").EntireRow.Select
    Selection.Delete Shift:=xlUp
    ActiveCell.Offset(1, 4).Range("A1").Select
    Loop

End Sub
```

❶ 매크로를 시작합니다.

❷ 작은 따옴표(')가 문장 앞에 있으면 주석문으로 인식되며 초록색으로 표시됩니다. 프로그램 실행문에 영향을 미치지 않습니다.

❸ 첫 번째 이동할 셀인 [E4] 셀을 선택합니다.

❹ 반복문을 시작합니다. 선택한 셀이 빈 셀이 아닐 때까지 기록된 부분이 반복됩니다.

❺ 선택한 셀을 이동합니다. ActiveCell에서 −1행, 1열 이동한 셀을 가상의 [A1] 셀로 설정합니다.

❻ 현재 셀의 행 전체를 선택합니다.

❼ 선택된 행을 삭제합니다.

❽ 다음에 이동할 셀을 선택하는 동작으로 현재 셀에서부터 행 방향으로 한 칸 증가하고, 열 방향으로 네 칸 이동한 셀을 선택합니다.

❾ 반복문을 종료합니다. Do와 Loop가 반복문의 시작과 끝을 의미합니다.

❿ 매크로를 종료합니다.

06. [토지계획(2)] 시트를 선택하고 단축키를 누릅니다.

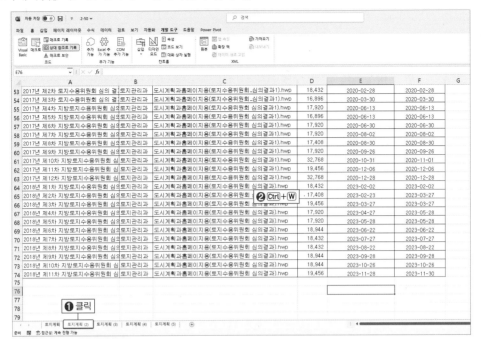

PART

03

복잡한 계산을 쉽게 하는
함수 예제 50가지

엑셀의 꽃이라 부를 수 있는 함수는 가장 핵심적인 기능이지만 배울 때
가장 많은 시간이 소요되는 기능이기도 합니다. 엑셀의 함수란 반복적이고
복잡한 일련의 계산과정을 미리 정해진 수식에 의해 연산되도록 만든
하나의 약속이라 할 수 있습니다.

01 함수의 구조 및 연산자

수식은 등호(=)를 입력하고 시작됩니다. 직접 입력하거나 셀을 참조할 수 있고, 함수를 사용하여 계산할 수 있습니다. 본격적인 함수에 들어가기 전 기본적인 구조를 알고 우선순위를 파악할 수 있습니다.

↪ Key Word: 수식 구조, 함수 구조, 연산자

❶ 수식의 기본 구조

엑셀은 등호(=)를 입력하면 수식으로 인식됩니다. 등호를 먼저 입력하지 않으면 문자 처리됩니다.

$$= A3 * B3 + SUM(C3{:}F3) - 10$$
❶ ❷ ❸   ❹   ❺

❶ 등호 : 수식의 시작을 의미

❷ 참조되어 있는 셀 : 지정하고 있는 셀에 입력되어 있는 숫자로 계산할 수 있습니다.

❸ 연산자 : 더하기, 빼기, 곱하기, 나누기 같은 기본적인 수학 연산을 수행합니다.

❹ 함수 : 복잡한 계산을 규칙에 따른 방법으로 이행하는 것을 의미합니다.

❺ 상수 : 직접 입력한 숫자 또는 문자를 말합니다. 문자는 따옴표(" ")로 묶어서 입력합니다.

❷ 산술 연산자

더하기, 빼기 등 기본적인 수학연산을 수행합니다.

연산자	+	−	*	/	%	^
기능	더하기	빼기	곱하기	나누기	백분율	제곱

❸ 비교 연산자

두 개의 값을 비교하여 계산하며, 계산된 결과에 따라 TRUE, FALSE 값을 반환합니다.

연산자	=	〈〉	〉	〉=	〈	〈=
기능	같다	같지 않다	크다	크거나 같다	작다	작거나 같다

❹ 문자 연결 연산자

개체와 개체를 연결해서 하나로 작성합니다.

연산자	&
기능	연결

❺ 연산자 우선순위

우선순위를 바꾸려면 괄호( )를 사용하여 먼저 계산할 수 있습니다.

우선순위	구분	연산자
1		−
2		%
3	산술 연산자	^
4		*, /
5		+, −
6	연결 연산자	&
7	비교 연산자	=, 〈〉, 〉, 〉=, 〈, 〈=

Special Tip

동시 입력하기

실습 파일: 3-S_1

수식의 결과값을 복사할 때 연결된 범위가 아니면 채우기 핸들로 수식을 복사할 수 없습니다. 그때 사용할 수 있는 방법이 Ctrl + Enter 를 누르는 것입니다. 채우기 핸들과 같은 역할을 합니다.

01. [C5:K13] 셀의 범위를 선택하고 '=$B5*C$4'입력합니다.

02. 수식을 완성한 후 Ctrl + Enter 를 누릅니다.

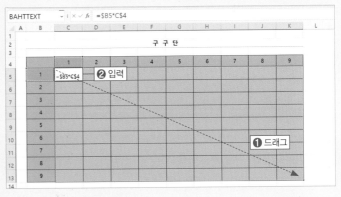

02 참조 셀, 방향에 따라 상대적으로 이동하는 상대 참조

임의의 셀을 클릭하고 수식을 복사하여 이동했을 때 참조값들도 상대적으로 이동하는 것을 상대 참조라고 합니다. [A1] 셀을 클릭하고 수식을 아래쪽 방향으로 복사하면 [A2], [A3], [A4], ...로 이동합니다. [A1] 셀을 클릭하고 수식을 오른쪽 방향으로 복사하면 [B1], [C1], [D1], ...로 이동합니다.

Key Word: 상대 참조, 상대적 이동
실습 파일: 3-2

01. 실입고 수량에서 판매 수량을 뺀 재고를 구하기 위해 [F3] 셀을 클릭합니다. '='을 입력하고 [D3] 셀을 클릭하여 입력합니다. '−'를 입력하고 방향키 □로 [E3] 셀을 입력한 다음 Enter를 누릅니다.

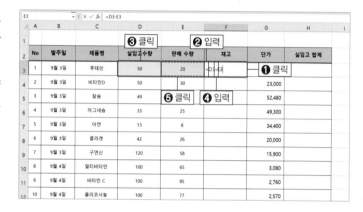

Point

수식 '=D3−E3' (=실입고 수량−판매 수량)방향키□를 눌렀을 때 커서가 움직이면 F2를 누른 다음 다시 방향키 □로 셀 참조합니다.

02. [F3] 셀의 채우기 핸들을 더블클릭합니다. [F19] 셀까지 수식이 복사되어 재고수가 입력됩니다.

03. [F3] 셀의 서식도 함께 복사되어 셀 테두리가 변경됩니다. [자동 채우기 옵션🔽]을 클릭하고 [서식 없이 채우기]를 실행합니다.

Point

엑셀에는 수식과 서식이 있는데 계산하는 것을 제외하고 모든 것을 서식이라 합니다. [서식 없이 채우기]는 서식을 제외한 나머지 수식을 복사하는 것입니다.

04. [H3] 셀을 클릭하고 '=D3*G3'을 입력한 후 Enter를 누릅니다. [H3] 셀의 채우기 핸들을 더블클릭합니다. [H19] 셀까지 수식이 복사되어 실입고 합계가 입력됩니다.

Point

수식 '=D3*G3' '(=실입고수량*단가)

05. 같은 방법으로 [H3] 셀의 서식도 함께 복사되어 셀 테두리가 변경됩니다. [자동 채우기 옵션🔽]을 클릭하고 [서식 없이 채우기]를 실행합니다.

06. [수식] – [수식 분석] – [수식 표시]를 클릭합니다.

07. 수식이 펼쳐져서 보입니다. [D3] 셀을 클릭하고 수식을 아래쪽 방향으로 복사했을 때 [D4, D5, D6, …] 셀로 이동되면서 복사가 된 걸 확인할 수 있습니다.

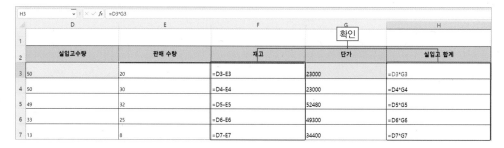

03 참조된 셀, 절대 움직이지 않는 절대 참조

임의의 셀을 클릭하고 수식을 복사하여 이동했을 때 참조된 값이 절대 이동하지 않는 것을 절대 참조라고 합니다. 즉 [A1] 셀을 클릭하고 수식을 아래쪽, 오른쪽 방향으로 복사해도 계속 [A1] 셀을 유지하는 것을 말합니다. 절대 참조를 적용하는 기능키는 F4입니다.

○→ Key Word: 셀 참조, 절대 참조
실습 파일: 3-3

01. 할인율에 따른 금액을 구하기 위해서 [I5] 셀을 클릭합니다. '=H5*(1-I2'를 입력하고 F4를 한 번 눌러 [I2] 셀을 절대값으로 만듭니다. '$I$2'으로 변경되면 ')'를 입력하고 Enter를 누릅니다.

	A	B	C	D	E	F	G	H	I	J
		BAHTTEXT		∨ : × ✓ ƒx	=H5*(1-$I$2)					
1										
2/3								할인율	15%	
4	No	발주일	제품명	실입고수량	판매 수량	재고	단가	실입고 합계	할인금액	
5	1	9월 3일	루테인	50	20	30	23,000	1,150,000	=H5*(1-$I$2)	
6	2	9월 3일	비타민D	50	30	20	23,000	1,150,000		
7	3	9월 3일	칼슘	49	32	17	52,480	2,571,520		

입력

Point

수식 '=H5*(1-$I$2)' (=실입고 합계*(100%-할인율)) 100%와 환산한 숫자 1은 같은 의미입니다.

02. [I5] 셀의 채우기 핸들을 더블클릭합니다. 서식도 함께 복사되어 셀 테두리가 변경됩니다. [자동 채우기 옵션📋] - [서식 없이 채우기]를 실행합니다.

Point

절대값을 지정할 때 '$' 기호를 직접 입력할 수도 있지만 F4를 눌러 참조 유형을 빠르게 변경할 수 있습니다. 상대 참조를 기준으로 F4를 눌러 절대 참조, 행 참조, 열 참조 순서로 순환됩니다.

	=H5*(1-$I$2)						
	D	E	F	G	H	I	J	K
					할인율	15%	
	실입고수량	판매 수량	재고	단가	실입고 합계	할인금액	
	50	20	30	23,000	1,150,000	977,500	
	50	30	20	23,000	1,150,000	977,500	
	49	32	17	52,480	2,571,520	2,185,792	
	33	25	8	49,300	1,626,900	1,382,865	
	13	8	5	34,400	447,200	380,120	
	42	26	16	20,000	840,000	714,000	
	120	58	62	15,900	1,908,000	1,621,800	
	100	65	35	3,080	308,000	261,800	
	100	85	15	2,760	276,000	234,600	
	100	77	23	2,570	257,000	218,450	
	100	76	24	3,430	343,000	291,550	

❶ 더블클릭
❸ 클릭
○ 셀 복사(C)
○ 서식만 채우기(F)
○ 서식 없이 채우기(O)
○ 빠른 채우기(F)
❷ 클릭

03. [수식] – [수식 분석] – [수식 표시]를 클릭합니다. 수식이 펼쳐져서 보입니다. [I2] 셀 수식을 아래쪽 방향으로 복사했을 때 [I2] 셀에 절대값을 지정했기 때문에 셀 참조값이 절대 움직이지 않는 것을 확인할 수 있습니다.

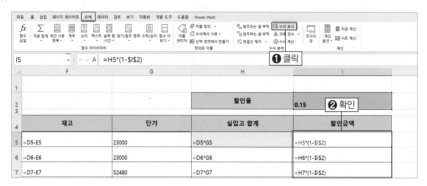

Point

다시 [수식 분석] – [수식 표시]을 클릭하면 수식이 감추어져서 표시되며 단축키는 Ctrl + ` (Esc) 아래 키)입니다.

Level UP

절대 참조하지 않았을 때의 수식 오류

절대 참조를 적용해야 하지만 상대 참조로 적용했을 때 오류입니다. 그러니 수식을 사용했을 때 고정해야 하는 셀 참조값은 F4 를 이용하여 절대 참조를 해 줍니다.

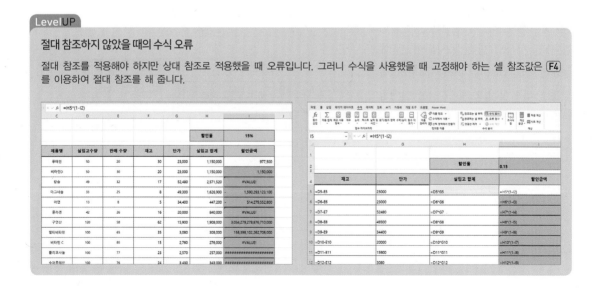

04 행 고정/열 고정 혼합 참조 사용하기

임의의 셀을 클릭하고 수식을 복사하여 이동했을 때 참조된 값이 행만 고정하고 열은 이동하거나, 열은 고정하고 행만 이동하는 경우를 혼합 참조라 합니다. 즉 'A$1' 행이 고정일 때 수식을 아래로 복사해도 1행은 고정되며, '$A1' 열이 고정일 때 오른쪽 방향으로 복사해도 계속 A열은 고정됩니다.

○→ Key Word: 셀 참조, 행 고정, 열 고정
　　실습 파일: 3-4

01. 혼합 참조로 인상률을 구하기 위해 [C5] 셀을 클릭하고 '=B5'를 클릭합니다. F4를 세 번 눌러 열 고정해줍니다. '=$B5'로 변경됩니다.

Point

F4 대신 '$'를 직접 입력해도 되지만 기능키를 누르는 것을 습관화하는 것이 훨씬 편리합니다.

02. '*C4'를 입력하고 F4를 두 번 눌러 행을 고정합니다. '*C$4'로 변경되며 Enter를 눌러 수식을 완성합니다.

Point

'=$B5*C$4'
(=기본요금(열고정)*인상률(행고정))

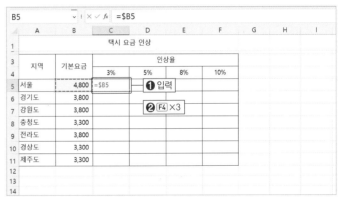

03. [C5] 셀을 클릭하고 채우기 핸들을 [F5] 셀까지 드래그합니다. [C5:F5]를 선택한 상태를 채우기 핸들을 더블클릭합니다. [C5:F11]에 수식이 채워집니다.

Point

더블클릭은 Ctrl+A를 눌렀을 때 하나의 표로 인식하는 세로 형태만 복사가 됩니다. 가로 형태는 더블클릭이 적용되지 않으니 드래그해야 합니다. 대부분 아래 방향의 데이터가 많으니 가로 방향을 먼저 복사한 다음 세로 방향을 차례로 복사합니다.

04. [수식] – [수식 분석] – [수식 표시]를 클릭합니다. 수식이 펼쳐져서 보이며, B열과 4행이 고정된 것을 확인할 수 있습니다.

Point

다시 [수식] – [수식 분석] 그룹의 [수식 표시]을 클릭하면 수식이 감추어져서 표시되며 단축키는 Ctrl+`(Esc 아래 키)입니다.

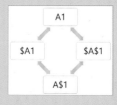

Level UP

기능키 F4 사용하기

기능키 F4를 이용한 참조 형식을 변경함에 따라서 수식에 영향을 미칩니다.

참조	형식	F4	
A1	상대 참조		기능키를 누를 때마다 변경
$A$1	절대 참조	1번	
A$1	행 고정(혼합 참조)	2번	
$A1	열 고정(혼합 참조)	3번	

05 시트 이동하며 수식 이용하기

수식을 사용할 때 현재 통합 문서의 다른 시트를 참조하여 계산하고자 할 때는 '시트명!셀 주소'로 참조 수식을 만듭니다. 다른 통합 문서의 셀을 참조할 때는 파일명을 '=[파일명]시트명!셀 주소'로 참조 수식이 만들어집니다.

○- Key Word: 시트 참조, 파일 참조
　　실습 파일: 3-5

01. 잡곡 수량을 가져오기 위해 [배송지 집계] 시트의 [C4] 셀에 '='을 입력합니다.

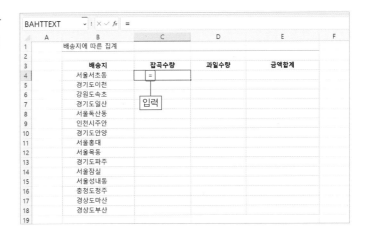

02. [잡곡] 시트를 클릭하고 [E4] 셀을 클릭합니다. Enter를 누르면 [잡곡] 시트 수량 데이터가 똑같이 표시됩니다.

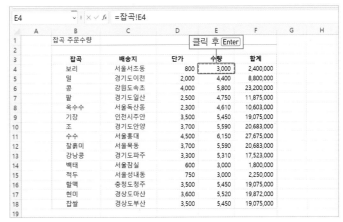

Point

시트명이나 파일명에 숫자로 시작하거나 공백이 포함되어 있는 경우 작은 따옴표(' ')안에 시트명(='1잡곡'!E4) 또는 파일명(='[3-1.xlsx]발주처'!$G$3)과 같이 표시됩니다.

---

03. 같은 방법으로 [배송지 집계] 시트의 [D4] 셀에 '='을 입력합니다. [과일] 시트를 클릭하고 [E4] 셀을 클릭한 후 Enter를 누릅니다.

04. [C4:D4] 셀의 범위를 선택하고 채우기 핸들에 마우스 포인터를 위치한 상태에서 더블클릭합니다.

05. 배송지 집계 시트의 금액을 구하기 위해 [배송지 집계] 시트의 [E4] 셀에 '='을 입력합니다.

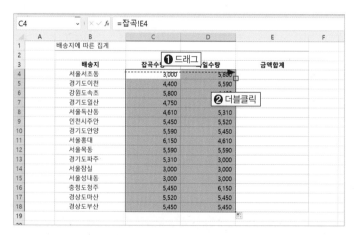

06. [잡곡] 시트를 클릭하고 [F4] 셀을 클릭합니다. '+'를 입력합니다.

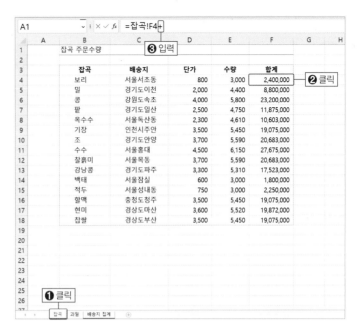

07. [과일] 시트에서 [F4] 셀을 클릭하고 Enter 를 누릅니다. [E4] 셀의 채우기 핸들을 더블클릭합니다.

Section

06 이름 정의하고 수식 사용하기

수식에서 절대 참조를 사용할 때 기능키를 이용하거나 직접 입력하여 '$'를 표시한다는 것을 배웠습니다. 그것과 같은 역할을 하는 이름 정의 방법을 알아보겠습니다. 이름을 정의하는 이유는 시트를 이동해야 하거나 같은 범위에 대해 함수를 쓸 때 마다 지정하거나 수식을 사용할 때 수식이 길어지는 불편함을 해결하기 위함입니다.

🔾 Key Word: 이름 정의, 절대 참조
실습 파일: 3-6

Level UP

이름 정의

- 이름 정의 수식과 일반적인 수식
  ❶ 일반수식 =A3*B3*(1-$B$1)
  ❷ 이름 정의 수식 =A3*B3*(1-할인율)

- 이름을 정의하는 방법 세 가지 알아보기
  ❶ 범위를 지정하고 [이름상자]에 이름을 입력한 다음 Enter 누르기
  ❷ 제목과 범위 지정하고 [수식] – [정의된 이름] – [선택 영역에서 만들기] 클릭
  ❸ [수식] – [정의된 이름] – [이름 정의]를 이용하여 범위를 지정하거나 수식을 사용해서 만들기

- [수식] 탭 – [정의된 이름] – [수식에서 사용]을 클릭하면 정의된 이름을 확인하거나 수식에 입력할 수 있습니다.

01. 잡곡 시트의 수량 이름을 정의하기 위해 [잡곡] 시트를 선택하고, [E4:E18] 범위를 선택합니다. [이름 상자]에 '잡곡수량'을 입력하고 Enter를 누릅니다.

Point

이름을 정의할 때 첫 글자는 문자 (가,나,다.... A,B,C, ...) 등으로 시작하며, 공백이나 특수 문자는 사용할 수 없습니다. 하지만 언더바(_)는 사용할 수 있습니다.

02. 같은 방법으로 [과일] 시트를 선택하고 [E4:E18]을 선택합니다. [이름 상자]에 '과일수량'을 입력하고 Enter 를 누릅니다.

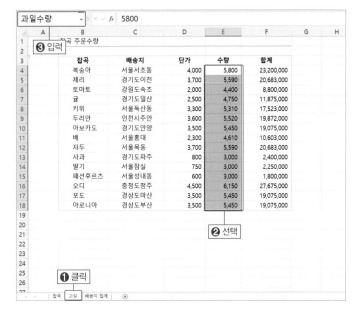

03. [배송지 집계]를 클릭하고 [C4] 셀을 클릭합니다. '=잡곡수량+과일수량'을 입력합니다.

Point

[수식] – [정의된 이름] 그룹의 [수식에서 사용]에서 정의된 이름을 클릭해도 됩니다.

04. 빠른 채우기 기능으로 채우기 핸들을 복사하지 않아도 수식이 데이터 끝까지 복사됩니다. [C5:C18] 범위를 선택한 다음 [홈] – [표시 형식] – [쉼표 스타일]을 클릭합니다.

Point

빠른 채우기 기능은 엑셀 2013부터 있지만 이름 정의한 수식을 빠른 채우기로 된 것은 엑셀 2021부터 가능합니다.

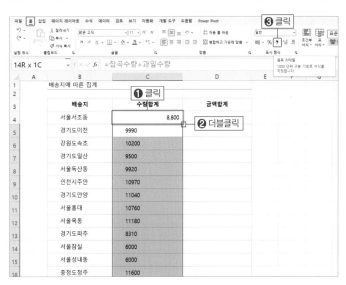

Section

07 자동 합계 구하기

집단에 대한 소계에서 소계와 합계를 새로운 시트에 집계를 해야 한다면 어떻게 하는 게 제일 빠르고 정확한지 배워 보겠습니다.

⊙ Key Word: 자동 합계, 이동 옵션, 빈 셀
실습 파일: 3-7

01. 학력에 따른 소계를 구하기 위해서 [F26:K106] 범위를 선택합니다.

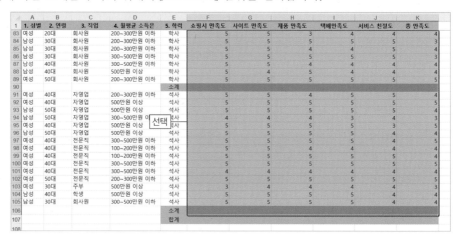

Point

합계를 빼고 소계까지만 선택합니다. 소계와 합계를 각각 Ctrl을 누른 상태로 선택해야 합니다. 소계와 합계를 같이 선택한 상태로 [이동 옵션]에서 '빈 셀'을 선택하면 연결된 범위이기 때문에 한 번에 드래그한 것 같이 선택됩니다.

02. [홈] – [편집] – [찾기 및 선택] – [이동 옵션]을 클릭합니다.

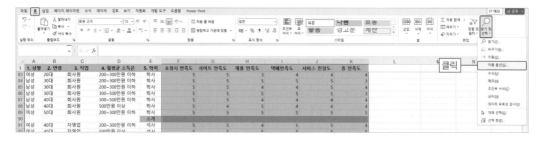

03. [이동 옵션] 대화상자에서 '빈 셀'을 선택하고 [확인] 버튼을 클릭합니다.

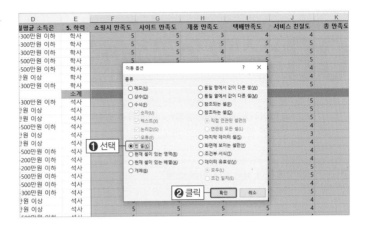

04. 소계까지 빈 셀이 선택되면 Ctrl를 누른 상태에서 [F107:K107] 범위를 추가 선택합니다.

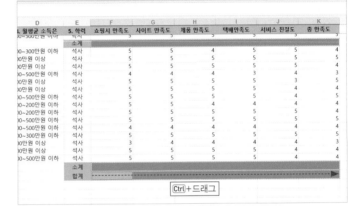

Point

자동 합계에 있는 함수는 편집 중인 셀의 왼쪽 위쪽의 숫자 상수 모두를 계산하는 특징이 있습니다.

05. [홈] – [편집] – [합계∑]를 클릭합니다.

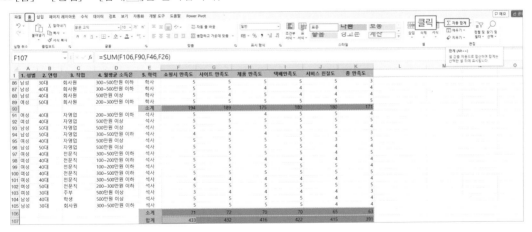

Point

소계 각각의 첫 번째 데이터에 빈 셀이 있는 경우라면 합계해야 할 범위와 소계 범위를 같이 지정하여 합계를 구해야 합니다.

08 수식만 연결하여 붙여넣기

데이터를 복사하는 방법은 여러 가지 있습니다. 그중에서도 연결하여 붙여넣기는 원본 데이터가 편집되면 연결된 데이터도 바로 수정됩니다.

Key Word: 연결하여 붙여넣기, 수식 선택
실습 파일: 3-8

01. [설문지 응답 시트]를 선택하고 복사하기 위한 범위를 선택하기 위해 [홈] – [편집] – [찾기 및 선택] – [수식]을 클릭합니다.

Point

[편집] – [찾기 및 선택] – [수식]은 현재 시트의 수식이 입력된 셀을 모두 선택합니다.

02. 수식이 적용된 셀이 모두 선택되었습니다. Ctrl+C를 눌러 복사합니다.

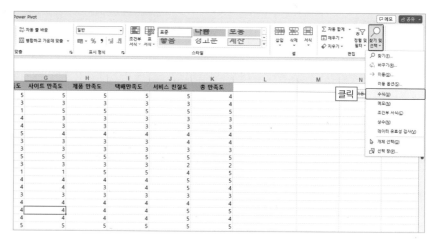

03. [결과] 시트의 [C4] 셀을 마우스 오른쪽 버튼으로 클릭한 다음 [연결하여 붙여넣기 📋]를 클릭합니다.

04. 수식 입력줄에 '='설문지 응답 시트'!F26'가 입력되는 것을 확인할 수 있습니다. [설문지 응답 시트] 각각의 소계와 연결되어 있습니다.

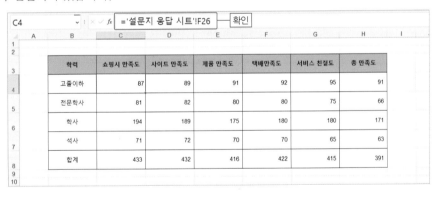

학력	쇼핑시 만족도	사이트 만족도	제품 만족도	택배만족도	서비스 친절도	총 만족도
고졸이하	87	89	91	92	95	91
전문학사	81	82	80	80	75	66
학사	194	189	175	180	180	171
석사	71	72	70	70	65	63
합계	433	432	416	422	415	391

Point

연결되어 있기 때문에 [설문지 응답 시트]의 소계가 변경되면 [결과] 시트 값도 자동으로 변경됩니다.

09 표 서식에서 계산하고 요약 행 추가하기

표 서식을 적용했을 때는 수식이 구조적 참조 방식을 사용합니다. 기존의 수식을 사용하던 방식이 아니라 열 머리글을 사용하기 때문에 표 안에 데이터가 수정, 추가, 삭제되어도 자동으로 셀 참조가 조정되어 매우 유용합니다.

G- **Key Word:** 표 서식, 구조적 참조, 요약 행
실습 파일: 3-9

01. 계산을 하기 위해 [F4] 셀을 클릭하고 '='을 입력합니다. [D4] 셀을 클릭하고 '*'를 입력한 다음 [E4] 셀을 클릭합니다. '=[@단가]*[@수량]'으로 입력됩니다.

	잡곡	배송지	단가	수량	합계
4	복숭아	서울서초동	4,000	5,800	=[@단가]*[@수량]
5	체리	경기도이천	3,700	5,590	
6	토마토	강원도속초			
7	귤	경기도일산			
8	키위	서울독산동	3,300	5,310	
9	두리안	인천시주안	3,600	5,520	
10	아보카도	경기도안양	3,500	5,450	
11	배	서울홍대	2,300	4,610	
12	자두	서울목동	3,700	5,590	
13	사과	경기도파주	800	3,000	
14	딸기	서울잠실	750	3,000	
15	패션후르츠	서울성내동	600	3,000	
16	오디	충청도청주	4,500	6,150	
17	포도	경상도마산	3,500	5,450	

02. Enter를 누르면 열 전체의 수식이 모두 적용됩니다.

Point

[@열 머리글]은 해당 열의 한 개의 셀을 의미합니다. 그렇기 때문에 수식을 사용하면 열과 열의 계산으로 수식을 복사하지 않아도 입력이 완료됩니다.

F5 =[@단가]*[@수량]

	잡곡	배송지	단가	수량	합계
4	복숭아	서울서초동	4,000	5,800	23,200,000
5	체리	경기도이천	3,700	5,590	20,683,000
6	토마토	강원도속초	2,000	4,400	8,800,000
7	귤	경기도일산	2,500	4,750	11,875,000
8	키위	서울독산동	3,300	5,310	17,523,000
9	두리안	인천시주안	3,600	5,520	19,872,000
10	아보카도	경기도안양	3,500	5,450	19,075,000
11	배	서울홍대	2,300	4,610	10,603,000
12	자두	서울목동	3,700	5,590	20,683,000
13	사과	경기도파주	800	3,000	2,400,000
14	딸기	서울잠실	750	3,000	2,250,000
15	패션후르츠	서울성내동	600	3,000	1,800,000
16	오디	충청도청주	4,500	6,150	27,675,000
17	포도	경상도마산	3,500	5,450	19,075,000

03. 열을 추가하기 위해 [G3] 셀을 클릭하고 '부가가치세'를 입력한 다음 열 너비를 조정합니다.

Point

열의 서식이 자동으로 복사됩니다.

04. [G4] 셀을 클릭하고 '=[@합계]* 10%'을 입력한 후 Enter 를 누릅니다.

05. [테이블 디자인] – [표 스타일 옵션] – [요약 행]을 클릭합니다.

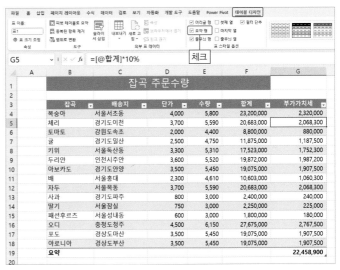

06. [G19] 셀 목록 버튼(▼)을 눌러 평균으로 변경한 다음 채우기 핸들을 [D19] 셀까지 드래그합니다.

	잡곡 주문수량				
	잡곡	배송지	단가	수량	합계	부가가치세
복숭아	서울서초동	4,000	5,800	23,200,000	2,320,000
체리	경기도이천	3,700	5,590	20,683,000	2,068,300
토마토	강원도속초	2,000	4,400	8,800,000	880,000
귤	경기도일산	2,500	4,750	11,875,000	1,187,500
키위	서울독산동	3,300	5,310	17,523,000	1,752,300
두리안	인천시주안	3,600	5,520	19,872,000	1,987,200
아보카도	경기도안양	3,500	5,450	19,075,000	1,907,500
배	서울홍대	2,300	4,610	10,603,000	1,060,300
자두	서울목동	3,700	5,590	20,683,000	2,068,300
사과	경기도파주	800	3,000	2,400,000	240,000
딸기	서울잠실	750	3,000	2,250,000	225,000
패션후르츠	서울성내동	600	3,000	1,800,000	180,000
오디	충청도청주	4,500	6,150	27,675,000	2,767,500
포도	경상도마산	3,500	5,450	19,075,000	1,907,500
아로니아	경상도부산	3,500	5,450	19,075,000	1,907,500
요약					22,458,900

❷ 드래그

없음
평균
개수
숫자 개수
최대
최소
합계
표본 표준 편차
표본 분산
함수 추가...

❶ 클릭

과일

07. 요약행이 있더라도 표의 데이터에 행을 추가하기 위해 [G18]을 클릭한 후 Tab을 누릅니다.

	잡곡 주문수량				
	잡곡	배송지	단가	수량	합계	부가가치세
복숭아	서울서초동	4,000	5,800	23,200,000	2,320,000
체리	경기도이천	3,700	5,590	20,683,000	2,068,300
토마토	강원도속초	2,000	4,400	8,800,000	880,000
귤	경기도일산	2,500	4,750	11,875,000	1,187,500
키위	서울독산동	3,300	5,310	17,523,000	1,752,300
두리안	인천시주안	3,600	5,520	19,872,000	1,987,200
아보카도	경기도안양	3,500	5,450	19,075,000	1,907,500
배	서울홍대	2,300	4,610	10,603,000	1,060,300
자두	서울목동	3,700	5,590	20,683,000	2,068,300
사과	경기도파주	800	3,000	2,400,000	240,000
딸기	서울잠실	750	3,000	2,250,000	225,000
패션후르츠	서울성내동	600	3,000	1,800,000	180,000
오디	충청도청주	4,500	6,150	27,675,000	❶ 클릭 767,500
포도	경상도마산	3,500	5,450	19,075,000	1,907,500
아로니아	경상도부산	3,500	5,450	19,075,000	1,907,500
요약		2,817	4,871	14,972,600	1,497,260

❷ Tab

08. 데이터의 마지막 셀에서 Tab을 누른 만큼 행이 추가된 것을 확인할 수 있습니다.

	잡곡 주문수량				
	잡곡	배송지	단가	수량	합계	부가가치세
복숭아	서울서초동	4,000	5,800	23,200,000	2,320,000
체리	경기도이천	3,700	5,590	20,683,000	2,068,300
토마토	강원도속초	2,000	4,400	8,800,000	880,000
귤	경기도일산	2,500	4,750	11,875,000	1,187,500
키위	서울독산동	3,300	5,310	17,523,000	1,752,300
두리안	인천시주안	3,600	5,520	19,872,000	1,987,200
아보카도	경기도안양	3,500	5,450	19,075,000	1,907,500
배	서울홍대	2,300	4,610	10,603,000	1,060,300
자두	서울목동	3,700	5,590	20,683,000	2,068,300
사과	경기도파주	800	3,000	2,400,000	240,000
딸기	서울잠실	750	3,000	2,250,000	225,000
패션후르츠	서울성내동	600	3,000	1,800,000	180,000
오디	충청도청주	4,500	6,150	27,675,000	2,767,500
포도	경상도마산	3,500	5,450	19,075,000	1,907,500
아로니아	경상도부산	3,500	5,450	19,075,000	1,907,500
				-	-
				-	-
				-	-
요약		2,817	4,871	12,477,167	1,247,717

Point

요약행에 평균을 선택했기 때문에 수치값은 입력되어 있지 않으나 전체 개수가 늘어나서 평균의 결과값이 바뀌는 것을 알 수 있습니다.

Section

10 LARGE, SMALL함수

MAX 함수는 최대값, MIN 함수는 최소값, LARGE 함수는 몇 번째로 큰 값, SMALL 함수는 몇 번째로 작은 값을 구할 때 쓰입니다. 즉, 상위 등수와 하위 등수의 점수를 구할 수 있는 LARGE, SMALL 함수를 알아보겠습니다.

➡ Key Word: LARGE, SMALL
실습 파일: 3-10

함수 익히기 : LARGE, SMALL

함수 형식	=LARGE(array, k) =LARGE(범위, 몇 번째) =SMALL(array, k) =SMALL(범위, 몇 번째)
인수	• array : 비교할 숫자 데이터가 입력된 셀 범위입니다. • k : 몇 번째로 큰 값 또는 작은 값을 계산할지 숫자로 번호를 입력하거나 셀 값을 지정합니다.

01. 상위점수를 구하기 위해 [J4] 셀을 클릭하고 [수식] – [함수 라이브러리] – [함수 더 보기] – [통계] – [LARGE] 를 클릭합니다.

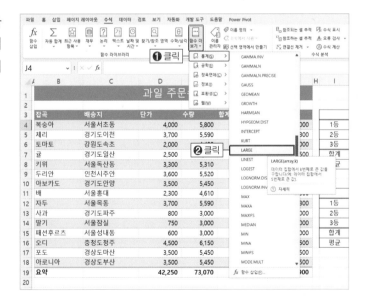

02. [함수 인수] 대화상자에서 Array 인수에 '$F$4:$F$18'의 범위를 선택하고 F4를 눌러 절대 참조로 변경합니다. K 인수에 'I4'셀을 클릭하고 [확인] 버튼을 클릭합니다.

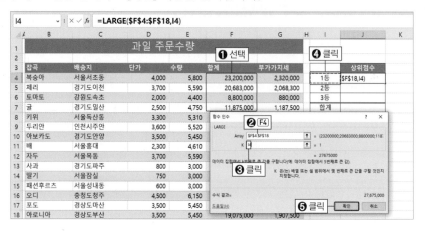

Point

완성 수식 '=LARGE($F$4:$F$18,I4)' 함수마법사 대화상자에서 다음 칸으로 이동하기 위해서 Tab을 누릅니다.

03. [J5:J6] 셀까지 수식을 복사하고, [자동 채우기 옵션] – [서식 없이 채우기]를 클릭합니다.

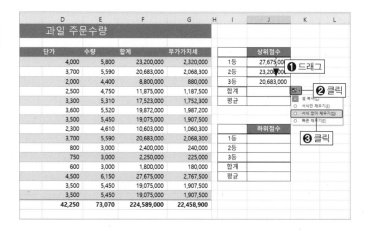

04. 같은 방법으로 [J12] 셀을 클릭하고 [수식] – [함수 라이브러리] – [함수 더 보기] – [통계] – [SMALL]을 클릭합니다.

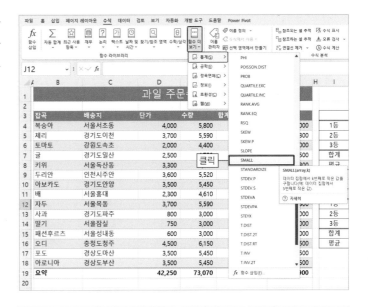

05. [함수 인수] 대화상자에서 Array를 '$F$4:$F$18', K를 'I12'셀을 지정합니다. [확인]을 클릭하고, [J13:J14]까지 수식을 복사합니다. [자동 채우기 옵션] – [서식 없이 채우기]를 클릭합니다.

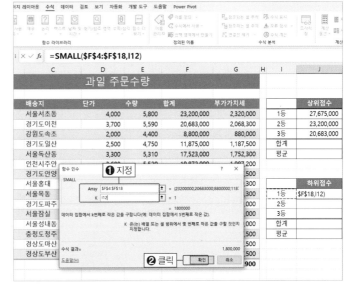

Point

완성 수식 '=small($F$4:$F$18,I12)'

11 중간값, 최빈값 구하기 - MEDIAN/MODE.SNGL

MEDIAN은 최대값과 최소값처럼 중간값을 구하는 함수로 데이터 범위의 중간에 놓인 값을 말합니다. 구해야 할 값이 짝수일 경우 중간 두 개 값의 평균을 구합니다. 즉 2, 4, 6, 9의 중간값은 4와 6의 평균값인 5가 됩니다. 그리고 MODE.SNGL 함수는 최빈값이라 하며 가장 많이 표시된 빈도수를 말합니다.

↪ Key Word: 중간값 함수, MEDIAN, 최빈값 함수, MODE
실습 파일: 3-11

함수 익히기 : MEDIAN, MODE.SNGL(MODE)

함수 형식	=MEDIAN(number1, [number2], ...) =MEDIAN(범위1, [범위2], ...)
	=MODE.SNGL(number1, [number2], ...) =MODE.SNGL(범위1, [범위2], ...) – MODE 함수는 2007 이하 사용함수입니다.
인수	• number : 숫자 데이터가 입력된 셀 또는 범위입니다. – 함수 설명에 [ ] 가 있으면 생략 가능한 인수입니다.

01. 중간값을 구하기 위해 [I6] 셀을 클릭한 후 '=m'을 입력합니다. 'M'으로 시작하는 함수들이 나열됩니다. 나열되는 함수 중에 'MEDIAN'을 더블클릭합니다.

Point

나열된 함수를 시작할 때는 마우스는 더블클릭하고, 키보드에서는 Tab을 누릅니다.

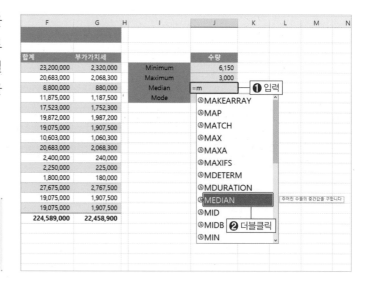

02. [E4:E18] 범위를 선택하고 Enter를 누릅니다.

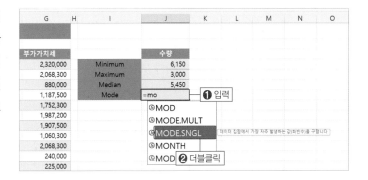

Point

완성 수식 '=MEDIAN(E4:E18)' 1개의 괄호만 사용했을 경우에는 닫는 괄호 ')'를 입력하지 않고 Enter를 누르면 자동으로 괄호가 닫히고 결과를 확인할 수 있습니다.

03. 최빈값을 구하기 위해 '=mo'를 입력합니다. 'm'만 입력하면 MODE 함수가 한눈에 보이지 않기 때문에 두개의 글자를 입력한 것입니다. 나열된 함수에서 'MODE.SNGL'을 선택하고 Tab을 누릅니다.

Point

빈도가 높은 값을 구하는 것인데 하나의 값만 구하려면 'MODE.SNGL(single)', 여러 개의 값을 구한다면 'MODE. MULT(multi)'를 선택합니다. 엑셀 2007까지는 MODE 함수였고, 엑셀 2010부터 MODE 함수 기능이 나눠지면서, MODE.SNGL 함수로 기존 MODE 함수와 동일한 기능을 사용할 수 있습니다.

04. 함수가 시작되면 [E4:E18] 범위를 선택하고 Enter를 누릅니다.

E4			fx	=MODE.SNGL(E4:E18						
A	B	C	D	E	F	G	H	I	J	K	L
1			과일 주문수량							
2										
3	잡곡	배송지	단가	수량	합계	부가가치세			수량	
4	복숭아	서울서초동	4,000	5,800	23,200,000	2,320,000		Minimum	6,150	
5	체리	경기도이천	5,590	❶드래그	2,068,300		Maximum	3,000	
6	토마토	강원도속초	4,400	❷Enter	880,000		Median	5,450	
7	귤	경기도일산	2,500	4,750	11,875,000	1,187,500		Mode	=MODE.SNGL(E4:E18	
8	키위	서울독산동	3,300	▼310	17,523,000	1,752,300			MODE.SNGL(number1, [number2]...)	

Point

완성 수식 '=MODE.SNGL(E4:E18)'

12 반올림, 올림, 내림하기-ROUND, ROUNDUP, ROUNDDOWN

ROUND 계열 함수는 INT 함수와 다르게 정수 쪽에서도 반올림(ROUND), 올림(ROUNDUP), 내림
(ROUNDDOWN) 할 수 있습니다. 그러기 위해서는 자릿값을 알아야 하는데 지금부터 배워 보겠습니다.

ⓒ Key Word: ROUND 함수, ROUNDUP 함수, ROUNDDOWN 함수
실습 파일: 3-12

함수 익히기 : ROUND, ROUNDUP, ROUNDDOWN

함수 형식	=ROUND(number, num_digits) =ROUND(수식이나 수, 자릿수)
	=ROUNDUP(number, num_digits) =ROUNDUP(수식이나 수, 자릿수)
	=ROUNDDOWN(number, num_digits) =ROUNDDOWN(수식이나 수, 자릿수)

인수	• number : 숫자, 입력될 셀 주소, 수식을 입력할 수 있습니다. • num_digits : 자릿수를 지정합니다.

백의 자리	십의 자리	일의 자리	0의 자리	소수 첫째	소수 둘째
−3	−2	−1	0	1	2

01. 평균수량을 십의 자리에서 반올림하기 위해 [G5] 셀을 클릭하고 '=ro'를 입력합니다. ROUND 함수를
선택하고 Tab 을 눌러 함수를 표시합니다.

02. ROUND 함수 안에서 평균을 구하기 위해 다시 'av'를 입력하여 'AVERAGE' 함수를 표시합니다.

03. 평균에서 [D5:F5] 범위를 선택하고 ')'를 입력합니다. 십의 자리에서 반올림하기 위해서 ', −2)'를 입력합니다. Enter를 누릅니다.

Point

=ROUND(AVERAGE(D5:F5),−2) AVERAGE 함수의 평균을 구하는 작업이 끝났으므로 함수의 끝을 알리는 괄호 ')'를 입력합니다.

04. [G5] 셀을 클릭하고 채우기 핸들을 더블클릭합니다. 수식을 복사하고 [자동 채우기 옵션] – [서식 없이 채우기]를 클릭합니다.

05. 평균 비율을 소수 둘째 자리에서 내림하기 위해서 '=ro'를 입력하고 ROUNDDOWN 함수를 선택하여 실행합니다.

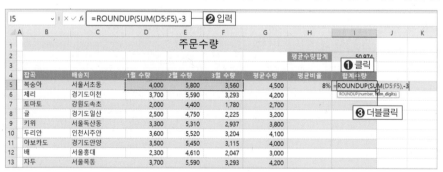

06. '=ROUNDDOWN(G5/$I$2,2)' 평균수량을 평균수량합계로 나누고, 소수 둘째 자리에서 내림합니다.

07. 같은 방법으로 1월부터 3월까지의 수량의 합계를 백의 자리에서 올림합니다. [D5:F5] 범위를 선택하고 채우기 핸들을 더블클릭해서 수식을 복사합니다. [자동 채우기 옵션] – [서식 없이 채우기]를 클릭합니다.

Point

완성 수식 '=ROUNDUP(SUM(D5:F5),–3)'

13 ROW, SUMPRODUCT 함수

ROW는 행의 번호를 알려주는 함수입니다. 그것을 이용해서 일련번호를 매길 수 있습니다. ROW 함수의 장점은 데이터가 삭제되거나 삽입되더라도 일련번호의 변화없이 행에 의해 번호가 매겨진다는 것입니다. SUMPRODUCT는 각각의 배열 또는 범위의 대응하는 값끼리 곱해서 다시 더해주는 함수입니다.

Key Word: ROW 함수, SUMPRODUCT 함수
실습 파일: 3-13

함수 익히기 : ROW, SUMPRODUCT

함수 형식	=ROW([reference]) =ROW([셀 또는 범위]) =SUMPRODUCT(array1, [array2], …) =SUMPRODUCT(범위1, [범위2], …)
인수	• reference : 행 번호를 구하려는 셀 또는 범위를 나타냅니다. • array : 계산하려는 범위를 구합니다.

01. 일련번호를 매기기 위해 [B14] 셀에 '=row()'를 입력합니다.

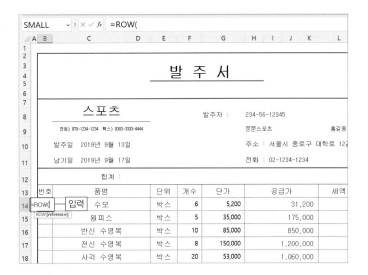

02. 현재 14행에서 수식을 사용했기 때문에 ROW 함수의 결과값은 14입니다. 1로 변경하기 위해 '−13'을 입력합니다.

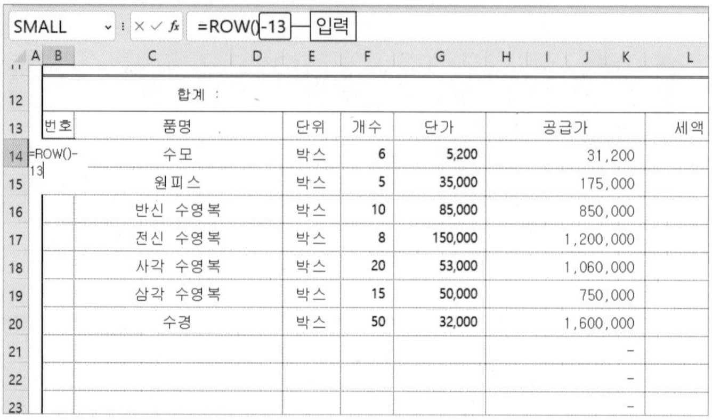

Point

완성 수식 '=ROW()−13'

03. 수식을 완성하면 [B14] 셀에서 [B31] 셀까지 드래그하여 수식을 복사합니다. 일련번호가 매겨졌습니다.

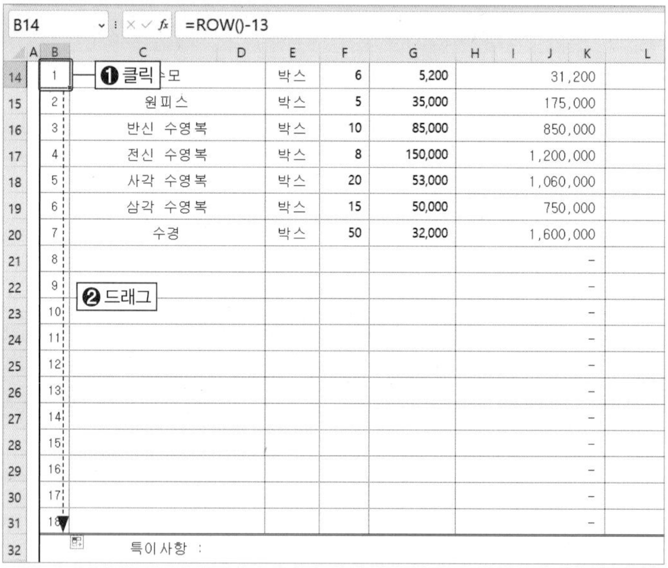

04. 개수와 단가를 각각 곱하여, 값을 합계할 수 있는 함수를 시작합니다. [D12] 셀에서 '=SUMPRODUCT(' 함수를 시작하여 'F14:F31', 'G14:H31'의 범위를 각각 지정합니다. ')'를 입력하여 닫습니다.

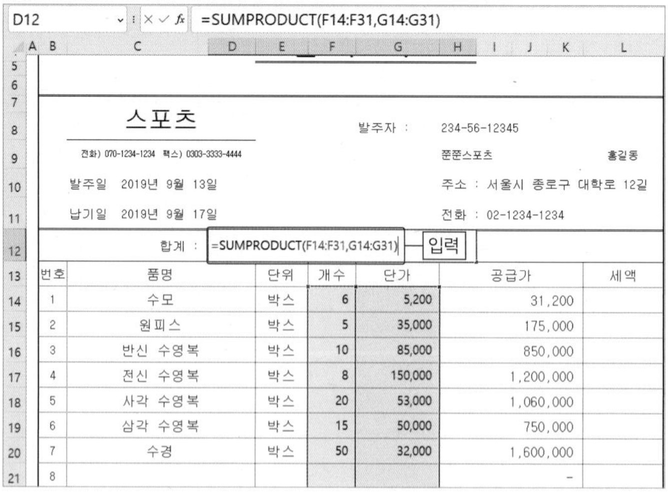

Point

완성 수식
'=SUMPRODUCT(F14:F31,G14:H31)'

05. 개수와 단가를 곱했으면 세액 10% 가 추가되어야 하기 때문에 '*1.1'을 추가로 입력합니다.

Point

완성 수식

'=SUMPRODUCT(F14:F31,G14:H31)*1.1'

06. 표시 형식이 적용되어 있기 때문에 한글로 된 결과를 확인할 수 있습니다.

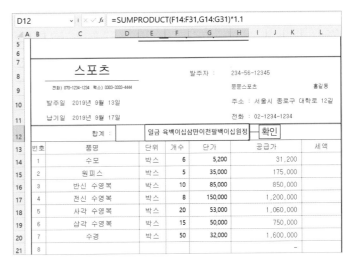

14 문자열 합치기 - CONCATENATE/CONCAT

CONCATENATE 함수는 문자열을 합치는 함수입니다. 엑셀 2019에서 CONCAT 함수로 대치되었습니다. 특징은 CONCATENATE 함수는 셀 값 하나씩 연결해야 하지만 CONCAT 함수는 범위로 연결할 수 있습니다.

Key Word: CONCATENATE 함수, CONCAT 함수, 텍스트 조인
실습 파일: 3-14

함수 익히기 : CONCATENATE, CONCAT

함수 형식	=CONCAT(text1, [text2], ...) =CONCAT(연결할 문자 또는 범위1, 연결할 문자 또는 범위2, ...)
	=CONCATENATE(text1, [text2], ...) =CONCATENATE(연결할 문자1, 연결할 문자2, ...)
인수	• text1 : 연결할 문자가 있는 셀 주소 (최대 253개의 문자열을 연결할 수 있으며, CONCAT 함수는 범위 지정 가능)

01. 텍스트를 합치기 위해 [F3] 셀을 클릭하고, [수식] – [함수 라이브러리] – [텍스트] – [CONCAT] 함수를 클릭합니다.

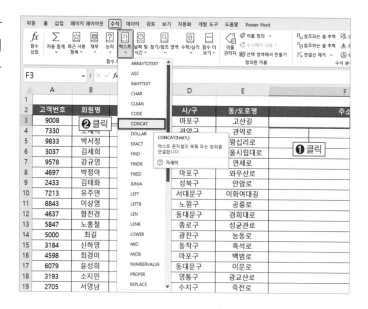

02. [함수 인수] 대화상자에서 text1 인수를 'C3', text2 인수에 공백 1칸, text3 인수를 'D3', text4 인수를 공백 1칸, text5 인수를 'E3' 셀로 지정합니다. [확인] 버튼을 클릭합니다.

Point

완성 수식 '=CONCAT(C3," ",D3," ",E3)' 함수 마법사에서는 띄어쓰기만 입력하고 다음 칸으로 이동하면 자동으로 큰따옴표 " "가 입력됩니다.

03. 수식을 복사하여 결과를 확인합니다.

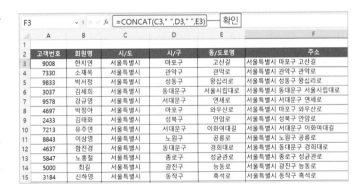

LevelUP

범위 지정하여 수행하기

CONCAT 함수는 범위를 지정할 수 있기 때문에 [C3:E3] 범위를 지정하여도 가능합니다. 다만 공백을 지정하지 않았기 때문에 결과값으로 '서울특별시마포구고산길'으로 입력됩니다.

15 길이 찾고, 대소문자 구분하여 찾기 - LEN/FIND

LEN 함수는 글자 길이를 나타내는 함수이고, FIND 함수는 텍스트 안에서 특정 문자열을 찾을 수 있으며, 대소문자를 구분하여 찾을 수 있습니다.

⊙ Key Word: LEN 함수, 글자 길이, FIND 함수, 대소문자 찾기
실습 파일: 3-15

함수 익히기 : LEN, FIND

함수 형식	=LEN(text) =LEN(문자 개수를 구할 셀) =FIND(find_text, within_text, [start_num]) =FIND(찾을 문자, 찾을 문자가 있는 셀, 찾기 시작할 문자위치)
인수	• find_text : 찾으려는 문자를 입력합니다. 문자는 큰따옴표("")를 사용합니다. • within_text : 찾으려는 문자가 있는 셀을 선택하거나 단어를 입력합니다. • [start_num] : 찾기 시작할 문자의 위치를 입력합니다. 생략하면 1로 지정됩니다.

01. 주소 글자의 길이를 알기 위해서 [D3] 셀을 클릭합니다. '=LEN(' 함수를 실행하고 도로명이 있는 [C3] 셀을 클릭합니다. Enter를 눌러 수식을 완성합니다.

고객번호	회원명	주소	글자 길이	공백위치	'A'
abC9008	한지연	서울특별시 마포구 고산길	=LEN(C3		
Abc7330	소재옥	서울특별시 관악구 관악로			
abC9833	박서정	서울특별시 성동구 왕십리로			
abC3037	김세희	서울특별시 동대문구 서울시립대로			
Abc9578	강규영	서울특별시 서대문구 연세로			
Abc4697	박정아	서울특별시 마포구 와우산로			
Abc2433	김태화	서울특별시 성북구 안암로			
aBc7213	유주연	서울특별시 서대문구 이화여대길			
aBc8843	이상영	서울특별시 노원구 공릉로			
Abc4637	함진경	서울특별시 동대문구 경희대로			
aBc5847	노홍철	서울특별시 종로구 성균관로			
aBc5000	최길	서울특별시 광진구 능동로			
Abc3184	신하영	서울특별시 동작구 흑석로			
abC4598	최경미	서울특별시 마포구 백범로			
abC6079	윤성희	서울특별시 동대문구 이문로			
abC3193	소지민	경기도 영통구 광교산로			
Abc2705	서영남	경기도 수지구 죽전로			
Abc2773	신희선	경기도 시흥시 경기과기대로			
abC3777	송은영	경기도 영통구 월드컵로			
aBc7297	최강희	경기도 수정구 성남대로			
aBc8969	유주영	경기도 화성시 와우안길			

Point

완성 수식 =LEN(C3)

02. 채우기 핸들을 이용하여 수식을 복
사합니다.

03. [E3] 셀을 클릭하고 '=FIND(' 함
수를 실행합니다. 찾을 문자열인 첫 번
째 인수에 공백(" ")을 입력하고, 찾을
문자열이 있는 셀인 두 번째 인수에는
[C3] 셀을 클릭합니다. Enter 후 첫 번
째 공백의 위치가 표시됩니다.

Point

완성 수식 =FIND(" ",C3)

04. 대문자 'A'를 찾기 위해 [F3] 셀에
'=FIND("A",A3)'을 입력합니다. 채
우기 핸들을 이용하여 수식을 복사합
니다.

Point

수식의 오류를 없애기 위해서는
IFERROR 함수를 이용할 수 있습니다.

Section

16 조건에 맞는 결과값 입력하기 - IF

IF 함수는 정말 많이 사용하는 함수로, 조건을 제시하여 비교한 후 값이 만족하면 참(TRUE)을, 값이 만족하지 않으면 거짓(FALSE)을 반환합니다.

⊙ Key Word: IF 함수, 조건, 참 값, 거짓 값
실습 파일: 3-16

함수 익히기 : IF

함수 형식	=IF(logical_test, [value_if_true], [value_if_false]) =IF(조건식, 참일 때의 값, 거짓일 때의 값)
인수	• logical_test : 참과 거짓을 판단할 수 있는 수식이나 비교 연산자(), 〈, 〉=, 〈=, =, 〈〉)를 사용합니다. • [value_if_true] : 조건의 결과가 참일때 입력할 값이나 수식. 생략하면 TRUE가 입력됩니다. • [value_if_false] : 조건의 결과가 거짓일때 입력할 값이나 수식. 생략하면 FALSE가 입력됩니다.

01. 평균이 80점 이상이면 합격, 평균이 80점 미만이면 불합격인 합격여부를 구하기 위해 [J4] 셀을 클릭하여 '=IF(' 함수를 시작합니다.

J4 ✓ fx =IF

	A	B	C	D	E	F	G	H	I	J	K	L	M	N
1														
2										❶입력				
3	사원번호	사원명	부서	엑셀	파워포인트	워드	실기	합계	평균	합격여부	포상금	재수강	수당	
4	abC9008	한지연	총무부	95	89	89	A	273	91	=IF				
5	Abc7330	소재옥	총무부	83	99	86	B	268	89	ⓕIF	❷ Tab	TRUE나 FALSE에 해당하는 값을 반환합니다		
6	abC9833	박서정	총무부	95	89	94	D	278	93	ⓕIFERROR				
7	abC3037	김세희	영업관리부	96	79	85	B	260	87	ⓕIFNA				
8	Abc9578	강규영	기획예산부	74	76	75	E	225	75	ⓕIFS				
9	Abc4697	박정아	영업관리부	93	95	85	B	273	91					
10	Abc2433	김태화	총무부	89	94	50	A	233	78					
11	aBc7213	유주연	영업관리부	82	93	94	C	269	90					
12	aBc8843	이상영	기획예산부	77	82	85	C	244	81					
13	Abc4637	함진경	총무부	35	91	89	D	215	72					
14	aBc5847	노홍철	영업관리부	78	73	89	A	240	80					
15	aBc5000	최길자	기획예산부	77	81	95	B	253	84					
16	Abc3184	신하영	생산관리부	82	85	85	B	252	84					
17	abC4598	최경미	영업관리부	79	86	65	D	230	77					
18	abC6079	윤성희	품질관리부	83	88	85	B	256	85					
19	abC3193	소지민	총무부	86	99	95	C	280	93					
20	Abc2705	서영남	영업관리부	83	75	84	C	242	81					
21	Abc2773	신희선	기획예산부	94	77	86	D	257	86					

02. 함수가 시작되면 logical_test인수에 'I4>=80', value_if_true 인수에 '"합격"', value_if_false 인수에 '"불합격"'을 입력합니다.

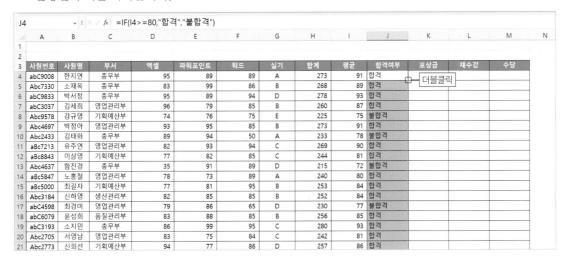

Point

완성 수식 =IF(I4)=80,"합격", "불합격")은 선택한 셀의 평균이 80점 이상이면 합격을 입력하고, 평균이 80점 미만이면 불합격을 입력합니다.

03. 완성된 수식을 복사합니다.

	A	B	C	D	E	F	G	H	I	J	K	L	M	N
	사원번호	사원명	부서	엑셀	파워포인트	워드	실기	합계	평균	합격여부	포상금	재수강	수당	
4	abC9008	한지연	총무부	95	89	89	A	273	91	합격				
5	Abc7330	소재옥	총무부	83	99	86	B	268	89	합격				
6	abC9833	박서정	총무부	95	89	94	D	278	93	합격				
7	abC3037	김세희	영업관리부	96	79	85	B	260	87	합격				
8	Abc9578	강규영	기획예산부	74	76	75	E	225	75	불합격				
9	Abc4697	박정아	영업관리부	93	95	85	B	273	91	합격				
10	Abc2433	김태화	총무부	89	94	50	A	233	78	불합격				
11	aBc7213	유주연	영업관리부	82	93	94	C	269	90	합격				
12	aBc8843	이상영	기획예산부	77	82	85	C	244	81	합격				
13	Abc4637	함진경	총무부	35	91	89	D	215	72	불합격				
14	aBc5847	노홍철	영업관리부	78	73	89	A	240	80	합격				
15	aBc5000	최길자	기획예산부	77	81	95	B	253	84	합격				
16	Abc3184	신하영	생산관리부	82	85	85	B	252	84	합격				
17	abC4598	최경미	영업관리부	79	86	65	D	230	77	불합격				
18	abC6079	윤성희	품질관리부	83	88	85	B	256	85	합격				
19	abC3193	소지민	총무부	86	99	95	C	280	93	합격				
20	Abc2705	서영남	영업관리부	83	75	84	C	242	81	합격				
21	Abc2773	신희선	기획예산부	94	77	86	D	257	86	합격				

17 AND 함수, OR 함수로 2개 이상의 조건으로 비교하는 함수

IF 함수를 사용할 때 조건을 여러 개 입력해야 하는 경우가 있습니다. 두 개 이상의 조건을 입력하는 경우 모두 만족해야 한다면 AND 함수를 추가 사용하고, 한개만 만족해도 된다면 OR 함수를 추가 사용할 수 있습니다.

☞ Key Word: 조건 두 개 이상, AND 함수, OR 함수
실습 파일: 3-17

함수 익히기 : AND, OR

함수 형식	=AND(logical1, [logical2], ...) =AND(조건1, [조건2], ...)
	=OR(logical1, [logical2], ...) =OR(조건1, [조건2], ...)
인수	• logical : 참과 거짓을 판단할 수 있는 수식이나 비교 연산자(〉, 〈, 〉=, 〈=, =, 〈〉)를 사용합니다.

01. 실기점수가 A이고, 평균이 80점 이상인 경우에는 150,000을 지급하고, 그렇지 않으면 빈칸을 입력하기 위해 [K4] 셀을 클릭하고 IF 함수를 시작합니다.

02. IF 조건을 두 개 나열해야 하기 때문에 바로 AND 함수를 시작합니다. AND 함수에서 logical1 인수에 'G4="a",'를 입력합니다.

Point

=IF(AND(G4="a",입력한 조건이 문자이기 때문에 큰따옴표("")를 입력해야 하며, 대소문자를 구분하지 않습니다.

03. 두 번째 조건인 logical2 인수에 'I4>=80'를 입력하고, 조건을 입력해야하는 과정이 끝났기 때문에 괄호를 입력하여 AND 함수를 닫아줍니다.

Point

=IF(AND(G4="a",I4)=80) AND 함수를 사용할 때는 풍선 도움말이 AND 함수였지만 괄호를 닫으면 IF 함수의 도움말로 변경됩니다.

	G	H	I	J	K	L	M	N
	실기	합계	평균	합격여부	포상금	재수강	수당	
89	A	273	91	합격	=IF(AND(G4="a",I4>=80)		입력	
86	B	268	89	합격	IF(logical_test, [value_if_true], [value_if_false])			
94	D	278	93	합격				
85	B	260	87	합격				
75	E	225	75	불합격				
85	B	273	91	합격				
50	A	233	78	불합격				
94	C	269	90	합격				
85	C	244	81	합격				
89	D	215	72	불합격				
89	A	240	80	합격				
95	B	253	84	합격				
85	B	252	84	합격				
65	D	230	77	불합격				
85	B	256	85	합격				

04. IF 함수에서는 조건 나열이 끝났기 때문에 쉼표(,)를 입력하고, value_if_true 인수에 '150000', value_if_false 인수에 큰따옴표 ("")만 입력합니다.

	G	H	I	J	K	L	M	N
	실기	합계	평균	합격여부	포상금	재수강	수당	
89	A	273	91	합격	=IF(AND(G4="a",I4>=80),150000,"")		입력	
86	B	268	89	합격				
94	D	278	93	합격				
85	B	260	87	합격				
75	E	225	75	불합격				
85	B	273	91	합격				
50	A	233	78	합격				
94	C	269	90	합격				
85	C	244	81	합격				

Point

=IF(AND(G4="a",I4>=80),150000,"") 실기점수가 A이고, 평균이 80점 이상인 경우에는 150,000을 지급하고, 그렇지 않으면 빈 칸 입력, value_if_true 인수의 150000은 숫자이기 때문에 큰따옴표를 입력하지 않습니다. 만약 큰따옴표를 입력했다면 숫자가 아닌 문자 150000으로 변경됩니다.

05. 엑셀, 파워포인트, 워드의 점수에 각각 40점 미만이 있는 경우 '●'를 입력하고 그렇지 않으면 빈칸을 입력합니다. 함수를 시작하기 위해 [L4] 셀을 클릭하고 IF 함수를 시작합니다.

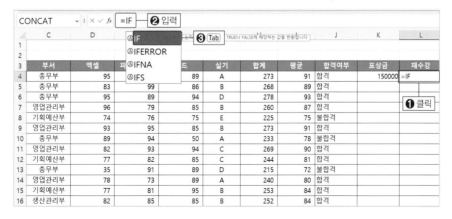

06. 엑셀, 파워포인트, 워드 각각의 과목을 40점과 비교해야하기 때문에 수식을 '=IF(OR(D4<40,E4<40 ,F4<40),"●","")'으로 입력합니다.

| CONCAT | | × ✓ fx | =IF(OR(D4<40,E4<40,F4<40),"●","") | | 입력 |

	C	D	E	F	G	H	I	J	K	L
1										
2										
3	부서	엑셀	파워포인트	워드	실기	합계	평균	합격여부	포상금	재수강
4	총무부	95	89	89	A	273	91	합격	150000	"")
5	총무부	83	99	86	B	268	89	합격		
6	총무부	95	89	94	D	278	93	합격		

07. 적용된 수식을 복사하기 위해 [K4:L4]를 선택하고 채우기 핸들에서 더블클릭합니다. [홈] – [표시 형식] – [쉼표 스타일]을 클릭합니다.

| 파일 | 홈 | 삽입 | 페이지 레이아웃 | 수식 | 데이터 | 검토 | 보기 | 자동화 | 개발 도구 | 도움말 | Power Pivot |

| K4 | | × ✓ fx | =IF(AND(G4="a",I4>=80),150000,"") | | 클릭 |

	C	D	E	F	G	H	I	J	K	L
1										
2										
3	부서	엑셀	파워포인트	워드	실기	합계	평균	합격여부	포상금	재수강
4	총무부	95	89	89	A	273	91	합격	150,000	
5	총무부	83	99	86	B	268	89	합격		
6	총무부	95	89	94	D	278	93	합격		
7	영업관리부	96	79	85	B	260	87	합격		
8	기획예산부	74	76	75	E	225	75	불합격		
9	영업관리부	93	95	85	B	273	91	합격		
10	총무부	89	94	50	A	233	78	불합격		
11	영업관리부	82	93	94	C	269	90	합격		
12	기획예산부	77	82	85	C	244	81	합격		
13	총무부	35	91	89	D	215	72	불합격		●
14	영업관리부	78	73	89	A	240	80	합격	150,000	
15	기획예산부	77	81	95	B	253	84	합격		
16	생산관리부	82	85	85	B	252	84	합격		

Level UP

괄호가 두개 이상 들어간 수식에서 마지막에 괄호를 입력하지 않더라도 [Enter]를 누르면 경고 대화상자가 표시되며 [예] 버튼을 클릭하면 자동으로 수식이 수정됩니다.

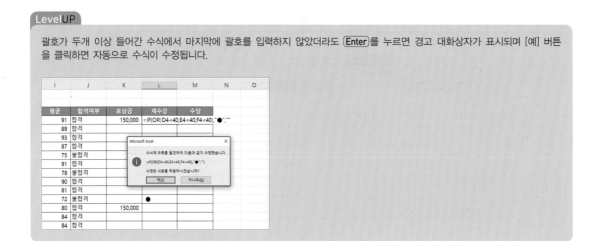

18 두 개 이상의 조건으로 비교하여 다른 값 입력하기 - 중첩 IF/IFS

두 개 이상의 조건으로 비교해야 할 때 조건별로 입력해야하는 값이 여러 개라면 중첩 IF 함수를 사용하거나 IFS 함수를 사용할 수 있습니다. IFS 함수는 중첩 함수와 같은 기능을 하지만 중첩 함수처럼 IF를 여러 번 입력하지 않아도 되는 장점이 있습니다. IFS 함수는 엑셀 2019버전 이상에서만 사용할 수 있습니다.

G• Key Word: 중첩 IF 함수, IFS 함수
실습 파일: 3-18

함수 익히기 : IFS

함수 형식	=IFS(logical_test1, value_if_true1, [logical_test2], [value_if_true2], ...) =IFS(조건식1, 값 1, [조건식2], [값 2], ...)
인수	• logical_test : 참과 거짓을 판단할 수 있는 수식이나 비교 연산자〉, 〈, 〉=, 〈=, =, 〈〉)를 사용합니다. • value_if_true : 조건의 결과가 참일 때 입력할 값이나 수식입니다.

01. 실기 점수가 A이면 30만원, B이면 15만원, C이면 10만원, D이면 0을 입력하기 위해 [M4] 셀에 IFS 함수를 시작합니다.

02. IFS 함수가 시작되면 첫 번째 조건으로 logical_test 인수에 'G4="A"', value_if_true 인수에 '300000'을 입력합니다. 쉼표(,)를 입력합니다.

Point

=IFS(G4="A",300000,

03. 나머지 조건을 입력합니다. 괄호를 닫고 Enter를 눌러 함수를 완성합니다.

04. 수식을 복사하여 함수를 완성합니다. 결과값이 세 자리가 넘기 때문에 [홈] − [표시 형식] − [쉼표 스타일 ,]을 클릭하여 적용합니다.

19 순위 매기기 - RANK.EQ/RANK.AVG

RANK 함수가 엑셀 2010버전부터 RANK.EQ 함수와 RANK.AVG 함수로 나뉘어졌습니다. RANK 함수는 엑셀 2019 , 엑셀 2021 [수식] 탭 – [함수 라이브러리] 탭 – [함수 더보기] – [통계] 메뉴에는 없지만 직접 입력하면 실행할 수 있습니다. RANK.EQ 함수와 RANK.AVG 함수는 둘 다 순위를 구하지만 RANK.AVG 함수는 동점자일 때 평균 순위로 나타냅니다.

Key Word: RANK.EQ 함수, RANK.AVG 함수, RANK
실습 파일: 3-19

함수 익히기 : RANK.EQ, RANK.AVG

함수 형식	=RANK.EQ(number, ref, [order]) =RANK.EQ(값, 범위, 옵션)
	=RANK.AVG(number, ref, [order] =RANK.AVG(값, 범위, 옵션)
인수	• number : 순위를 구하려는 숫자, 입력된 셀 값을 지정합니다. • ref : 순위를 구하기 위해 비교할 데이터 범위를 선택합니다. • [order] : 순위를 결정하는 옵션입니다. 생략하거나, 0을 입력하면 내림차순 1등이 큰 값 순위를 구하고, 1을 입력하면 오름차순 10등이 큰 값 순위를 구합니다.

01. 순위를 구하기 위해 [H4] 셀에 '=RANK.EQ(' 함수를 시작합니다.

02. number 인수에 'G4' 셀을 클릭하고, ref 인수에 '$G$4:$G$38'를 절대 참조로 입력합니다. order 인수는 오름차순 순위를 구하기 때문에 생략하고 Enter 를 누릅니다.

Point

완성 수식 =RANK.EQ(G4,$G$4:$G$38) order에 '0'을 입력해도 똑같이 오름차순 순위를 구합니다. order를 입력하지 않으려면 쉼표(,)도 삭제하는 것이 좋습니다.

03. 순위 결과 중 10등 이상이면 성과급 10만원을 지급하기 위해 [I4] 셀을 클릭하고 IF 함수를 시작합니다. '=IF(H4<=10,100000,0)' 수식을 입력하고 Enter 를 누릅니다.

Point

순위는 10등 이상(>=)을 수식으로 사용하면 10, 11, 12, … 이에 포함되므로 내림차순을 원칙으로 하는 순위에서는 이하(<=)을 사용하여 10~1이 포함되도록 수식을 사용합니다.

04. 채우기 핸들을 이용하여 수식을 복사한 다음 [홈] 탭 - [표시 형식] 그룹 - [쉼표 스타일 ,]을 클릭하여 적용합니다.

20 백분율 순위 구하기 - PERCENTRANK.INC

PERCENTRANK.INC 함수는 지정한 범위에 입력된 데이터를 0%부터 100%까지의 백분율로 나타내는 함수입니다. 백분율로 나타나야 하기 때문에 소수 자릿수는 두 자리 이상 표시합니다.

⊙ Key Word: PERCENTRANK.INC 함수, 백분율 순위
실습 파일: 3-20

함수 익히기 : PERCENTRANK.INC

함수 형식	=PERCENTRANK.INC(array, x, [significance]) =PERCENTRANK.INC(범위, 값, 표시할 소수 자리수)
인수	• array : 백분율 순위를 구하기 위해 비교할 데이터 범위를 선택합니다. • x : 순위를 구하려는 숫자, 입력된 셀 값을 지정합니다. • [significance] : 백분율 값의 나타내려는 소수자릿수를 지정합니다. 생략하면 세번째 자릿수를 표시합니다.

01. 백분율 순위를 구하기 위해 [H4] 셀을 클릭하고 PERCENTRANK.INC 를 시작합니다.

02. 함수가 시작되면 array 인수에 '\$G\$4:\$G\$38', x 인수에 'G4', significance 인수에 '2'를 입력합니다. Enter를 눌러 함수를 완료합니다.

Point

완성 수식 '=PERCENTRANK.INC(\$G\$4:\$G\$38,G4,2)', 소수 둘째 자리까지 표시합니다.

03. 채우기 핸들을 이용하여 수식을 복사하고 [홈] – [표시 형식] – [백분율 스타일 %]을 클릭하여 적용합니다.

	A	B	C	D	E	F	G	H	I
	H4			fx	=PERCENTRANK.INC($G$4:$G$38,G4,2)				
1									
2									
3	사원번호	사원명	부서	엑셀	파워포인트	워드	합계	백분율 순위	
4	abC9008	한지연	총무부	95	89	89	273	76%	
5	Abc7330	소재옥	총무부	83	99	86	268	61%	
6	abC9833	박서정	총무부	95	89	94	278		
7	abC3037	김세희	영업관리부	96	79	85	260		더블클릭
8	Abc9578	강규영	기획예산부	94	98	94	286	100%	
9	Abc4697	박정아	영업관리부	93	95	85	273	76%	
10	Abc2433	김태화	총무부	89	94	94	277	88%	
11	aBc7213	유주연	영업관리부	82	93	94	269	67%	
12	aBc8843	이상영	기획예산부	77	82	85	244	11%	
13	Abc4637	함진경	총무부	85	91	89	265	55%	
14	aBc5847	노홍철	영업관리부	78	73	89	240	5%	
15	aBc5000	최길자	기획예산부	77	81	95	253	20%	
16	Abc3184	신하영	생산관리부	82	85	85	252	17%	

LevelUP

PERCENTRANK.EXC 함수와 PERCENTRANK.INC 함수의 사용 방법은 똑같지만 차이점은 PERCENTRANK.INC함수는 0%~ 100% 까지의 순위를 나타내지만 PERCENTRANK.EXC 함수는 0과 100%를 제외한 사이 값으로 백분율 순위를 구합니다.

=PERCENTRANK.EXC($G$4:$G$38,G4,2)

	A	B	C	D	E	F	G	H	I	J
	CONCAT			fx	=PERCENTRANK.EXC($G$4:$G$38,G4,2)					
1										
2										
3	사원번호	사원명	부서	엑셀	파워포인트	워드	합계	백분율 순위		
4	abC9008	한지연	총무부	95	89	89	273	76%	2)	
5	Abc7330	소재옥	총무부	83	99	86	268	61%	61%	
6	abC9833	박서정	총무부	95	89	94	278	91%	88%	
7	abC3037	김세희	영업관리부	96	79	85	260	38%	38%	
8	Abc9578	강규영	기획예산부	94	98	94	286	100%	97%	
9	Abc4697	박정아	영업관리부	93	95	85	273	76%	75%	
10	Abc2433	김태화	총무부	89	94	94	277	88%	86%	
11	aBc7213	유주연	영업관리부	82	93	94	269	67%	66%	
12	aBc8843	이상영	기획예산부	77	82	85	244	11%	13%	
13	Abc4637	함진경	총무부	85	91	89	265	55%	55%	
14	aBc5847	노홍철	영업관리부	78	73	89	240	5%	8%	
15	aBc5000	최길자	기획예산부	77	81	95	253	20%	22%	
16	Abc3184	신하영	생산관리부	82	85	85	252	17%	19%	
17	abC4598	최경미	영업관리부	79	86	65	230	2%	5%	
18	abC6079	윤성희	품질관리부	83	88	85	256	23%	25%	

21 COUNT 함수, COUNTA 함수, COUNTBLANK 함수로 개수 세기

일정 범위 안에서 COUNT 함수는 숫자의 개수를 구하고, COUNTA 함수는 숫자와 문자의 개수를 구할 수 있습니다. COUNTBLANK 함수는 비어있는 셀의 개수를 구할 수 있습니다. 숫자란 계산이 가능한 숫자, 날짜, 시간을 말하며, 문자는 계산이 불가능한 값을 말합니다.

↪ Key Word: COUNT 함수, COUNTA 함수, COUNTBLANK 함수
실습 파일: 3-21

함수 익히기 : COUNT, COUNTA, COUNTBLANK

함수 형식	=COUNT(value1, [value2], ...) =COUNTA(value1, [value2], ...) =COUNTBLANK(range) =COUNT(셀 범위1, [셀 범위2], ...) =COUNTA(셀 범위1, [셀 범위2], ...) =COUNTBLANK(셀 범위)
인수	• value : 개수를 구할 값이나 셀 범위를 지정합니다. • range : 비어있는 셀의 개수를 구할 셀 범위를 지정합니다.

01. 출석일 수를 구하기 위해 [H4] 셀을 클릭한 후 COUNTA 함수를 실행합니다.

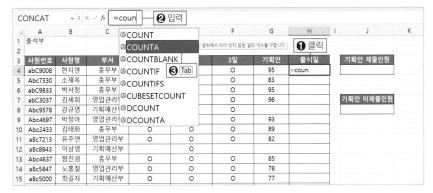

02. 함수가 시작되면 'D4:F4'를 선택하고 (Enter)를 눌러 함수를 완성합니다. 채우기 핸들을 이용해서 수식을 복사합니다.

CONCAT			fx	=COUNTA(D4:F4)						
	A	B	C	D	E	F	G	H	I	J	K
1	출석부									
2								❷클릭		
3	사원번호	사원명	부서	1일	2일	3일	기획안	출석일		기획안 재출인원
4	abC9008	한지연	총무부	○		○	95	D4:F4)		
5	Abc7330	소재옥	총무부	○	❶드래그 후 Enter	83	3		
6	abC9833	박서정	총무부	○	○	○	95	3	❸더블클릭
7	abC3037	김세희	영업관리부	○	○	○	96	3	기획안 미제출인원
8	Abc9578	강규영	기획예산부		○	○		2	
9	Abc4697	박정아	영업관리부	○	○	○	93	3	
10	Abc2433	김태화	총무부	○	○	○	89	3	
11	aBc7213	유주연	영업관리부	○	○	○	82	3	
12	aBc8843	이상영	기획예산부		○			1	
13	Abc4637	함진경	총무부	○	○	○	85	3	

Point

수식 완성 =COUNTA(D4:F4)

03. 기획안 제출 인원을 구하기 위해 [J4] 셀에 '=COUNT(G4:G38)'를 입력합니다. (Enter)를 눌러 수식을 완성합니다.

			fx	=COUNT(G4:G38						
	A	B	C	D	E	F	G	H	I	J	K
1	출석부									
2										
3	사원번호	사원명	부서	1일	2일	3일	기획안	출석일		기획안 제출인원
4	abC9008	한지연	총무부	○		○	95	2		=COUNT(G4:G38)
5	Abc7330	소재옥	총무부	○	○	○	83	3		COUNT(value1, [value2], ...)
6	abC9833	박서정	총무부	○	○	○	95	3	
7	abC3037	김세희	영업관리부	○	○	○	96	3	기획안 미제출인원
8	Abc9578	강규영	기획예산부		○	○		2	
9	Abc4697	박정아	영업관리부	○	○	○	93	3	
10	Abc2433	김태화	총무부	○	○	○	89	3	
11	aBc7213	유주연	영업관리부	○	○	○	82	3	
12	aBc8843	이상영	기획예산부		○			1	
13	Abc4637	함진경	총무부	○	○	○	85	3	

입력 후 Enter

04. 기획안 미제출 인원을 구하기 위해 [J8]셀에 '=COUNTBLANK(G4:G38)'를 입력합니다. (Enter)를 눌러 수식을 완성합니다.

			fx	=COUNTBLANK(G4:G38						
	A	B	C	D	E	F	G	H	I	J	K
1	출석부									
2										
3	사원번호	사원명	부서	1일	2일	3일	기획안	출석일		기획안 제출인원
4	abC9008	한지연	총무부	○		○	95	2		28
5	Abc7330	소재옥	총무부	○	○	○	83	3	
6	abC9833	박서정	총무부	○	○	○	95	3	
7	abC3037	김세희	영업관리부	○		○	96	3	기획안 미제출인원
8	Abc9578	강규영	기획예산부		○	○		2	=COUNTBLANK(G4:G38)
9	Abc4697	박정아	영업관리부		○	○	93	3	COUNTBLANK(range)
10	Abc2433	김태화	총무부	○	○	○	89	3	
11	aBc7213	유주연	영업관리부	○	○	○	82	3	입력 후 Enter
12	aBc8843	이상영	기획예산부		○			1	
13	Abc4637	함진경	총무부	○	○	○	85	3	
14	aBc5847	노홍철	영업관리부	○	○	○	78	3	

22 조건에 만족하는 개수 구하기 - COUNTIF/COUNTIFS

COUNTIF 함수는 한 개의 조건을 만족하는 개수를 구할 때 사용하며, COUNTIFS 함수는 조건이 한 개이거나, 두 개 이상이어도 개수를 셀 수 있습니다. 두개의 함수를 모두 배우겠지만 평상시에는 COUNTIFS 함수만 사용하여도 무방합니다.

◑ Key Word: 조건에 맞는 개수 세기, COUNTIF 함수, COUNTIFS 함수
실습 파일: 3-22

함수 익히기 : COUNTIF, COUNTIFS

함수 형식	=COUNTIF(range, criteria) =COUNTIF(셀 범위, 조건)
	=COUNTIFS(criteria_range1, criteria1, [criteria_range2], [criteria2], ...) =COUNTIFS(셀 범위1, 조건1, [셀 범위2], [조건2], ...)
인수	• range : 조건과 비교해야 할 셀들의 범위를 선택합니다. • criteria : 개수를 구할 조건으로 셀 주소, 상수, 비교 연산자를 포함한 조건을 입력할 수 있습니다.

01. 부서별 인원수를 구하기 위해 [I4] 셀을 클릭합니다. 'COUNTIF' 함수를 Tab을 눌러 실행합니다.

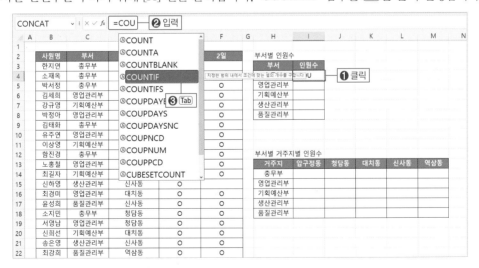

02. 함수가 시작되면 range 인수에 '$C$3:$C$37'를 선택하고 [F4]로 절대 참조를 적용합니다. criteria 인수에 'H4'를 입력한 다음 Enter를 눌러 함수를 완료합니다.

03. 채우기 핸들로 수식을 복사하여 인원수를 모두 구합니다.

04. 두 가지 조건인 부서, 거주지별 인원수를 구하기 위해서 [I14] 셀을 클릭합니다. COUNTIFS 함수를 시작합니다.

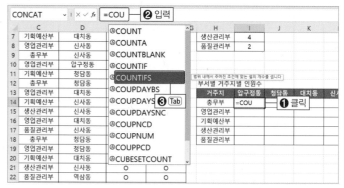

05. 함수가 시작되면 criteria_range1 인수에 '$C$3:$C$37', criteria1 인수에 '$H14'를 열 고정으로 입력합니다. 두 번째 조건인 criteria_range2 인수에 '$D$3:$D$37', criteria2 인수에 'I$13'을 행 고정으로 입력합니다. (Enter)를 눌러 함수를 완료합니다.

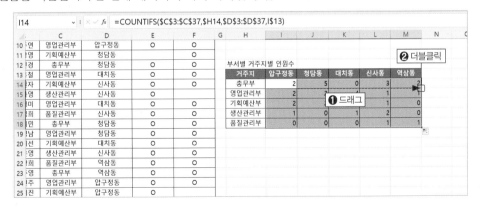

Point

완성 수식 =COUNTIFS($C$3:$C$37,$H14,$D$3:$D$37,I$13) 부서의 전체 범위 중 총무부와 같고, 거주지 전체 범위에서 압구정동과 같은 경우 개수를 구합니다. 범위를 지정하면 [F4]로 절대 참조를 지정합니다.

06. [I14] 셀 채우기 핸들을 [M14] 셀까지 드래그하여 수식을 복사합니다. [I14:M14]이 선택된 상태로 채우기 핸들을 더블클릭하면 전체 데이터 수식이 복사됩니다.

Point

부서는 H14, H15, H16, … 셀을 선택해야 하기 때문에 H열을 고정하고, 거주지는 I13, J13, K13, … 셀을 선택해야 하기 때문에 13행을 고정합니다.

23 조건에 만족하는 합계 구하기 - SUMIF/SUMIFS

합계를 구하는데 조건이 있는 경우 IF나 IFS 함수를 추가하여 SUMIF, SUMIFS 함수를 사용합니다. 전체 합계가 아니라 합계를 해야 하는데 조건이 하나인 경우는 SUMIF를 사용합니다. 조건이 하나이거나, 두 개 이상인 경우에는 SUMIFS를 사용합니다.

☞ Key Word: SUMIF 함수, SUMIFS 함수, 조건에 만족하는 합계
실습 파일: 3-23

함수 익히기 : SUMIF, SUMIFS

함수 형식	=SUM(range, criteria) =SUM(셀 범위, 조건)
	=SUM(criteria_range1, criteria1, [criteria_range2], [criteria2], …) =SUM(셀 범위1, 조건1, [셀 범위2], [조건2], …)
인수	• range : 조건과 비교해야 할 셀들의 범위를 선택합니다. • criteria : 개수를 구할 조건으로 셀 주소, 상수, 비교 연산자를 포함한 조건을 입력할 수 있습니다.

01. 부서별 합계를 구하기 위해 [I5] 셀에 SUMIF 함수를 실행합니다.

02. range 인수에 '$B$4:$B$38', criteria 인수에 'H5', sum_range 인수에 '$F$4:$F$38'를 입력합니다. Enter를 눌러 함수를 완료합니다.

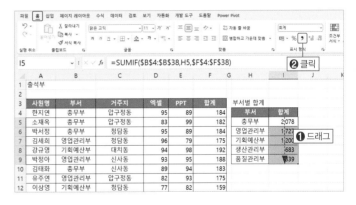

Point

완성 수식 =SUMIF($B$4:$B$38,H5,$F$4:$F$38) 부서의 전체 범위 중 총무부랑 같을 때 총무부의 합계 범위를 더합니다. 범위를 지정하면 F4로 절대 참조를 지정합니다.

03. 채우기 핸들로 수식을 복사하여 부서별 합계를 모두 구합니다. 합계한 금액이 세 자리가 넘기 때문에 [홈] – [표시 형식] – [쉼표 스타일 ,]을 클릭하여 적용합니다.

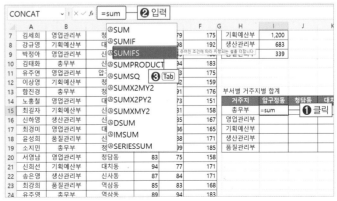

04. 부서, 거주지별 합계를 구하기 위해 [I15] 셀을 클릭하고 SUMIFS 함수를 실행합니다.

05. 함수가 시작되면 sum_range 인수는 '$F$4:$F$38', criteria_range1 인수에 '$B$4:$B$38', criteria1 인수에 '$H15', criteria_range2 인수에 '$C$4:$C$38', criteria2 인수에 'I$14'를 입력합니다. Enter를 눌러 함수를 완료합니다.

	A	B				J	K	L	M	N

12	이상영	기획예산부	청담동	77	82	159				
13	함진경	총무부	청담동	85	91	176	부서별 거주지별 합계			
14	노홍철	총무부	대치동	78	73	151	거주지	압구정동	청담동	대치동	신사동	역삼동
15	최길자	기획예산부	신사동	77	81	158	총무부	$C$38,I$14			
16	신하영	생산관리부	신사동	82	85	167	영업관리부				
17	최경미	영업관리부	대치동	79	86	165	기획예산부				
18	윤성희	품질관리부	신사동	83	88	171	생산관리부				
19	소지민	총무부	청담동	86	99	185	품질관리부				
20	서영남	영업관리부	청담동	83	75	158					
21	신희선	기획예산부	대치동	94	77	171					
22	송은영	생산관리부	신사동	87	84	171					
23	최강희	품질관리부	역삼동	85	83	168					
24	유주영	총무부	역삼동	89	94	183					
25	강현주	영업관리부	압구정동	95	82	177					
26	윤서진	기획예산부	압구정동	99	84	183					
27	장윤선	총무부	청담동	87	67	154					

I15 =SUMIFS($F$4:$F$38,$B$4:$B$38,$H15,$C$4:$C$38,I$14) 입력

SUMIFS(sum_range, criteria_range1, criteria1, [criteria_range2, **criteria2**], [criteria_range3, ...])

Point

완성 수식 =SUMIFS($F$4:$F$38,$B$4:$B$38,$H15,$C$4:$C$38,I$14) 계산범위를 먼저 지정한 후 부서의 전체 범위 중 총무부랑 같고, 거주지의 전체 범위 중 압구정동과 같으면 계산범위를 합계합니다.
범위를 지정하면 F4로 절대참조를 지정합니다.

06. [I15] 셀의 수식을 복사하기 위해 채우기 핸들을 [M15] 셀까지 드래그합니다. 수식 복사한 [I15:M15]이 선택된 채로 채우기 핸들에서 더블클릭하면 전체 데이터 수식이 복사됩니다.

=SUMIFS($F$4:$F$38,$B$4:$B$38,$H15,$C$4:$C$38,I$14)

C	D	E	F	G	H	I	J	K	L	M
거주지	엑셀	PPT	합계		부서별 합계					
압구정동	95	89	184		부서	합계				
압구정동	83	99	182		총무부	2,078				
청담동	95	89	184		영업관리부	1,727				
청담동	96	79	175		기획예산부	1,200				
대치동	94	98	192		생산관리부	683				
신사동	93	95	188		품질관리부	339				
신사동	89	94	183							
압구정동	82	93	175							
청담동	77	82	159		부서별 거주지별 합계					
청담동	85	91	176		거주지	압구정동	청담동	대치동	신사동	역삼동
대치동	78	73	151		총무부	366	848	0	511	353
신사동	77	81	158		영업관리부	352	3		188	170
신사동	82	85	167		기획예산부	351	3		158	0
대치동	79	86	165		생산관리부	176	0	169	338	0
신사동	83	88	171		품질관리부	0	0	0	171	168
청담동	86	99	185							
청담동	83	75	158							

❷ 더블클릭
❶ 드래그

Point

부서는 H15, H16, H17, … 셀을 선택해야 하기 때문에 H열을 고정하고, 거주지는 I14, J14, K14, … 셀을 선택해야 하기 때문에 14행을 고정합니다.

Section

24 조건에 만족하는 평균 구하기 - AVERAGEIF/AVERAGEIFS

평균을 구하는데 조건이 있는 경우 IF나 IFS함수를 추가하여 AVERAGEIF, AVERAGEIFS 함수를 사용합니다. 전체 평균이 아니라 평균을 구해야 하는데 조건이 하나인 경우는 AVERAGEIF를 사용합니다. 전체 평균이 아니라 평균을 구해야 하는 데 조건이 하나이거나, 두 개 이상인 경우에는 AVERAGEIFS를 사용합니다.

✪ Key Word: AVERAGEIF 함수, AVERAGEIFS 함수, 조건에 만족하는 평균
　실습 파일: 3-24

함수 익히기 : AVERAGEIF, AVERAGEIFS

함수 형식	=AVERAGEIF(range, criteria, [sum_range]) =AVERAGEIF(조건 범위, 조건, [평균을 구할 범위])
	=AVERAGEIFS(sum_range, criteria_range1, criteria1, [criteria_range2], [criteria2], …) =AVERAGEIFS(평균을 구할 범위, 조건 범위1, 조건1, [조건 범위2], [조건2], …)
인수	• sum_range : 평균을 구할 범위, AVERAGEIF 함수는 조건 범위와 평균을 구할 범위가 같으면 생략 가능합니다. • range : 조건과 비교해야 할 셀들의 범위를 선택합니다. • criteria : 개수를 구할 조건으로 셀 주소, 상수, 비교 연산자를 포함한 조건을 입력할 수 있습니다.

01. 부서별 평균을 구하기 위해 [I5] 셀에 AVERAGEIF 함수를 실행합니다.

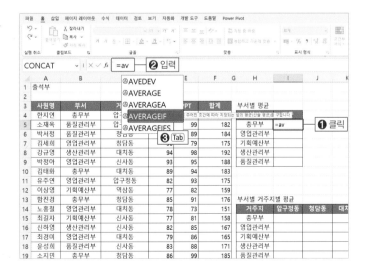

02. range 인수에 '$B$4:$B$38', criteria 인수에 'H5', sum_range 인수에 '$F$4: $F$38'를 입력하고, Enter를 눌러 함수를 완료합니다.

Point

완성 수식 =AVERAGEIF($B$4:$B$38,H5,$F$4:$F$38) 부서의 전체 범위 중 총무부랑 같을 때 총무부의 합계범위를 평균합니다. 범위를 지정하면 F4로 절대 참조를 지정합니다.

03. 채우기 핸들로 수식을 복사하여 부서별 평균을 모두 구합니다.

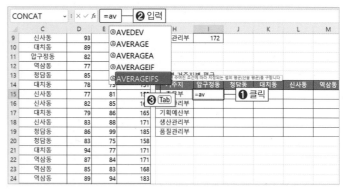

04. 부서, 거주지별 평균을 구하기 위해 [I15] 셀에 AVERAGEIFS 함수를 실행합니다.

05. average_range 인수에 '$F$4:$F$38', criteria_range1 인수에 '$B$4:$B$38', criteria1 인수에 '$H15', criteria_range2 인수에 '$C$4:$C$38', criteria2 인수에 'I$14'를 입력합니다. Enter 를 눌러 함수를 완료합니다.

	A	B							J	K	L	M	N
								부서별 거주지별 평균					
13	함진경	총무부	청담동	85	91	176	거주지	압구정동	청담동	대치동	신사동	역삼동	
14	노홍철	영업관리부	대치동	78	73	151	총무부	$C$38,I$14					
15	최길자	기획예산부	신사동	77	81	158	영업관리부						
16	신하영	생산관리부	신사동	82	85	167	기획예산부						
17	최경미	영업관리부	대치동	79	86	165	생산관리부						
18	윤성희	품질관리부	신사동	83	88	171	품질관리부						
19	소지민	총무부	청담동	86	99	185							
20	서영남	영업관리부	청담동	83	75	158							
21	신희선	기획예산부	대치동	94	77	171							
22	송은영	생산관리부	역삼동	87	84	171							
23	최강희	품질관리부	역삼동	85	83	168							
24	유주영	총무부	역삼동	89	94	183							
25	강현주	영업관리부	압구정동	95	82	177							
26	윤서진	기획예산부	압구정동	99	84	183							
27	장윤선	품질관리부	대치동	87	67	154							
28	김유진	총무부	신사동	83	84	167							

I14 =AVERAGEIFS($F$4:$F$38,$B$4:$B$38,$H15,$C$4:$C$38,I$14) 입력

Point

완성 수식 =AVERAGEIFS($F$4:$F$38,$B$4:$B$38,$H15,$C$4:$C$38,I$14) 계산범위를 먼저 지정하고, 부서의 전체 범위 중 총무부랑 같고 거주지의 전체 범위 중 압구정동과 같으면 계산범위 평균을 구합니다.
범위를 지정하면 F4 로 절대 참조를 지정합니다.

06. [I15] 셀 채우기 핸들을 [M15] 셀까지 드래그하여 복사합니다. 수식 복사한 [I15:M15] 범위를 선택된 채로 채우기 핸들을 더블클릭하면 전체 데이터에 수식이 복사됩니다. 소수자릿수를 정리하기 위해 [홈] – [표시 형식] – [쉼표 스타일 ,]을 적용합니다.

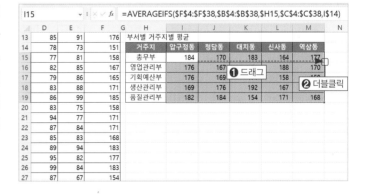

I15 =AVERAGEIFS($F$4:$F$38,$B$4:$B$38,$H15,$C$4:$C$38,I$14)

	D	E	F	G	H	I	J	K	L	M	N
					부서별 거주지별 평균						
13	85	91	176		거주지	압구정동	청담동	대치동	신사동	역삼동	
14	78	73	151		총무부	184	170	183	164	177	
15	77	81	158		영업관리부	176	167		188	170	
16	82	85	167		기획예산부	176	169		158		
17	79	86	165		생산관리부	169	176	192	167		
18	83	88	171		품질관리부	182	184	154	171	168	
19	86	99	185								
20	83	75	158								
21	94	77	171								
22	87	84	171								
23	85	83	168								
24	89	94	183								
25	95	82	177								
26	99	84	183								
27	87	67	154								

❶ 드래그 ❷ 더블클릭

Point

부서는 H15, H16, H17, … 셀을 선택해야 하기 때문에 H열을 고정하고, 거주지는 I14, J14, K14, … 선택해야 하기 때문에 14행을 고정합니다.

25 도수분포표(빈도수) 만들기 - FREQUENCY

FREQUENCY 함수는 이름에서 알 수 있듯이 선택한 범위 안에 특정 값의 발생 빈도를 계산해주는 배열 함수입니다. 각 구간별로 그 범위 안에 있는 데이터가 몇 개 있는지 알 수 있는 함수이며 배열 함수이기 때문에 범위를 선택하고 시작해서 Ctrl+Shift+Enter를 눌러 끝내야 합니다.

G- Key Word: FREQUENCY 함수, 도수분포표, 빈도수 구하기
실습 파일: 3-25

함수 익히기 : FREQUENCY 함수

함수 형식	=FREQUENCY(data_array, bins_array) =FREQUENCY(데이터 범위, 구간 범위)
인수	• data_array : 빈도수를 구하려는 데이터가 있는 범위를 선택합니다. • bins_array : 구간별로 개수를 구하기 위해 구분해놓은 범위를 선택하며, 입력되어 있는 값보다 작거나 같은 값의 빈도수를 구합니다.

01. 함수에서 사용할 범위를 미리 이름 정의하기 위해 [D3:E38] 셀의 범위를 선택한 후 [수식] - [정의된 이름] - [선택 영역에서 만들기]를 클릭합니다. [선택 영역에서 만들기] 대화상자에서 '첫 행'을 체크 표시하여 선택하고 [확인] 버튼을 클릭합니다.

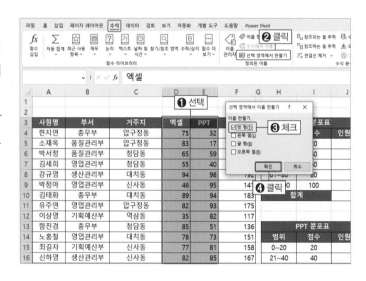

Point

첫 행에 입력되어 있는 열의 제목으로 이름 정의가 됩니다.

02. 이름 정의가 완료되면 [이름 상자]의 목록 아이콘을 클릭합니다. '엑셀', 'PPT'라는 이름이 정의된 것을 확인할 수 있습니다. 이름을 클릭하면 이름이 정의된 범위가 선택됩니다.

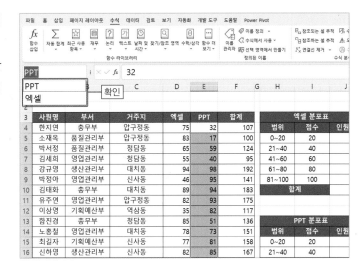

03. 정의된 이름으로 함수를 사용하기 위해 [J5:J9]를 선택하고 '=fr'을 입력한 다음 'FREQUENCY' 함수를 실행합니다.

04. 함수가 시작되면 data_array 인수에 이름을 정의해 놓은 '엑셀'을 입력하고, bins_array 인수에 'I5:I9'를 입력합니다. 수식 작성이 완료가 되면 [Ctrl]+[Shift]+[Enter]를 누릅니다. 점수대별 인원수가 구해지고 배열 수식의 특징으로 완성했기 때문에 중괄호({ })가 표시됩니다.

Point

완성 수식 {=FREQUENCY(엑셀,I5:I9)} 이름 정의된 엑셀 범위 중에 0~20까지의 개수, 21~40까지의 개수, ...배열 수식이기 때문에 처음 수식을 사용할 때나 수정할 때도 범위를 지정한 다음 [Ctrl]+[Shift]+[Enter]를 눌러 완성해야 합니다.

05. 같은 방법으로 PPT 분포표를 구하기 위해 [J15:J19]를 선택합니다. '=FREQUENCY(ppt,I15:I19'가 입력되면 Ctrl+Shift+Enter를 눌러 함수 입력을 완료합니다.

| I15 | | × ✓ fx | =FREQUENCY(ppt,I15:I19 | **②입력** |

	C	D	E					J
10	대치동	89	94	183	합계			35
11	압구정동	82	93	175				
12	역삼동	35	82	117				
13	청담동	85	51	136	PPT 분포표			
14	대치동	78	73	151	범위	점수	인원수	
15	신사동	77	81	158	0~20	20	I15:I19	
16	신사동	82	85	167	21~40	40		
17	대치동	79	86	165	41~60	60		
18	신사동	53	88	141	61~80	80		
19	청담동	86	32	118	81~100			
20	청담동	43	75	118	합계			0
21	대치동	18	77	95				
22	역삼동	87	84	171				
23	역삼동	36	83	119				
24	역삼동	19	94	113				
25	압구정동	65	82	147				

①드래그

③Ctrl+Shift+Enter

Point

완성 수식 {=FREQUENCY(PPT,I15:I19)} 이름 정의된 PPT 범위 중에 0~20까지의 개수, 21~40까지의 개수, ...구간별 점수 중 [I19] 셀에 점수가 입력되어 있지 않지만 남은 마지막 점수가 81~100점대이기 때문에 자동으로 인식됩니다.

Level UP

배열함수를 수정할 때

FREQUENCY 함수를 처음에 입력할 때도 범위를 지정하고 시작해서 Ctrl+Shift+Enter를 눌러 끝냈듯이 이를 수정할 때도 똑같이 범위를 지정하고 F2를 눌러 편집모드 상태에서 수정하고 Ctrl+Shift+Enter를 눌러 마무리합니다.

26 텍스트 분리하기 - LEFT/MID/RIGHT

특정 셀에 여러 가지 데이터가 입력되어 있는 경우 분리하는 함수가 LEFT 함수, MID 함수, RIGHT 함수입니다. LEFT 함수는 왼쪽부터, MID 함수는 지정한 위치부터, RIGHT 함수는 오른쪽부터 문자를 추출할 수 있습니다.

⟶ Key Word: LEFT 함수, MID 함수, RIGHT 함수
실습 파일: 3-26

함수 익히기 : LEFT, MID, RIGHT

함수 형식	=LEFT(text, [num_chars]) =LEFT(셀 주소, [추출할 문자의 개수])
	=RIGHT(text, [num_chars]) =RIGHT(셀 주소, [추출할 문자의 개수])
	=MID(text, start_num, num_chars) =MID(셀 주소, 추출할 문자의 위치, 추출할 문자의 개수)
인수	• text : 추출 할 문자가 있는 문자 또는 셀 주소 • start_num : 추출하려는 문자의 시작위치 • num_chars : 추출하려는 문자의 개수, (LEFT, RIGHT 함수는 1글자 추출할 때 생략 가능)

01. D열에 회원명과 주민등록번호가 있는데 그중에서 회원명을 추출하기 위해 [E5] 셀을 클릭합니다. LEFT 함수를 시작합니다.

02. text 인수에 사원명이 입력되어 있는 'D5' 셀을 클릭합니다. 추출하려는 글자 개수를 입력하기 위해 num_chars는 '3'을 입력하고 Enter를 누릅니다.

Point

완성 수식 =LEFT(D5,3) RIGHT 함수도 사용방법은 같습니다.

03. [E5] 셀 채우기 핸들을 더블클릭합니다. B열에 사원번호가 있는데 그중에서 숫자로 되어 있는 사원코드만 추출하려고 합니다. [C5]를 클릭하고 추출하려는 문자가 중간에 있을 때 사용하는 MID 함수를 시작합니다.

04. text 인수에 추출하려는 문자가 들어있는 셀인 'B5', start_num 인수는 네 번째부터 시작되어 '4', num_chars 인수는 총 네 글자를 추출하기 때문에 '4'를 입력합니다. Enter를 눌러 수식을 마치고 채우기 핸들을 이용하여 수식을 복사합니다.

Point

완성 수식 =MID(B5,4,4)

27 숫자로 변환하고 표시 형식 변경하기 - VALUE

LEFT 함수, MID 함수, RIGHT 함수로 추출한 문자를 숫자 형식으로 변환해야 할 때는 VALUE 함수를 사용합니다. 숫자로 변환하고 표시 형식을 이용하여 편집하는 방법을 배워보겠습니다.

- Key Word: VALUE 함수, 문자를 숫자로 변환
  실습 파일: 3-27

함수 익히기 : VALUE

함수 형식	=VALUE(text) =VALUE(셀 주소 또는 수식)
인수	• text : 변환할 문자가 있는 셀 주소 또는 수식입니다.

01. 주민등록번호를 추출하기 위해 [D5] 셀을 클릭하고, MID 함수를 시작합니다. text 인수는 추출하려는 문자가 들어있는 셀인 'C5', start_num 인수는 다섯 번째부터 시작되어 '5', num_chars 인수는 주민번호 열세 글자를 추출하기 때문에 '13'을 입력합니다.

Point

첫 번째 완성 수식 =MID(C5,5,13)

D5			=MID(C5,5,13		
A	B	C	D	E	F
1			사원명부		
2					
3					
4	사원번호	사원명 주민등록번호	주민등록번호	입사일	부서
5	ABC9008	한지연 8208101623041	=MID(C5,5,13	2001-04-09	총무부
6	ABC7330	소재옥 7702171219029	MID(text, start_num, num_chars)	1998-08-22	총무부
7	ABC9833	박서정 6510021160571		1993-12-17	총무부
8	ABC3037	김세희 8007042117574	입력	1999-04-15	영업관리부
9	ABC9578	강규영 6810051156208		1999-08-08	기획예산부
10	ABC4697	박정아 6110052567156		2000-04-27	영업관리부
11	ABC2433	김태화 5802262184705		1994-04-02	총무부
12	ABC7213	유주연 7605161923667		1995-04-29	영업관리부
13	ABC8843	이상영 6601032407321		1993-12-21	기획예산부
14	ABC4637	함진경 7607252685328		1993-10-06	총무부
15	ABC5847	노흥철 6909172265155		1996-12-04	영업관리부
16	ABC5000	최길자 7209042426121		1999-11-30	기획예산부
17	ABC3184	신하영 6012172412631		1996-03-28	생산관리부
18	ABC4598	최경미 7009281209331		1996-05-29	영업관리부
19	ABC6079	윤성희 5808181433889		1996-12-06	품질관리부
20	ABC3193	소지민 6505272683130		1994-03-08	총무부
21	ABC2705	서영남 7106272687499		2000-04-19	영업관리부
22	ABC2773	신희선 6601042370876		1995-10-22	기획예산부
23	ABC3777	송은영 6908242186972		2000-04-22	생산관리부

02. MID 함수의 결과가 문자이기 때문에 숫자 표시 형식을 지정할 수 없습니다. 따라서 MID 함수의 결과를 VALUE 함수로 변환해 보겠습니다. = 다음에 커서를 위치하고 VALUE 함수를 시작합니다. 수식의 끝에 괄호를 달고 Enter를 눌러 함수 입력을 마칩니다. 채우기 핸들을 이용해 수식을 복사합니다.

Point

완성 수식 =VALUE(MID(C5,5,13))

03. 숫자로 변환된 데이터를 주민등록번호 형식으로 보이게 하기 위해 [홈] – [표시 형식] 그룹에서 설정 아이콘(⬜)을 클릭합니다. [셀 서식] 대화상자에서 '기타' 형식에서 '주민등록번호'로 지정합니다. [확인] 버튼을 클릭합니다.

Point

셀 서식 단축키는 Ctrl+1입니다.

04. 주민등록번호의 형식을 유지하여 입력되었습니다.

Section 28 원하는 목록 찾아 지정하기 - CHOOSE/MID

CHOOSE 함수는 골라낼 인수의 위치에 따라서 원하는 목록을 찾아주는 함수입니다. 앞에서 배운 MID 함수와 IF 함수로 함께 구하는 법도 알아보겠습니다.

○ Key Word: CHOOSE 함수, IF 함수, MID 함수, 남녀 구하기
실습 파일: 3-28

함수 익히기 : CHOOSE

함수 형식	=CHOOSE(index_num, value1, [value2], [value3], …) =CHOOSE(인덱스 번호, 인덱스 번호가 1일때, [2일 때], …)
인수	• index_num : 1부터 254까지의 수, 수에 대한 참조나 수식을 지정합니다. • value : 인덱스 번호가 1일때 표시할 값부터 254일때 표시할 값까지 필요한 만큼 지정 가능합니다.

01. 성별을 구하기 위해 [F4] 셀을 클릭하고 CHOOSE 함수를 시작합니다. 주민등록번호에서 남녀를 구분하는 데이터를 추출하기 위해 index_num 인수에 MID 함수를 시작합니다. MID 함수의 첫 번째 text 인수는 'E4', start_num 인수는 '8', num_chars 인수는 '1'을 입력합니다. 괄호를 닫아 MID 함수는 종료하고 다시 CHOOSE 함수에서 시작합니다.

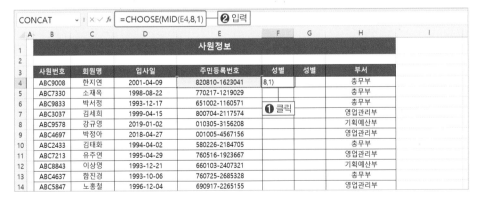

Point

=CHOOSE(MID(E5,8,1)[E5] 셀에 8번째부터 1글자를 추출합니다. [E4] 셀에 대시(-)도 입력되어 있는 문자이므로 1글자로 인식됩니다. 표시 형식으로 주민등록번호처럼 보이게 표시한 경우에는 대시(-)는 글자 수로 세지 않습니다.

02. CHOOSE 함수에서 index_num는 입력되었으니, value 인수를 입력하기 위해 쉼표(,)를 입력하고 value1 인수에 "남자", value2 인수에 "여자", value3 인수에 "남자", value4 인수에 "여자")'를 입력합니다.

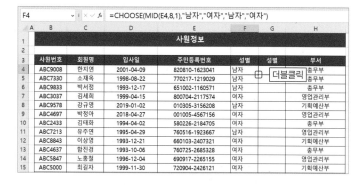

Point

완성 수식 =CHOOSE(MID(E5,8,1),"남자","여자","남자","여자")

03. 채우기 핸들을 이용해서 완성된 수식을 복제합니다. 2000년대 이후 출생자가 있더라도 남녀를 구분할 수 있는 수식이 완료되었습니다.

04. 같은 의미이지만 IF 함수와 MID 함수를 이용하여 해보겠습니다.

Point

완성 수식 ==IF(OR(MID(E4,8,1)="1", MID(E4,8,1)="3"),"남자","여자")

Point

MID 함수로 추출한 1이나 3이면 남자 아니면 여자로 적용합니다. * 숫자여도 IF 함수와 MID 함수가 만나면 다시 문자가 된다는 이론으로 MID 함수로 추출한 1은 문자이기 때문에 비교해주는 1을 문자 "1"과 비교합니다.

29 표시 형식 설정하기 - TEXT

TEXT 함수는 [셀 서식] – [표시 형식]과 같은 기능을 가지고 있는 함수라 할 수 있습니다. 수식에서 바로 표시 형식을 지정하거나, [셀 서식] – [표시 형식]에 지정되어 있는 것을 외부 데이터로 추출하고자 할 때 안 되는 경우가 있는데 그 때 사용하는 함수가 TEXT 함수입니다.

◉ Key Word: TEXT 함수, 표시 형식 대체 함수
실습 파일: 3-29

함수 익히기 : TEXT

함수 형식	=TEXT(value, format_text) =TEXT(수식이나 셀값, "표시 형식")
인수	• value : 표시 형식을 설정할 셀 값, 수식 • format_text : 큰따옴표 안에 입력해야하며, 표시 형식에서 지정하는 기호와 같습니다.

01. 사원번호에서 오른쪽 네 자리를 추출하여 총 다섯 자리 형식으로 표시하기 위해 [C5] 셀에 TEXT 함수를 시작합니다. 오른쪽부터 네 글자를 추출하기 위해 value 인수에 'RIGHT(B5,4)'를 입력합니다.

Point

첫 번째 완성 수식 =TEXT(RIGHT(B5,4)

02. TEXT 함수에서 RIGHT 함수가 끝나고 두 번째 인수를 입력하기 위해 쉼표(,)를 입력합니다. format_text 인수에 ""00000""를 입력합니다. 괄호를 닫고 Enter를 누릅니다.

Point

완성 수식 =TEXT(RIGHT(B5,4), "00000")

03. 채우기 핸들을 이용해서 수식을 복사합니다. 같은 방법으로 F열에 있는 데이터 중 주민등록번호만 추출하여 주민등록번호 형식을 표시하기 위해 [G5] 셀에 '=TEXT(RIGHT(F5,13),"000000-0000000")'을 입력합니다.

	A	B	C	D	E	F	G	H	I
						CONCAT ⌄ : × ✓ ƒx	=TEXT(RIGHT(F5,13),"000000-0000000")	②입력	
1					사원정보				
2			더블클릭						
3									
4		사원번호	번호	회원명	입사일	부서 주민등록번호	주민등록번호		
5		ABC9008	9008	한지연	2001-04-09	총무부 8208101623041	000000")	❶클릭	
6		ABC7330	7330	소재옥	1998-08-22	총무부 7702171219029			
7		ABC9833	9833	박서정	1993-12-17	총무부 6510021160571			
8		ABC3037	3037	김세희	1999-04-15	영업관리부 8007042117574			
9		ABC9578	9578	강규영	2019-01-02	기획예산부 0103053156208			
10		ABC4697	4697	박정아	2018-04-27	영업관리부 0010054567156			
11		ABC2433	2433	김태화	1994-04-02	총무부 5802262184705			
12		ABC7213	7213	유주연	1995-04-29	영업관리부 7605161923667			

04. 전체 주민등록번호를 수식을 복사하여 완성합니다.

	A	B	C	D	E	F	G	H	I
						G5 ⌄ : × ✓ ƒx	=TEXT(RIGHT(F5,13),"000000-0000000")		
1					사원정보				
2									
3									
4		사원번호	번호	회원명	입사일	부서 주민등록번호	주민등록번호		
5		ABC9008	9008	한지연	2001-04-09	총무부 8208101623041	820810-1623041		더블클릭
6		ABC7330	7330	소재옥	1998-08-22	총무부 7702171219029	770217-1219029		
7		ABC9833	9833	박서정	1993-12-17	총무부 6510021160571	651002-1160571		
8		ABC3037	3037	김세희	1999-04-15	영업관리부 8007042117574	800704-2117574		
9		ABC9578	9578	강규영	2019-01-02	기획예산부 0103053156208	010305-3156208		
10		ABC4697	4697	박정아	2018-04-27	영업관리부 0010054567156	001005-4567156		
11		ABC2433	2433	김태화	1994-04-02	총무부 5802262184705	580226-2184705		
12		ABC7213	7213	유주연	1995-04-29	영업관리부 7605161923667	760516-1923667		
13		ABC8843	8843	이상영	1993-12-21	기획예산부 6601032407321	660103-2407321		
14		ABC4637	4637	함진경	1993-10-06	총무부 7607252685328	760725-2685328		
15		ABC5847	5847	노홍철	1996-12-04	영업관리부 6909172265155	690917-2265155		
16		ABC5000	5000	최길자	1999-11-30	기획예산부 7209042426121	720904-2426121		
17		ABC3184	3184	신하영	1996-03-28	생산관리부 6012172412631	601217-2412631		

30 홀수 값만 추출하여 새 시트에 붙여넣기 - MOD

데이터의 홀수 값만 행을 복사하여 새로운 시트에 연결하여 붙여넣기하려고 합니다. MOD 함수는 나눗셈의 나머지를 구하는 함수로, 예를 들어 5 나누기 2하면, 몫은 2이고 나머지는 1입니다. 이때 MOD의 결과는 1입니다. MOD 함수와 필터를 이용하여 홀수 또는 짝수 행만 추출하는 방법을 알아보겠습니다.

➤ Key Word: MOD 함수, 짝수 행 추출
실습 파일: 3-30

함수 익히기 : MOD

함수 형식	=MOD(number, divisor) =MOD(나머지를 구하려는 수, 나누는 수)
인수	• number : 나머지를 구하려는 숫자나 수식을 사용합니다. • divisor : 나누는 수입니다.

01. 홀수 행만 추출하기 위해 [A5] 셀을 클릭하고 MOD 함수를 시작합니다. MOD 함수가 시작되면 다시 ROW 함수를 시작합니다. divisor 인수에 '2'를 입력하여 '=MOD(ROW(),2)' 수식을 입력합니다. 채우기 핸들을 이용해서 수식을 복사합니다.

Point

ROW( ) 함수는 행의 번호를 나타내는 함수이므로 결과값은 5입니다. 5를 2로 나눈 나머지가 1입니다.

02. [데이터] – [정렬 및 필터] – [필터]를 클릭합니다.

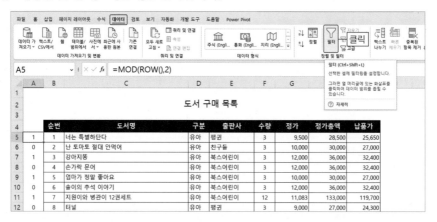

03. [A4] 셀의 필터 아이콘을 클릭하여 0을 체크 표시 해제하고 [확인] 버튼을 클릭합니다. [C4:I181] 범위를 선택하고 복사합니다.

04. 새 시트 아이콘(⊕)을 클릭하여 [A1] 셀에 마우스 오른쪽 버튼을 클릭하고 [연결하여 붙여넣기🗐]를 클릭하여 적용합니다.

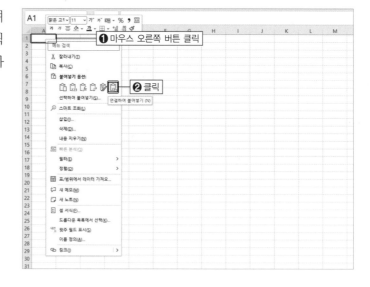

31 출력용 데이터 변환하기 - REPLACE

REPLACE 함수는 원하는 위치에서부터 원하는 텍스트로 변환하는 함수입니다. 사원명의 가운데 글자를 변환하고, 전화번호 뒷자리를 변환해 보겠습니다.

◯ Key Word: REPLACE 함수, 새로운 문자 변환
실습 파일: 3-31

함수 익히기 : REPLACE

함수 형식	=REPLACE(old_text, start_num, num_chars, new_text) =REPLACE(바꿀 문자가 있는 문자나 셀, 바꿀 문자의 시작위치, 바꿀 문자의 개수, 바꿀 새로운 문자)
인수	• old_text : 바꿀 문자가 있는 원본 데이터로 셀 주소나 문자입니다. • start_num : 바꾸기를 하려는 시작할 번호입니다. • num_chars : 바꾸려는 문자의 개수입니다. • new_text : 대체할 새로운 문자입니다.

01. 사원명이 있는 이름의 가운데 글자를 '*'로 변경하기 위해 [출력용] 시트의 [C5] 셀을 클릭합니다. =REPLACE 함수를 시작합니다.

02. 함수가 시작되면 old_text 인수에 [사내용] 시트의 [C5] 셀을 클릭합니다. start_num 인수에 '2', num_chars 인수에 '1', new_text 인수는 문자이기 때문에 큰따옴표 안에 "*"를 입력합니다.

Point

완성 수식 =REPLACE(사내용!C5,2, 1,"*") 사내용 시트의 [C5] 셀에서 두 번째부터 한 글자를 *로 변경합니다.

03. 두 번째 전화번호의 중간 네 글자를 변환하기 위해 '=REPLACE(사내용!E5,5,4,"****")'를 입력합니다.

Point

사내용 시트의 [E5] 셀에서 다섯 번째부터 네 글자를 ****으로 대체하는 함수입니다. 대시(-)도 글자 수에 포함합니다. 표시 형식에서 적용한 경우에는 글자 수에 포함하지 않습니다.

04. 사원명과 전화번호에서 채우기 핸들을 이용하여 수식을 복사합니다.

Section

32 생년월일 만들기 - DATE/MID

문자나 숫자로 인식하는 값을 날짜로 변경하기 위한 함수가 DATE입니다. 주민등록번호의 생년월일을 추출하고, MID 함수로 월과 일을 추출하여 생년월일을 구성해 보겠습니다.

◉ Key Word: DATE, MID, 생년월일
실습 파일: 3-32

함수 익히기 : DATE

함수 형식	=DATE(year, month, day) =DATE(년, 월, 일)
인수	• year : 연을 지정하는 인수로서 두 자리만 지정하면 1900년대로 입력됩니다. 날짜 체계에 따른 1900부터 9999년까지의 숫자입니다. • month : 월을 지정하는 인수로서 1부터 12까지의 숫자입니다. • day : 해당 월의 날짜를 나타내는 1부터 31까지의 숫자입니다.

01. 주민등록번호 생년월일을 날짜 형식으로 추출하기 위해 DATE 함수를 시작합니다.

02. year 인수에서 '=DATE(MID(E5, 1,2)' 수식을 적용합니다. [E5] 셀의 첫 번째부터 두 글자를 추출합니다.

03. 쉼표를 입력한 후 month 인수에서 'MID(E5,3,2)' 수식을 적용합니다. [E5] 셀의 세 번째부터 두 글자를 추출합니다.

Point

첫 번째 수식 완성 =DATE(MID(E5,1,2),MID(E5,3,2)

04. 쉼표를 입력한 후 day 인수에서 'MID(E5,5,2))' 수식을 적용합니다. [E5] 셀의 다섯 번째부터 두 글자를 추출합니다.

Point

수식 완성 =DATE(MID(E5,1,2),MID(E5,3,2),MID(E5,5,2)) 주민등록번호를 각각 두 글자씩 추출하여 날짜 형식으로 인식하도록 하였습니다.

05. 수식을 사용하여 완성했지만 표시 형식이 일반으로 되어 있기 때문에 날짜 형식으로 표시되지 않습니다. [홈] – [표시 형식] 그룹에서 표시 형식을 '간단한 날짜'로 선택합니다.

06. 수식을 복사하여 주민등록번호에서 생년월일을 추출한 결과를 확인할 수 있습니다.

F5			f_x	=DATE(MID(E5,1,2),MID(E5,3,2),MID(E5,5,2))		

	B	C	D	E	F	G
1				사 원 정 보		
2						
3					더블클릭	
4	사원번호	회원명	입사일	주민등록번호	생년월일	부서
5	ABC9008	한지연	2001-04-09	820810-1623041	1982-08-10	총무부
6	ABC7330	소재욱	1998-08-22	770217-1219029	1977-02-17	총무부
7	ABC9833	박서정	1993-12-17	651002-1160571	1965-10-02	총무부
8	ABC3037	김세희	1999-04-15	800704-2117574	1980-07-04	영업관리부
9	ABC9578	강규영	2019-01-02	960305-3156208	1996-03-05	기획예산부
10	ABC4697	박정아	2018-04-27	981005-4567156	1998-10-05	영업관리부
11	ABC2433	김태화	1994-04-02	580226-2184705	1958-02-26	총무부
12	ABC7213	유주연	1995-04-29	760516-1923667	1976-05-16	영업관리부

Level UP

2000년 이후의 데이터가 섞여 있을 때

주민등록번호상에 2000년대 이후의 데이터가 있을 때 MID 함수의 결과가 50보다 작으면 2000년에서 주민등록번호가 있는 연도를 더해서 표시하고, 50보다 크면 원래대로 1900에서 표시가 됩니다.
완성 수식 =DATE(IF(MID(E5,1,2)<"50",2000+MID(E5,1,2),MID(E5,1,2)),MID(E5,3,2),MID(E5,5,2))

CONCAT			f_x	=DATE(IF(MID(E5,1,2)<"50",2000+MID(E5,1,2),MID(E5,1,2)),MID(E5,3,2),MID(E5,5,2))			

	B	C	D	E	F	G	H
1				사 원 정 보			
2							
3							
4	사원번호	회원명	입사일	주민등록번호	생년월일	부서	
5	ABC9008	한지연	2001-04-09	030810-1623041	1903-08-10	총무부	MID(E5,5,2))
6	ABC7330	소재욱	1998-08-22	050217-1219029	1905-02-17	총무부	2005-02-17
7	ABC9833	박서정	1993-12-17	651002-1160571	1965-10-02	총무부	1965-10-02
8	ABC3037	김세희	1999-04-15	800704-2117574	1980-07-04	영업관리부	1980-07-04
9	ABC9578	강규영	2019-01-02	060305-3156208	1906-03-05	기획예산부	2006-03-05
10	ABC4697	박정아	2018-04-27	981005-4567156	1998-10-05	영업관리부	1998-10-05
11	ABC2433	김태화	1994-04-02	580226-2184705	1958-02-26	총무부	1958-02-26
12	ABC7213	유주연	1995-04-29	760516-1923667	1976-05-16	영업관리부	1976-05-16
13	ABC8843	이상영	1993-12-21	660103-2407321	1966-01-03	기획예산부	1966-01-03
14	ABC4637	함진경	1993-10-06	760725-2685328	1976-07-25	총무부	1976-07-25
15	ABC5847	노홍철	1996-12-04	690917-2265155	1969-09-17	영업관리부	1969-09-17
16	ABC5000	최길자	1999-11-30	720904-2426121	1972-09-04	기획예산부	1972-09-04

33 오늘 날짜와 현재 시간 표시하기 - TODAY/NOW

파일을 열 때마다 항상 오늘의 날짜와 현재 시간을 표시해주는 함수입니다. TODAY 함수는 날짜형식을 지원하며, NOW 함수는 날짜와 시간형식을 지원합니다.

→ Key Word: TODAY 함수, NOW 함수, 현재 시간, 현재 날짜
실습 파일: 3-33

함수 익히기 : TODAY, NOW

함수 형식	=TODAY() =NOW()
인수	인수가 없는 함수입니다.

01. 파일을 열 때의 오늘 날짜를 입력하기 위해 [C3] 셀을 클릭하고 '=TODAY()'를 입력합니다. 시스템에서 설정된 날짜가 입력됩니다.

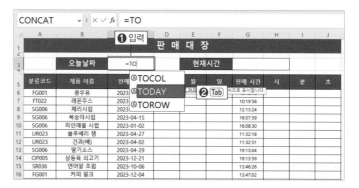

02. 현재 시간이 입력되는 '=NOW()' 함수를 입력합니다. 시스템에 설정된 날짜와 시간이 입력됩니다.

03. [G3] 셀에 표시되어 있는 날짜와 시간을 시간만 표시하기 위해 [홈] – [표시 형식] 그룹의 표시 형식 목록 버튼을 클릭하여 [시간]을 선택합니다.

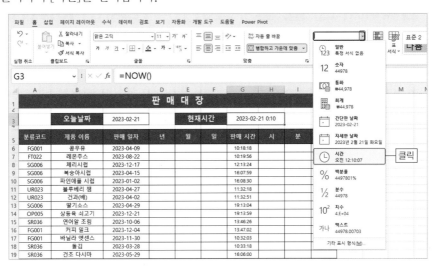

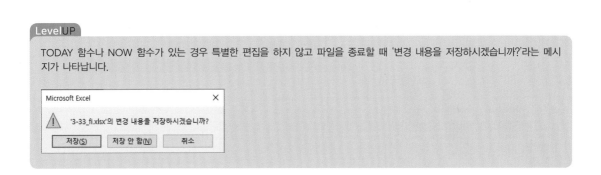

34 날짜에서 연, 월, 일 추출하기 – YEAR/MONTH/DAY

날짜 데이터는 셀에 연, 월, 일로 구분되어 있습니다. 우리는 날짜를 입력하지만 엑셀은 숫자로 인식하므로 일반적인 LEFT, RIGHT, MID 함수로 데이터를 추출할 수 없습니다. 날짜 데이터에서 연, 월, 일을 추출할 때 사용하는 함수가 YEAR, MONTH, DAY 함수입니다. 날짜 함수에서 YEAR, MONTH, DAY 함수를 사용했듯이 시간 데이터에서 시, 분, 초를 추출할 때는 HOUR, MINUTE, SECOND 함수를 사용합니다.

↪ Key Word: YEAR 함수, MONTH 함수, DAY 함수
실습 파일: 3-34

함수 익히기 : YEAR, MONTH, DAY

함수 형식	=YEAR(serial_number) =YEAR(날짜)
	=MONTH(serial_number) =MONTH(날짜)
	=DAY(serial_number) =DAY(날짜)
인수	• serial_number : 연, 월, 일을 추출하려는 날짜나 셀, 코드 형식의 수입니다.

함수 형식	=HOUR(serial_number) =HOUR(날짜)
	=MINUTE(serial_number) =MINUTE(날짜)
	=SECOND(serial_number) =SECOND(날짜)
인수	• serial_number : 시, 분, 초를 추출하려는 시간이나 셀, 코드 형식의 수

01. 제목을 '23년 판매대장'으로 변경하기 위해 [A1] 셀에 '=YEAR(C3)&"년 판매대장"'을 입력합니다.

Point

날짜에서 연도를 추출하여 기존 텍스트와 연결하기 위해 '&' 연산자를 사용합니다.

02. 판매 일자에서 월만 추출하기 위해 [D6] 셀에 '=MONTH(C6)'을 입력합니다. [E6] 셀에 '=DAY(C6)'을 입력합니다. [D6:E6] 셀의 범위를 지정하고 채우기 핸들을 이용하여 수식을 복사합니다.

03. 판매 시간에서 시간만 추출하기 위해 [G6] 셀에 '=HOUR(F6)'을 입력합니다.

04. 판매 시간에서 분을 추출하기 위해 [H6] 셀에 '=MINUTE(F6)'을 입력합니다. [G6:H6] 범위를 선택하고 채우기 핸들을 이용하여 수식을 복사합니다.

35 휴일을 선택하고 종료일 구하기 - WORKDAY.INTL

WORKDAY 함수는 토요일과 일요일은 휴일로 지정하고 일한 날짜로 종료일을 구하는 함수이지만, 같은 특성을 띠는 WORKDAY.INTL 함수는 휴일을 상황에 따라 선택할 수 있습니다. 반대로 종료일을 알고 며칠 동안 일했는지 알기 위해서는 NETWORKDAY.INTL 함수를 사용할 수 있습니다. WORKDAY.INTL 함수는 엑셀2010 이상에서만 사용할 수 있습니다.

G **Key Word:** 종료일 구하기, WORKDAY.INTL 함수
실습 파일: 3-35

함수 익히기 : WORKDAY.INTL

함수 형식	=WORKDAY.INTL(start_date, days, [weekend], [holidays]) =WORKDAY.INTL(시작날짜, 작업일 수, 휴일로 지정된 요일, 1년동안 지정된 휴일)			
인수	• start_date : 시작 날짜입니다. • days : 소요일 수, 앞으로의 날짜는 양수, 지나간 날짜는 음수로 표시합니다. • weekend : 휴일로 지정된 요일로, 작업일수에서 제외됩니다.			

weekend 숫자	휴일	weekend 숫자	휴일
1 또는 생략	토요일, 일요일	11	일요일만
2	일요일, 월요일	12	월요일만
3	월요일, 화요일	13	화요일만
4	화요일, 수요일	14	수요일만
5	수요일, 목요일	15	목요일만
6	목요일, 금요일	16	금요일만
7	금요일, 토요일	17	토요일만

• holidays : 일년중 공식 지정된 휴일을 선택합니다. 날짜가 들어있는 셀 범위

01. 개강일을 기준으로 강습일수 이후에 며칠이 종강일인지 알기 위해 [E4] 셀을 클릭합니다. WORKDAY.INTL 함수를 시작합니다. start_date 인수에 'C4', days 인수에 강습일수가 있는 [D4] 셀을 입력합니다.

번호	과정명	개강일	강습일수	종강일
1	헬스	2023-03-04	42	=WORKDAY.INTL(C4, D4
2	인라인	2023-03-06	35	
3	수영	2023-03-04	38	❶클릭
4	테니스	2023-03-05	30	
5	탁구	2023-03-08	42	
6	필라테스	2023-03-07	30	

D4 | =WORKDAY.INTL(C4,D4 **❷입력**

스포츠 강좌 현황

02. 쉼표(,)를 입력하면 weekend 인수 옵션이 나타나는데 이중 '11'을 입력합니다.

Point

weekend 인수는 휴일로 지정된 요일을 선택합니다. 직접 입력하거나 Tab을 눌러 선택 가능합니다. 생략하면 '1번-토요일, 일요일'을 선택한 것과 같습니다.

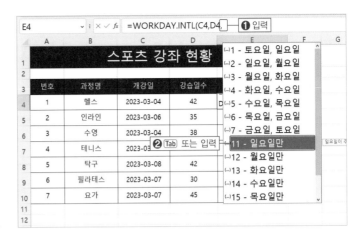

03. Enter를 눌러 수식을 종료하고 [E10] 셀까지 수식을 복사합니다.

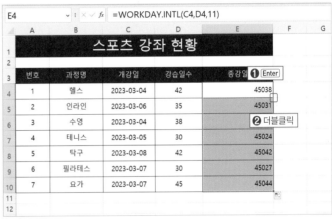

04. 종강일을 모두 구했지만 날짜처럼 보이지 않습니다. [홈] – [표시 형식] 그룹에서 표시 형식을 '간단한 날짜'로 지정하여 날짜 형식을 유지합니다.

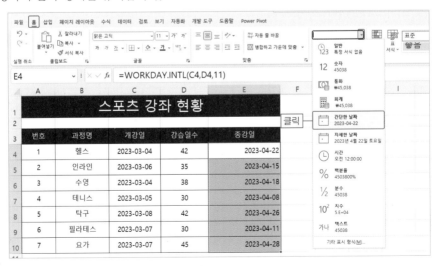

36 두 날짜 사이 경과 일 구하기 – DATEDIF

날짜 두 개 사이의 경과 연, 월, 일 수를 구하기 위해 사용하는 함수가 DATEDIF 함수입니다. DATEDIF 함수는 함수 라이브러리에 없는 함수이기 때문에 모두 직접 입력합니다.

Key Word: 근속기간, DATEDIF 함수
실습 파일: 3-36

함수 익히기 : DATEDIF

함수 형식	=DATEDIF(start_date, end_date, return_type) =DATEDIF(시작 날짜, 종료 날짜, 기간의 종류)
인수	• start_date : 시작 날짜를 구합니다. • end_date : 종료 날짜를 구합니다. • return_type : 6가지 기간의 종류를 큰따옴표 ""로 묶어서 입력합니다. 　① "Y" : 두 날짜 사이에 경과한 총 년수 　② "M" : 두 날짜 사이에 경과한 총 월수 　③ "D" : 두 날짜 사이에 경과한 총 일수 　④ "YM" : 경과한 년도까지 뺀 나머지 경과 개월 수 　⑤ "YD" : 경과한 년도까지 뺀 나머지 월과 일 경과 일 수 　⑥ "MD" : 경과한 개월까지 뺀 나머지 경과 일 수

01. 입사일에서 오늘의 날짜 사이에 경과 연수를 구하기 위해 [F5] 셀을 클릭합니다. '=DATEDIF(E5,TODAY(),"Y")'를 입력합니다.

Point

시작일에서 종료일 중 총 연수를 구합니다.

	A	B	C	D	E	F
				사원명부		
1						
2						
3						
4		사원번호	사원명	주민등록번호	입사일	근속기간(년/월)
5		ABC9008	한지연	820810-1623041	2001-04-09	=DATEDIF(E5,TODAY()
6		ABC7330	소재옥	770217-1219029	1998-08-22	
7		ABC9833	박서정	651002-1160571	1993-12-17	
8		ABC3037	김세희	800704-2117574	1999-04-15	
9		ABC9578	강규영	681005-1156208	1999-08-08	
10		ABC4697	박정아	611005-2567156	2000-04-27	
11		ABC2433	김태화	580226-2184705	1994-04-02	
12		ABC7213	유주연	760516-1923667	1995-04-29	
13		ABC8843	이상영	660103-2407321	1993-12-21	
14		ABC4637	함진경	760725-2685328	1993-10-06	
15		ABC5847	노홍철	690917-2265155	1996-12-04	
16		ABC5000	최길자	720904-2426121	1999-11-30	

CONCAT　　fx　=DATEDIF(E5,TODAY(),"Y")　❷입력

❶클릭

02. 추가로 '&"년 "'을 입력하고 '&DATEDIF(E5,TODAY(),"YM"))' 수식을 이어서 완성합니다.

Point

=DATEDIF(E5,TODAY(),"Y")&"년 "&DATEDIF(E5,TODAY(),"YM") 첫 번째 구한 것과 두 번째 구한 DATEDIF 함수에 연결 연산자를 쓰고 이어줍니다.

03. 마지막으로 '&"개월"'을 입력합니다.

Point

=DATEDIF(E5,TODAY(),"Y")&"년 "&DATEDIF(E5,TODAY(),"YM")&"개월" 첫 번째 DATEDIF 함수는 년수를 구하고, 두 번째 DATEDIF 함수는 년수를 제외한 개월 수를 구합니다.

04. 채우기 핸들을 이용하여 수식을 복사합니다.

사원번호	사원명	주민등록번호	입사일	근속기간(년/월)
ABC9008	한지연	820810-1623041	2001-04-09	21년 10개월
ABC7330	소재옥	770217-1219029	1998-08-22	24년 6개월
ABC9833	박서정	651002-1160571	1993-12-17	29년 2개월
ABC3037	김세희	800704-2117574	1999-04-15	23년 10개월
ABC9578	강규영	681005-1156208	1999-08-08	23년 6개월
ABC4697	박정아	611005-2567156	2000-04-27	22년 9개월
ABC2433	김태화	580226-2184705	1994-04-02	28년 10개월

37 토요일, 일요일 채우기 변경하기 - WEEKDAY

원하는 범위에 날짜가 있을 때 요일을 숫자로 표시하는 함수가 WEEKDAY 함수입니다. 이를 조건부 서식에서 사용하면 특정 요일에 자동으로 채우기 색상을 변경할 수 있습니다. 예제와 같이 토요일은 파란색으로, 일요일은 빨간색으로 칠하여 주말에 아르바이트 한 사람을 파악할 수 있습니다.

> **Key Word:** 조건부 서식, WEEKDAY 함수
> 실습 파일: 3-37

함수 익히기 : WEEKDAY

함수 형식	=WEEKDAY(serial_number, [return_type]) =WEEKDAY(날짜 데이터 또는 셀 주소, [요일을 표시하는 옵션])

인수	• serial_number : 요일을 표시할 날짜를 지정합니다.
	• [return_type] : 요일을 어떤 숫자로 표시할지 옵션을 설정합니다.
	  ① 1 또는 생략 : 1(일요일) ~ 7(토요일)
	  ② 2 : 1(월요일) ~ 7(일요일)
	  ③ 3 : 0(월요일) ~ 6(일요일)

01. 토요일엔 파란색으로 채우기 색상을 변경하기 위해 [B3:AF14] 셀의 범위를 선택하고 [홈] – [스타일] – [조건부 서식] – [새 규칙]을 선택합니다.

02. [새 서식 규칙] 대화상자에서 규칙 유형 선택을 '수식을 사용하여 서식을 지정할 셀 결정'으로 지정합니다.

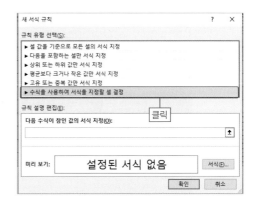

03. 다음 수식이 참인 값의 서식 지정을 '=WEEKDAY(B$3)=7'을 입력하고 [서식] 버튼을 클릭합니다. [채우기] 탭에서 색을 클릭하고 [확인] 버튼을 두 번 클릭해서 조건부 서식을 적용합니다.

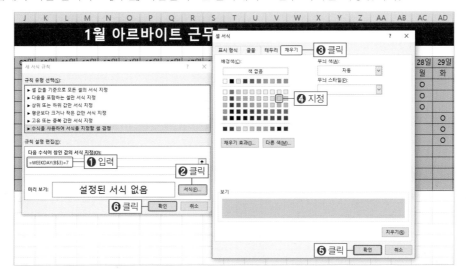

Point

[B3] 셀을 행 고정한 값이 토요일과 같으면 셀 서식의 [채우기] 탭에서 색을 지정합니다.

04. 같은 방법으로 [홈] − [스타일] − [조건부 서식] − [새 규칙]을 선택합니다. 규칙 유형 선택을 '수식을 사용하여 서식을 지정할 셀 결정', 다음 수식이 참인 값의 서식 지정을 '=WEEKDAY(B$3)=1'로 지정하고 [서식] 버튼을 클릭하여 서식을 변경합니다.

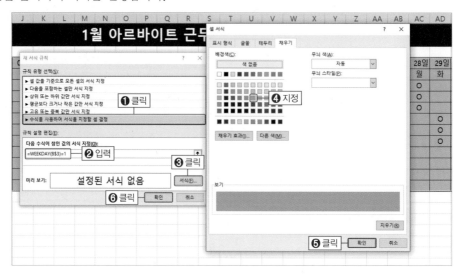

05. 조건부 서식을 이용하여 토요일, 일요일에 색이 변경된 것을 확인할 수 있습니다.

06. 2월 되면 [B3] 셀에 '2-1'을 입력했을 때 날짜에 맞추어 토요일과 일요일에 색의 위치가 변경된 것을 확인할 수 있습니다.

38 예정일 구하기 - EDATE/EOMONTH

EDATE 함수는 시작일로부터 몇 개월 후 또는 몇 개월 전의 날짜를 나타내주는 함수입니다. EOMONTH 함수는 EDATE 함수와 비슷하지만 시작일로부터 몇 개월 후 또는 전의 날짜가 속한 말일을 나타내주는 함수입니다.

○ KeyWord: EDATE 함수, EOMONTH 함수
실습 파일: 3-38

함수 익히기 : EDATE, EOMONTH

함수 형식	=EDATE(start_date, months) =EDATE(시작 날짜, 더하거나 뺄 개월 수) =EOMONTH(start_date, months) =EOMONTH(시작 날짜, 더하거나 뺄 개월 수)
인수	• start_date : 시작 날짜를 지정합니다. • months : 시작 날짜에서 구하고자 하는 이전 개월 수 또는 이후 개월 수로 숫자를 입력합니다.

01. 사용시작일에서 교체주기 후 며칠이 될지 교체일자를 구하기 위해 [D4] 셀을 클릭합니다. EDATE 함수를 시작합니다.

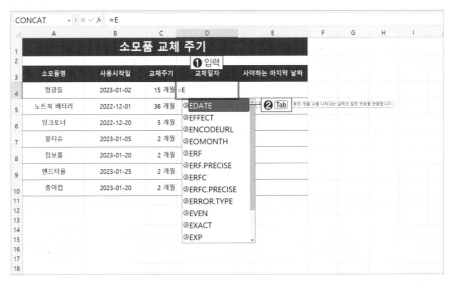

02. 함수가 시작되면 start_date 인수에 시작일이 있는 셀인 'B4', months 인수에 교체주기 월이 있는 셀인 'C4'를 입력합니다.

Point

완성 수식 =EDATE(B4,C4)

03. [D4] 셀이 선택된 채로 [홈] – [표시 형식] 그룹에서 '간단한 날짜'로 지정합니다.

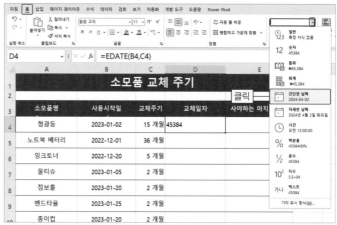

04. 교체주기를 최소한으로 잡았기 때문에 교체일자가 속한 마지막 일을 구합니다. EOMONTH 함수를 시작합니다.

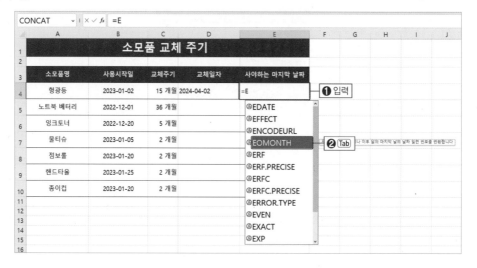

05. '=EOMONTH(B4,C4-1)'를 입력합니다.

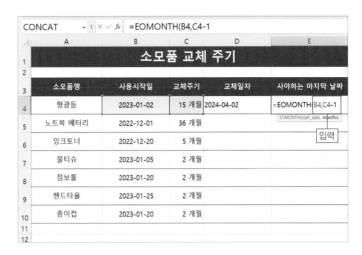

Point

교체일자 한달전 마지막일에 부품을 사야하기에 -1을 지정합니다.

06. [D4:E4] 범위를 선택하고 채우기 핸들을 이용하여 수식을 복사합니다.

39 SUBTOTAL 함수로 필터링 결과 한 번에 알아보기

SUBTOTAL 함수는 화면에 보이는 데이터를 계산하는 함수입니다. 화면에 보이는 데이터를 SUM 함수, AVERAGE 함수 등 총 열한 개의 함수의 특징으로 계산합니다. 일반적인 SUM 함수는 전체 데이터를 계산하지만 SUBTOTAL 함수에서 SUM은 화면에 보이는 결과를 다시 계산해 줍니다.

Key Word: SUBTOTAL 함수, 화면에 보이는 셀만 계산
실습 파일: 3-39

함수 익히기 : SUBTOTAL

함수 형식	=SUBTOTAL(function_num, ref1, [ref2], …) =SUBTOTAL(함수 번호, 셀 범위1, [셀 범위2], …)			
인수	• function_num : 계산할 함수 번호를 지정합니다. ① 1 ~ 11번 : 숨겨진 행의 셀 값을 포함하여 계산 (필터 기능 이외에 행 숨기기한 경우 포함하여 계산) ② 101 ~ 111번 : 숨겨진 행도 제외하고 화면에 보이는 셀 값을 포함하여 계산 (필터 기능 이외에 행 숨기기한 경우 제외하여 계산) • ref : 계산해야 할 범위			

fun_num(행 숨김 포함)	fun_num(행 숨김 제외)	함수 유형	계산
1	101	AVERAGE	평균
2	102	COUNT	숫자 개수
3	103	COUNTA	개수
4	104	MAX	최대값
5	105	MIN	최소값
6	106	PRODUCT	곱하기
7	107	STEDEV	표본 표준 편차
8	108	STDEVP	표준 편차
9	109	SUM	합계
10	110	VAR	표본 분산
11	111	VARP	분산

01. 필터링 된 결과를 다시 계산하기 위해 [E4] 셀을 클릭하고 SUBTOTAL 함수를 시작합니다.

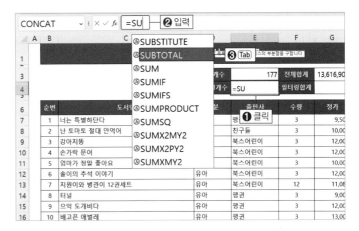

02. function_num 인수는 도서명 개수를 세기 위해 COUNTA 함수가 있는 3을 입력합니다.

Point

문자 수를 세기 위해 COUNTA 함수인 '3'을 선택합니다.

03. ref 인수에서 [C7] 셀을 클릭하고 Ctrl+Shift+↓를 눌러 데이터 끝까지 선택한 다음 Enter를 누릅니다.

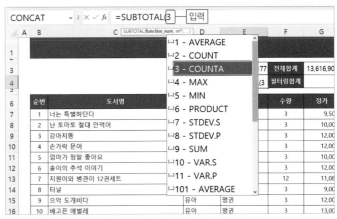

Point

=SUBTOTAL(3,C7:C183)

04. 같은 방법으로 [G4] 셀에 '=SUB TOTAL(9,H7:H183)' 수식을 완성합니다.

05. [I4] 셀에 '=SUBTOTAL(1,H7:H 183)'을 입력합니다.

06. [B6] 셀을 클릭하고, [데이터] − [정렬 및 필터] − [필터]를 클릭합니다. 구분 필터링에서 '성인'을 선택하면 필터링한 결과에 따라 수치가 변경된 것을 확인할 수 있습니다.

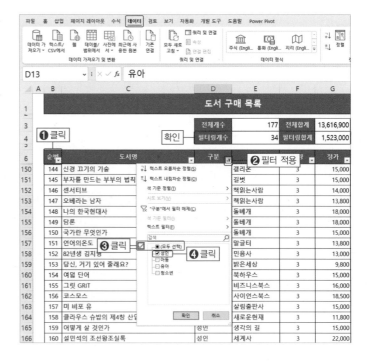

40 IFERROR 함수로 오류 해결하기

간단한 수식이나 함수를 사용했는데 간혹 결과가 오류가 나는 경우가 있습니다. 오류가 표시되는 것을 없애고 원하는 형식의 값을 표시하기 위해서 사용하는 함수로, 오류가 없을 때는 첫 번째 인수가 실행됩니다. 오류면 두 번째 제시한 값이 실행 됩니다.

○ Key Word: 오류 해결, IFERROR 함수
실습 파일: 3-40

함수 익히기 : IFERROR

함수 형식	=IFERROR(value, value_if_error) =IFERROR(값이나 수식, 오류를 대체할 값이나 수식)
인수	• value : 원래 수행해야 할 수식이나 값, 오류가 없을 때 실행되야 하는 수식 • value_if_error : 결과가 오류인 경우 대체해야 할 값이나 수식

01. FIND 함수 결과에 오류가 나면 빈 칸을 대체하기 위해 [E3] 셀을 클릭하고 '=' 다음을 클릭합니다. IFERROR 함수를 시작합니다.

Point

=IFERROR(FIND("A",A3)

02. IFERROR 함수에 원래 있었던 수식을 그대로 두고, 수식 끝을 클릭합니다. value_if_error 인수를 입력하기 위해 쉼표(,)를 입력합니다.

03. 오류가 난 경우 빈칸으로 대체하기 위해 큰따옴표("")를 입력한 후 괄호())를 닫아줍니다.

Point

=IFERROR(FIND("A",A3),"")

04. 같은 방법으로 [F3] 셀에 '=IFERROR(FIND("B",A3),"")', [G3] 셀에 '=IFERROR(FIND("C",A3),"")'를 입력합니다.

05. [E3:G3] 범위를 선택하고 채우기 핸들을 이용해 수식을 복사합니다.

41 위치 알아보기 - MATCH

MATCH 함수는 하나의 행이나 열에 있는 범위 안에서 찾는 값이 몇 번째 위치하는지 알려주는 함수입니다. MATCH 함수의 결과는 숫자로 나타냅니다.

← Key Word: MATCH 함수
실습 파일: 3-41

함수 익히기 : MATCH

함수 형식	=MATCH(lookup_value, lookup_array, [match_type]) =MATCH(찾는 값, 범위, [찾는 방법])
인수	• lookup_value : 찾으려는 값 • lookup_array : 찾을 데이터가 있는 셀 범위로 행이나 열 중 한 개이어야 합니다. • [match_type] : 찾는 방법으로 세 가지 중에서 선택할 수 있습니다. 　1 : 생략 가능, 찾을 데이터가 있는 셀 범위가 오름차순인 경우 　0 : 정확하게 일치하는 값 　−1 : 찾을 데이터가 있는 셀 범위가 내림차순인 경우

01. 찾을 도서에 있는 책이 도서 목록에서 몇 번째 위치하고 있는지 찾기 위해 [K7] 셀을 클릭합니다. =MATCH 함수를 시작합니다.

02. lookup_value 인수는 찾을 도서가 입력된 셀인 'K6', lookup_array 인수는 'C5:C182', lookup_array 에서 지정한 범위는 정렬되어 있지 않기 때문에 match_type 인수는 '0'을 입력합니다.

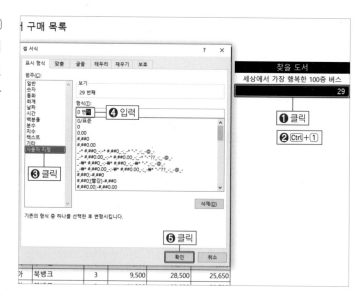

순번	도서명	구분	출판사	수량	정가	정가총액	납품가
							도서 구매 목록
1	너는 특별하단다	유아	팽귄	3	9,500	28,500	25,650
2	난 토마토 절대 안먹어	유아	친구들	3	10,000	30,000	27,000
3	강아지똥	유아	북스어린이	3	12,000	36,000	32,400
4	손가락 문어	유아	북스어린이	3	12,000	36,000	32,400
5	엄마가 정말 좋아요	유아	북스어린이	3	10,000	30,000	27,000
6	솔이의 추석 이야기	유아	북스어린이	3	12,000	36,000	32,400
7	지원이와 병관이 12권세트	유아	북스어린이	12	11,083	133,000	119,700
8	터널	유아	팽귄	3	9,000	27,000	24,300
9	으악 도개비다	유아	팽귄	3	12,000	36,000	32,400
10	배고픈 애벌레	유아	팽귄	3	13,000	39,000	35,100
11	42가지 마음의 색깔	유아	친구들	3	13,000	39,000	35,100
12	팽귄은 너무해	유아	미디어비상	3	13,000	39,000	35,100
13	책이 꼼지락 꼼지락	유아	미래아이	3	9,000	27,000	24,300
14	사과가 쿵	유아	보림	3	8,500	25,500	22,950
15	엄마랑 뽀뽀	유아	보림	3	8,500	25,500	22,950
16	늑대가 들려주는 아기돼지 삼형제 이야기	유아	보림	3	9,000	27,000	24,300
17	사랑해 사랑해 사랑해	유아	보물창고	3	9,500	28,500	25,650
18	진짜 진짜 재밌는 공룡 그림책	유아	부즈펌	3	17,500	52,500	47,250
19	100층자리집	유아	북뱅크	3	9,500	28,500	25,650

Point

완성된 수식 =MATCH(K6,C5:C182,0) [K6] 셀에 있는 데이터가 몇 번째 있는지 찾아 줍니다.

03. 셀 서식을 적용하기 위해 Ctrl+1 을 누릅니다. [셀 서식] 대화상자에서 범주를 '사용자 지정', 형식을 '0 번째'로 지정하고 [확인] 버튼을 클릭합니다.

Section

42 데이터 추출하기 - VLOOKUP/HLOOKUP

VLOOKUP 함수는 찾으려는 데이터와 배열의 첫 열을 비교하여 지정한 열의 같은 행에서 데이터를 돌려주는 함수입니다. 가로 형태의 표에서 추출할 때는 HLOOKUP 함수를 사용합니다. MATCH, VLOOKUP 함수를 함께 사용하는 방법을 알아보겠습니다.

○ Key Word: MATCH 함수, VLOOKUP 함수, 세로 형태 추출하기
실습 파일: 3-42

함수 익히기 : VLOOKUP

함수 형식	=VLOOKUP(lookup_value, table_array, col_index_num, [range_lookup]) =VLOOKUP(찾을 값, 추출하려는 표, 가져올 열 번호, [찾는 방법]) =HLOOKUP(lookup_value, table_array, col_index_num, [range_lookup]) =HLOOKUP(찾을 값, 추출하려는 표, 가져올 행 번호, [찾는 방법])
인수	• lookup_value : 찾으려는 값 • table_array : 찾을 데이터가 있는 표, 찾을 값이 표의 첫번째 열에 위치하여 가져올 데이터가 있는 범위까지 지정 • col_index_num : table_array 범위 중 가져올 데이터가 있는 열번호 • [range_lookup] : 찾는 방법을 선택할 수 있습니다. TRUE : 1을 입력하거나, 생략 가능. 한단계 낮은 근사 값을 찾습니다. FALSE : 0을 입력하며, 정확하게 일치하는 값을 찾습니다.

01. 도서명을 기준으로 출판사와 단가를 추출해보겠습니다. 먼저 이름을 정의하기 위해 [목록] 시트에서 [C5: I181] 셀의 범위를 선택하고, 이름상자에 '도서목록'을 입력합니다. Enter 를 누릅니다.

순번	도서명	구분	출판사	재고	단가	정가총액	납
1	너는 특별하단다	유아	팽권	3	9,500	28,500	
2	난 토마토 절대 안먹어	유아	친구들	3	10,000	30,000	
3	강아지똥	유아	북스어린이	3	12,000	36,000	
4	손가락 문어	유아	북스어린이	3	12,000	36,000	
5	엄마가 정말 좋아요	유아	북스어린이	3	10,000	30,000	
6	솔이의 추석 이야기	유아	북스어린이	3	12,000	36,000	
7	지원이와 병관이 12권세트	유아	북스어린이	12	11,083	133,000	1
8	터널	유아	팽권	3	9,000	27,000	
9	으악 도깨비다	유아	팽권	3	12,000	36,000	
10	배고픈 애벌레	유아	팽권	3	13,000	39,000	
11	42가지 마음의 색깔	유아	친구들	3	13,000	39,000	
12	팽귄은 너무해	유아	미디어비상	3	13,000	39,000	
13	책이 꼼지락 꼼지락	유아	미래아이	3	9,000	27,000	
14	사과가 쿵	유아	보림	3	8,500	25,500	
15	엄마랑 뽀뽀	유아	보림	3	8,500	25,500	
16	늑대가 들려주는 아기돼지 삼형제 이야기	유아	보림	3	9,000	27,000	
17	사랑해 사랑해 사랑해	유아	보물창고	3	9,500	28,500	

도서 목록

02. [C4:I4] 범위를 선택하고, 이름상자에 '열 번호'를 입력한 다음 Enter를 누릅니다.

열번호	▼	× ✓ fx	도서명								
	A B	C		D	E	F	G	H	I	J	K
1	❷입력										
2				도서 목록							
3											
4	순번	도서명		구분	출판사	재고	단가	정가총액	납품기		
5	1	너는 특별하단다		유아	펭귄	❶드래그	9,500	28,500	25,650		
6	2	난 토마토 절대 안먹어		유아	친구들		10,000	30,000	27,000		
7	3	강아지똥		유아	북스어린이	3	12,000	36,000	32,400		
8	4	손가락 문어		유아	북스어린이	3	12,000	36,000	32,400		
9	5	엄마가 정말 좋아요		유아	북스어린이	3	10,000	30,000	27,000		
10	6	솔이의 추석 이야기		유아	북스어린이	3	12,000	36,000	32,400		
11	7	지원이와 병관이 12권세트		유아	북스어린이	12	11,083	133,000	119,700		
12	8	터널		유아	펭귄	3	9,000	27,000	24,300		
13	9	으악 도개비다		유아	펭귄	3	12,000	36,000	32,400		
14	10	배고픈 애벌레		유아	펭귄	3	13,000	39,000	35,100		
15	11	42가지 마음의 색깔		유아	친구들	3	13,000	39,000	35,100		
16	12	펭귄은 너무해		유아	미디어비상	3	13,000	39,000	35,100		

03. [견적] 시트를 선택합니다. [D4] 셀을 클릭하고 VLOOKUP 함수를 시작합니다.

CONCAT	▼	: × ✓ fx	=VL ❷입력		
	A B	C	⑥VLOOKUP ❸더블클릭	지정한 열의 같은 행에서 데이터를 불러줍니다. 기본적으로 오름차순으로 표가 정렬됩니다.	
1					
2					
3	품번	도서명	출판사	단가	수량	합계
4	1	엄마가 정말 좋아요	=VL ❶클릭			
5	2	책이 꼼지락 꼼지락				
6	3	아씨방 일곱동무				
7	4	괴물들이 사는 나라				
8	5	자연관찰 땅친구물친구(전58권)				
9	6	가족은 꼭 안아주는 거야				
10	7	엄마가 화났다				
11	8	까만 아기 양				
12	9	받침없는 동화 시리즈 (전5권)				
13	10	아낌없이 주는 나무				
14		총계				
15						

04. lookup_value 인수에 찾을 도서명이 있는 '$C4'를 열고정하여 입력하고, table_array 인수에 [수식] – [정의된 이름] – [수식에서 사용] – [도서목록]을 클릭합니다.

Point

첫 번째 완성 수식 '=VLOOKUP($C4, 도서목록' 정의된 이름은 직접 입력해도 됩니다.

05. 세 번째 인수를 입력하기 위해 쉼표(,)를 입력하고, col_index_num에서 도서목록 범위 안 세 번째 줄에 있는 데이터를 자동으로 추출하기 위해 'MATCH(D$3,열번호,0)'을 입력합니다.

Point

두 번째 완성 수식 =VLOOKUP($C4,도서목록,MATCH(D$3,열 번호,0) MATCH함수 : D3셀에 있는 출판사 텍스트가 '열 번호' 범위 안에 정확하게 일치하는 방식으로 몇 번째 있는지 찾습니다.

06. range_lookup 인수를 입력하기 위해 쉼표(,)를 입력하고, 정확하게 일치하게 찾기 위해 '0'을 입력합니다.

Point

완성 수식 =VLOOKUP($C4,도서목록,MATCH(D$3,열번호,0),0) [C4] 셀에 있는 데이터가 도서목록 범위 안에 MATCH의 결과인 세 번째 열에 있는 데이터를 정확하게 추출합니다.

07. Enter를 누르고, [E13] 셀까지 수식을 복사합니다. MATCH 함수를 사용했기 때문에 자동으로 열 번호가 바뀌어 단가까지 입력되는 것을 확인할 수 있습니다.

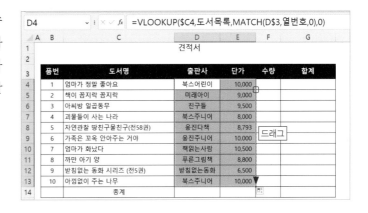

43 유사 일치 데이터 추출하기 - VLOOKUP

VLOOKUP 함수로 추출하려는 방법은 두 가지가 있습니다. 정확하게 일치, 유사 일치 중에서 정확하게 일치하는 값을 추출할 때는 기준표를 상황에 따라서 작성하면 됩니다. 유사 일치로 추출할 때는 기준표의 첫번째 열을 오름차순으로 작성해야 합니다.

👉 Key Word: 유사 일치 기준표, 유사 일치 데이터 추출
실습 파일: 3-43

01. 평균을 입력하기 위해 [G4] 셀을 클릭하고, '=AVERAGE(C4:E4)'를 입력합니다.

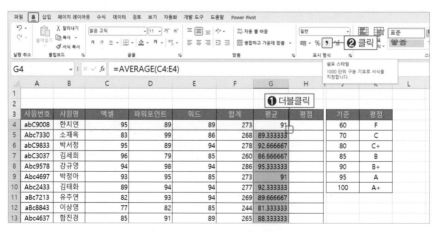

02. 수식을 복사하고, 평균의 결과에 소수점을 정리하기 위해 [홈] – [표시 형식] – [쉼표 스타일] 을 클릭합니다.

03. [H4] 셀에 '=VLOOKUP(G4,$J$4:$K$10,2)'을 입력합니다.

Point

G4셀의 값이 [J4:K10] 범위에 두 번째 열에 있는 값을 추출합니다. col_index_num는 유사 일치로 추출하기 위해 생략했습니다.

04. 수식을 복사하여 결과를 확인합니다. 91점일때 90점대인 B+의 평점을 추출했습니다. 90점부터 94.9까지 점수는 B+입니다.

LevelUP

유사 일치 기준표 만들기

유사 일치의 기준표를 만들 때는 추출하려는 표의 기준인 첫 번째 열을 꼭 오름차순 해야 합니다. 만약 오름차순 하지 않고 임의의 순서나, 내림차순되어 있다면 추출하지 못하고 오류가 나는 것을 확인할 수 있습니다.

도서명이 없을 때 오류 메시지 표시되지 않도록 IFERROR 함수 사용하기

실습 파일: 3-S_2

01. 도서명이 없기 때문에 VLOOKUP 함수의 결과가 오류가 생겼습니다.

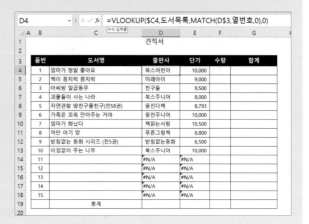

02. 오류를 해결하기 위해 수식을 편집하겠습니다. IFERROR 함수를 시작하고 마지막에 쉼표를 입력한 다음 오류가 있을 때 빈 셀을 표시합니다.

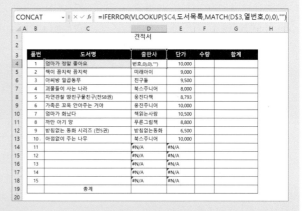

Point

=IFERROR(VLOOKUP($C4,도서목록, MATCH(D$3,열번호,0),0),"")

03. [E18] 셀까지 수식을 복사합니다.

44 행 번호와 열 번호 일치하는 데이터 추출하기 - INDEX

INDEX 함수는 데이터 목록에서 지정한 행 번호와 지정한 열 번호가 일치하는 데이터를 추출하는 함수입니다. 몇 번째 있는지 알려주는 MATCH 함수를 이용하여 데이터를 추출하는 방법을 알아보겠습니다.

○ Key Word: INDEX 함수, 크로스탭에서 데이터 추출
실습 파일: 3-44

함수 익히기 : INDEX

함수 형식	=INDEX(array, row_num, [column_num]) =INDEX(추출하는 범위, 행 번호, [열 번호])
인수	• array : 추출하려는 데이터 범위 • row_num : 데이터 범위에서 행 번호, 행이 하나인 목록이면 생략 가능 • [column_num] : 데이터 범위에서 열 번호, 열이 하나인 목록이면 생략 가능

01. 어떤 운동 종목을 몇 분 했느냐에 따라서 몇 칼로리 소모했는지 알아보기 위해 [kcal] 시트에서 이름 정의해 보겠습니다. [A4:A10] 셀의 범위를 선택한 후 이름상자에 '종목'을 입력한 다음 Enter를 누릅니다.

02. [B3:K3] 범위는 '소요시간', [B4:K10] 범위는 '칼로리'라는 이름을 정의합니다.

03. [index] 시트의 [D4] 셀을 클릭합니다. =INDEX 함수를 시작합니다.

Point

> INDEX 함수는 한 개의 셀 범위를 지정하는 배열형과 두 개 이상의 셀 범위를 지정하는 참조형으로 구분됩니다. INDEX 함수의 첫 번째 방법은 배열형일 때 사용하고 두 번째 방법은 참조형일 때, 두 개 이상의 셀 범위를 지정할 수 있습니다.

04. [수식] – [정의된 이름] – [수식에서 사용] – [칼로리]를 클릭합니다.

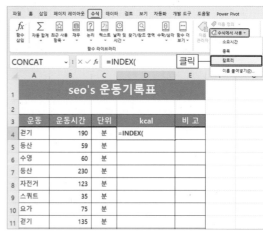

05. 쉼표(,)를 입력한 후 row_num 인수에 'MATCH (A4,종목,0)'을 입력합니다.

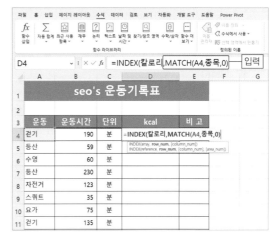

Point

첫번째 완성 수식 =INDEX(칼로리, MATCH(A4,종목,0) MATCH 함수는 운동종목이 걷기인 경우 '종목' 범위에 정확히 일치하는 것이 몇 번째 있는지 찾습니다.

06. 쉼표(,)를 입력하고 column_num 인수에 'MATCH(B4,소요시간)'을 입력합니다.

Point

완성 수식 =INDEX(칼로리, MATCH(A4,종목,0), MATCH(B4,소요시간)) MATCH 함수는 운동시간이 190분일 때 '소요시간' 범위에서 오름차순된 근사값 중 몇 번째 있는지 찾습니다. INDEX 함수는 칼로리 범위 안에 걷기가 있는 첫 번째 행과 190분이 있는 일곱 번째 열이 만나는 셀을 추출합니다.

07. [D4] 셀의 수식을 채우기 핸들로 복사하여 운동 종목과 시간에 따른 칼로리를 입력합니다.

45 선택한 월만 추출해서 보기 - OFFSET

OFFSET 함수는 선택한 셀을 기준으로 지정한 행 수와 열 수 만큼 떨어진 데이터를 추출하는 함수입니다. 추출해올 높이와 너비로 개수를 지정할 수도 있습니다.

Key Word: OFFSET 함수, 기준 셀로 이동
실습 파일: 3-45

함수 익히기 : OFFSET

함수 형식	=OFFSET(reference, rows, cols, [height], [width]) =OFFSET(기준 셀, 이동 행 수, 이동 열 수, [가져올 행 수], [가져올 열 수])
인수	• reference : 추출할 데이터가 있는 첫 셀, 기준이 되는 셀 또는 범위 • rows : reference 인수에서 지정한 셀을 기준으로 몇개의 행을 이동할 것인지 지정, 0은 이동하지 않고 양수는 아래쪽, 음수는 위쪽으로 이동 • cols : reference 인수에서 지정한 셀을 기준으로 몇개의 열을 이동할 것인지 지정, 0은 이동하지 않고 양수는 오른쪽, 음수는 왼쪽으로 이동 • height : 가져올 높이로 행의 개수를 지정, 생략하면 행의 개수는 1이 됩니다. • width : 가져올 높이로 열의 개수를 지정, 생략하면 열의 개수는 1이 됩니다.

01. 월을 선택하면 걷기부터 요가까지 얼마나 운동했는지 월별로 빠르게 보게 하기 위해 [A2] 셀을 선택합니다. [데이터] – [데이터 도구] – [데이터 유효성 검사🗐]를 클릭합니다.

02. [데이터 유효성] 대화상자에서 제한 대상을 '목록'으로 선택하고 원본에서는 [A6:A17] 범위를 선택합니다. [확인] 버튼을 클릭합니다.

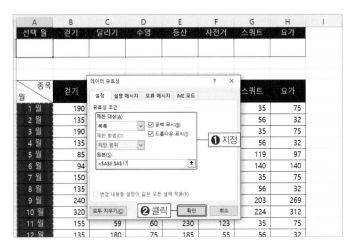

03. 유효성 검사로 설정한 목록 중 임의의 월을 선택합니다.

04. [B2] 셀을 클릭하고 OFFSET 함수를 시작합니다.

05. 함수가 시작되면 reference 인수는 기준이 되는 [B5] 셀을 클릭하고 행 번호를 나타내는 rows 인수에는 'A2'셀을 절대 참조하여 입력합니다. cols 인수는 하나의 열에서 이루어지고 이동하지 않기 때문에 '0'을 입력합니다.

Point

완성 수식 =OFFSET(B5,$A$2,0) [B5] 셀을 기준으로 [A2] 셀에 선택한 숫자행 만큼 이동하고 열은 이동하지 않은 데이터를 추출합니다.

06. [B2] 셀 채우기 핸들을 [H2] 셀까지 드래그하여 복사합니다.

	A	B	C	D	E	F	G	H	I
1	선택 월	걷기	달리기	수영	등산	자전거	스쿼트	요가	
2	3 월	190	59	60	230	123	35	75	
3				드래그					
4									
5	종목 / 월	걷기	달리기	수영	등산	자전거	스쿼트	요가	
6	1 월	190	59	60	230	123	35	75	
7	2 월	135	180	75	185	55	56	32	
8	3 월	190	59	60	230	123	35	75	
9	4 월	135	180	75	185	55	56	32	
10	5 월	85	543	120	150	149	119	97	
11	6 월	94	664	135	132	217	140	140	
12	7 월	150	59	60	230	123	35	75	
13	8 월	135	180	75	185	55	56	32	
14	9 월	240	1,027	180	130	421	203	269	
15	10 월	320	1,148	195	175	489	224	312	
16	11 월	155	59	60	230	123	35	75	
17	12 월	135	180	75	185	55	56	32	

07. [A2] 셀을 다른 항목으로 변경하면 추출된 데이터도 같이 변경되는 것을 알 수 있습니다.

	A	B	C	D	E	F	G	H	I
1	선택 월	걷기	달리기	수영	등산	자전거	스쿼트	요가	
2	5 월		543	120	150	149	119	97	
	1 월	❶클릭							
	2 월								
	3 월								
	4 월		걷기	달리기	수영	등산	자전거	스쿼트	요가
	5 월								
	6 월								
	7 월 ❷선택	190	59	60	230	123	35	75	
	8 월	135	180	75	185	55	56	32	
8	3 월	190	59	60	230	123	35	75	
9	4 월	135	180	75	185	55	56	32	
10	5 월	85	543	120	150	149	119	97	
11	6 월	94	664	135	132	217	140	140	
12	7 월	150	59	60	230	123	35	75	
13	8 월	135	180	75	185	55	56	32	
14	9 월	240	1,027	180	130	421	203	269	
15	10 월	320	1,148	195	175	489	224	312	
16	11 월	155	59	60	230	123	35	75	

46 단일 정렬/다중 정렬 하기 – SORT/SORTBY

SORT 함수는 Excel 2021, Microsoft 365에서 사용할 수 있는 함수로써 단일 조건은 SORT 함수로 다중 조건은 SORTBY 함수로 해당 범위 또는 배열의 값을 기준으로 정렬할 수 있습니다. [데이터] – [정렬 및 필터] – [정렬] 기능과 SORT 함수의 차이점은 함수의 원본과 다른 위치에 결과값이 입력되는 것입니다.

Key Word: SORT 함수, SORTBY 함수 정렬함수
실습 파일: 3-46

함수 익히기 : SORT/SORTBY

함수 형식	=SORT(array, [sort_index], [sort_order],[by_col]) =SORT(범위, [행/열 나타내는 숫자], [정렬 순서], [정렬 방법]) =SORTBY(array, by_array1, [sort_oder1], [by_array2], sort_order2], …) =SORTBY(범위, 정렬 기준범위, [정렬 순서], [정렬 기준범위], [정렬 순서], …)
인수	• array : 정렬할 범위 또는 배열을 지정합니다. • sort_index : 정렬할 행 또는 열을 나타내는 숫자 값으로 표시합니다. • sort_order : 오름차순은 1(기본값), 내림차순은 –1로 표시합니다. • by_col : 행 별로 정렬하려면 FALSE(기본값), 열 별로 정렬하려면 TRUE로 표시하여 정렬 방향을 표시합니다. • by_array : 정렬의 기준이 되는 배열 또는 범위를 지정합니다.

01. 정렬하기 위해 [I3] 셀을 클릭합니다. SORT 함수를 시작합니다. 결과값으로 보고 싶은 범위를 지정하기 위해 '=SORT(B3:F78'을 지정합니다.

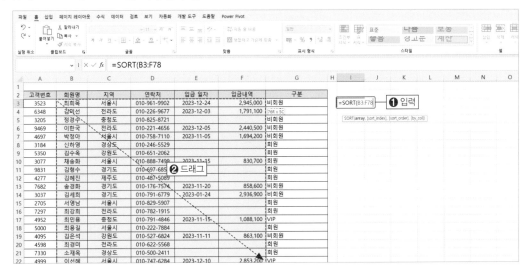

02. 쉼표(,)를 입력한 다음 sort_index 인수에 '2', sort_order 인수에 ',1'을 입력한 다음 **Enter**를 누릅니다.

03. [A3:G78] 범위를 '목록'으로 이름 정의합니다. [C2:C78], [G3:G78] 범 위를 선택하고 [수식] - [정의된 이름] - [선택 영역에서 만들기]를 클릭합니 다. [선택 영역에서 이름 만들기] 대화 상자에서 '첫 행'만 선택한 다음 [확인] 버튼을 클릭합니다.

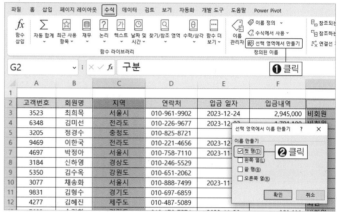

04. 새 시트(⊕)를 만들고 [A2] 셀을 클릭한 다음 SORTBY 함수를 시작합 니다.

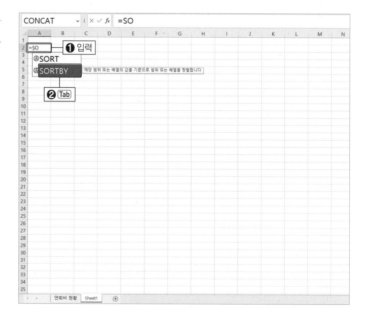

05. array 인수에 '목록', by_array1 인수에 '지역', sort_oder1 인수에 '1'을 입력합니다.

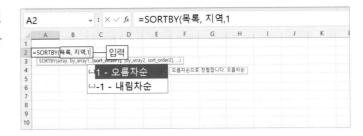

06. by_array1 인수에 '구분', sort_oder1 인수에 '−1'을 입력합니다. (Enter)를 눌러 수식을 완성합니다.

07. 두 가지를 기준으로 정렬된 결과값을 알 수 있습니다.

47 조건에 맞는 범위 추출하기 - FILTER

Filter 함수는 Excel 2019 이상 사용할 수 있는 함수로써 직접 정의한 조건을 바탕으로 일정 범위의 데이터를 필터링 할 수 있습니다. 자동필터의 함수버전으로 VLOOKUP 함수는 조건에 맞는 셀 값을 추출한다면 Filter함수는 조건에 맞는 행 또는 범위를 추출할 수 있습니다.

Key Word: FILTER 함수, 범위 추출
실습 파일: 3-47

함수 익히기 : FILTER

함수 형식	=FILTER(array, include, [if_empty]) =FILTER(배열, 포함, [반환]
인수	• array : 배열, 또는 필터링 할 범위를 지정합니다. • include : 포함, TRUE가 유지할 행 또는 열을 나타내는 부울 배열이며 조건을 입력합니다. • if_empty : 유지된 항목이 없는 경우 반환할 내용을 나타냅니다.

01. [A3:G78] 범위를 '목록'으로 이름 정의합니다. 필터링하기 위해 [I3] 셀을 클릭합니다. FILTER 함수 를 시작합니다.

02. 결과값으로 보고 싶은 범위를 지정하기 위해 배열 인수를 '목록,' 포함 인수에 'C3:C78="서울시",' if_empty 인수에 '""'를 입력한 다음 (Enter)를 누릅니다.

Point

=FILTER(목록,C3:C78="서울시","") 목록의 범위 중 지역의 데이터가 서울시만 추출하고 서울시가 없을 때 빈 셀을 표시하는 수식입니다.

03. 전체 데이터 중 서울시만 필터링된 결과값을 볼 수 있습니다.

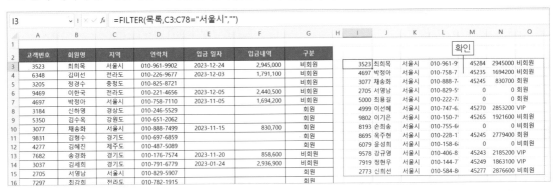

04. [C3:C78], [G3:G78] 범위를 선택하고 [수식] – [정의된 이름] – [선택 영역에서 만들기]를 클릭합니다. [선택 영역에서 이름 만들기] 대화상자에서 '첫 행'만 선택한 다음 [확인] 버튼을 클릭합니다.

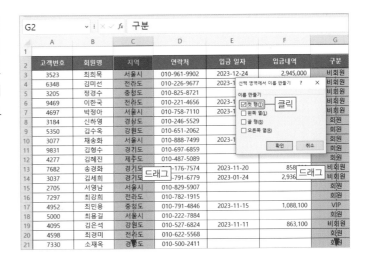

05. [필터 결과] 시트를 클릭하고 [B5] 셀을 클릭한 다음 '=FILTER(목록,(지역=C2)*(구분=C3))'를 입력합니다.

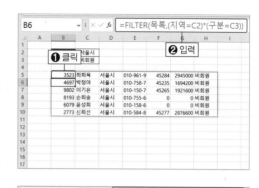

Point

목록 범위를 필터링하는데 조건이 지역 중 서울시이면서 구분에서 비회원인 경우를 필터링합니다. 조건과 조건 사이 곱하기(*)를 입력하면 AND 개념으로 결과값을 추출할 수 있습니다.

06. [B13] 셀을 클릭한 다음 '=FILTER(목록,(지역=C2)+ (지역=D2))'를 입력합니다.

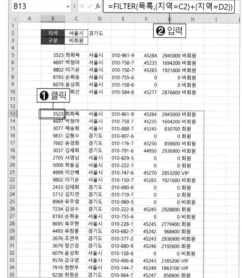

Point

목록 범위를 필터링하는데 조건이 지역 중 서울시, 또는 지역이 경기도인 경우를 필터링합니다. 조건과 조건 사이 더하기(+)를 입력하면 OR 개념으로 결과값을 추출할 수 있습니다.

07. 정렬과 필터를 같이 하기 위해 '=SORT(FILTER(목록,(지역=C2)+(지역=D2)),7)'으로 입력합니다.

Point

필터 결과값을 구분 열 7번째로 오름차순 정렬한 결과값입니다.

48 고유 값 추출하기 - UNIQUE

UNIQUE 함수는 Excel 2021, Microsoft 365에서 사용할 수 있는 함수로써 중복된 항목 제거 기능의 함수 버전으로 고유 값 추출해주는 함수입니다.

◯ Key Word: UNIQUE 함수, 고유 값 추출
실습 파일: 3-48

함수 익히기 : UNIQUE

함수 형식	=UNIQUE(array, [by_col], [exactly_once]) =UNIQUE(범위, [행(생략가능)/열], [고유값 반환])
인수	• array : 배열, 또는 필터링 할 범위를 지정합니다. • by_col : 비교방법을 나타내며 TRUE는 고유한 열을 반환하며, FALSE 또는 생략하면 고유한 행을 반환합니다. • exactly_once : TRUE는 지정한 범위에서 정확히 한번 발생하는 모든 고유행/열을 반환하며, FALSE 또는 생략하면 지정한 범위에서 고유행/열을 반환합니다.

01. 시간표상의 강사명 중 고유항목을 추출하기 위해 [K4] 셀을 클릭하여 '=UNIQUE(G4:G68)'을 입력합니다.

02. 결과값을 정렬하기 위해 [K4] 셀에서 수식을 편집하여 '=SORT(UNIQUE(G4:G68))'를 입력합니다.

03. 스포츠 강좌 강사들 중 한번만 수업을 하는 강사는 누구인지 알아보기 위해 '=UNIQUE(G4:G68,,TRUE)'를 입력합니다.

셀		=UNIQUE(G4:G68,,TRUE) — ❷ 입력

스포츠 강좌 시간표

❶ 클릭 → 조튼튼

NO.	강좌명	모집	대상	수강요일	강좌시간	강사명	수강료	강좌 개설일	K	M
1	키다리교실A	24	초1	월	15:00~15:50	박치훈	30,000	2023-05-01	강또순	조튼튼
2	키다리교실B	24	초1	월	16:00~16:50	박치훈	30,000	2023-05-01	강미미	

Point

두 번째 인수인 by_col은 생략한 경우가 행을 비교하여 나타내기 때문에 인수를 입력하지 않았습니다.

04. 강사들의 수업 대상을 알아보기 위해 '=UNIQUE(G4:G68&" "&D4:D68)'을 입력합니다.

CONCAT		=UNIQUE(G4:G68&" "&D4:D68) — ❷ 입력

스포츠 강좌 시간표

❶ 클릭

NO.	강좌명	모집	대상	수강요일	강좌시간	강사명	수강료	강좌 개설일	K	L	M	O
1	키다리교실A	24	초1	월	15:00~15:50	박치훈	30,000	2023-05-01	강또순		조튼튼	D68)
2	키다리교실B	24	초1	월	16:00~16:50	박치훈	30,000	2023-05-01	강미미			김수영 6세
3	키다리교실C	24	초1	월	17:00~17:50	박치훈	30,000	2023-05-01	강화도			김수영 초1
4	유아키다리	15	6세	화	15:00~15:50	김수영	30,000	2023-05-01	김수영			김수영 초3
5	어린이화목농구	24	초1	수	16:00~16:50	김수영	30,000	2023-06-01	김수향			이농구 초3
6	청소년화목농구	24	초3	목	17:00~17:50	김수영	30,000	2023-06-01	김정란			이농구 중1
7	청소년주말농구A(초등)	24	초3	토	14:00~15:20	이농구	30,000	2023-03-01	나목지			이탁구 초3
8	청소년주말농구B(초등)	24	초3	토	15:20~16:40	이농구	30,000	2023-03-01	박치현			조튼튼 6세
9	청소년주말농구C(중등)	24	중1	토	16:40~18:00	이농구	30,000	2023-03-01	박치훈			나목지 6세
10	청소년탁구A	10	초3	월	16:00~16:50	이탁구	30,000	2023-01-01	양수정			나목지 초1
11	청소년탁구B	10	초3	화	16:00~16:50	이탁구	30,000	2023-01-01	유바로			김수향 초1
11	청소년탁구B	10	초3	수	17:00~17:50	이탁구	30,000	2023-01-01	이농구			김수향 6세
12	청소년주말탁구A	15	초3	토	14:00~15:20	이탁구	30,000	2023-01-01	이탁구			강또순 6세
13	청소년주말탁구B	15	초3	토	14:00~15:20	이탁구	30,000	2023-01-01	장탁구			박치현 초3
13	청소년주말탁구B	15	초3	토	15:20~16:40	이탁구	30,000	2023-01-01	정탁구			양수정 성인
14	청소년주말탁구C	15	초3	토	15:20~16:40	이탁구	30,000	2023-01-01	조성화			강미미 성인
14	청소년주말탁구C	15	초3	토	16:40~18:00	이탁구	30,000	2023-01-01	조튼튼			정탁구 성인
15	용튼맘튼태권도	30	6세	수	18:00~18:50	조튼튼	30,000	2023-02-01				장탁구 성인
16	유아축구교실	15	6세	토	12:00~12:50	나목지	30,000	2023-02-01				조성화 성인
17	어린이축구교실	15	초1	토	13:00~13:50	나목지	30,000	2023-02-01				김정란 초3
18	어린이농구교실	15	초1	토	12:00~12:50	김수향	30,000	2023-02-15				유바로 초1
19	유아농구교실	15	6세	토	13:00~13:50	김수향	30,000	2023-02-15				강화도 6세
20	어린이인라인A(초급)	15	6세	수	18:00~18:50	강또순	30,000	2023-02-01				

Sheet1

49 두 숫자 사이의 난수를 배열로 반환하기 - RANDARRAY

RANDARRAY 함수는 Excel 2021, Microsoft 365에서 사용할 수 있는 함수입니다. 두 숫자 사이의 난수를 배열로 반환하는 동적 배열함수입니다. 기존의 RAND 함수는 0과 1사이의 소수만 반환 가능했던 반면 RANDARRAY 함수는 최소값과 최대값을 지정하여 폭 넓은 범위의 난수를 반환할 수 있습니다.

G- Key Word: RANDARRAY 함수, 난수 반환
실습 파일: 3-49

함수 익히기 : RANDARRAY

함수 형식	=RANDARRAY([rows], [columns], [min], [max], [whole_number]) =RANDARRAY([행 번호], [열 번호], [최소값], [최대값], [정수 또는 10진수 반환])
인수	• rows : 반환될 행 숫자 • columns : 반환될 열 숫자 • min : 반환하려는 최소 숫자 • max : 반환하려는 최대 숫자 • whole_number : 정수 또는 10진수 값을 반환 정수인 경우 TRUE, 10진수의 경우 FALSE를 나타냅니다.

01. 총 35명중 임의로 반장을 한명 뽑기 위해서 [A4] 셀을 클릭한 다음 RANDARRAY 함수를 시작합니다.

02. row 인수에 '35', columns 인수에 '1', min 인수에 '1', max 인수에 '35'를 입력한 다음 whole_number 인수에 'TRUE' 인수를 Tab으로 선택합니다. Enter를 누릅니다.

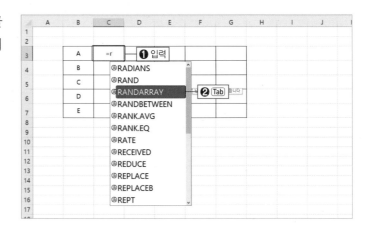

Point

=RANDARRAY(35,1,1,35,TRUE) 반환하려는 행의 개수는 35명이므로 35를 입력하고, 한 개의 열에서 이루어져 있기 때문에 '1'을 입력합니다. 최소값 1과 최대값 35까지 정수로 숫자를 나열합니다.

03. [번호 뽑기] 시트에 [C3] 셀을 클릭한 다음 RANDARRAY 함수를 시작합니다.

04. '=RANDARRAY(5, 5, 1, 49, TRUE)' 수식을 입력한 다음 Enter를 누릅니다.

Point

RANDARRAY 함수는 난수를 나타내며, 수식을 수정할 때마다 값이 변경됩니다.

50 기준값의 왼쪽 데이터값 추출하기 - XLOOKUP

XLOOKUP 함수는 VLOOKUP, HLOOKUP 함수의 단점을 보완한 함수입니다. 열 번호를 매번 변경하여 입력하거나, 추출하려는 기준의 왼쪽 데이터를 추출할 수 없는 단점들을 보완하여 나온 함수가 XLOOKUP 함수입니다. XLOOKUP 함수는 Excel 2021, Microsoft 365에서 사용할 수 있습니다.

Key Word: XLOOKUP 함수, 데이터 추출
실습 파일: 3-50

함수 익히기 : XLOOKUP

함수 형식	=XLOOKUP(lookup_value, lookup_array, return_array, [if_not_found], [match_mod], [search_mode]) =XLOOKUP(검색 값, 검색 데이터 범위, 추출 데이터 범위, [추출 항목 없을 때 반환값], [일치 유형], [검색 모드])

인수	• lookup_value : 검색 값을 나타냅니다.
	• lookup_array : 검색할 범위를 나타냅니다.
	• return_array : 추출하려는 범위를 나타냅니다.
	• if_not_found : 추출하려는 데이터가 없는 경우 제공한 텍스트를 반환합니다. 누락된 경우 #N/A가 반환됩니다.
	• match_mod : 일치 유형을 지정합니다.
	  0 : 정확히 일치합니다. 기본값이며 찾을 수 없을 때 #N/A를 반환합니다.
	  -1 : 정확히 일치합니다. 찾을 수 없을 때 다음 작은 항목을 반환합니다.
	  1 : 정확히 일치합니다. 찾을 수 없을 때 다음 큰 항목을 반환합니다.
	  2 : *, ?, ~ 에 의미가 있는 와일드 카드 일치입니다.
	• search_mode : 사용할 검색 모드를 나타냅니다.
	  1 : 첫 번째 항목부터 검색을 수행합니다. 기본값입니다.
	  -1 : 마지막 항목부터 역방향 검색을 수행합니다.
	  2 : 오름차순으로 정렬되는 이진 검색을 수행합니다. 정렬하지 않으면 잘못된 결과가 반환됩니다.
	  -2 : 내림차순으로 정렬되는 이진 검색을 수행합니다. 정렬하지 않으면 잘못된 결과가 반환됩니다.

01. 이름 정의하기 위해 [목록] 시트의 [C4:D181] 범위를 선택하고 [수식] - [정의된 이름] - [선택 영역에서 만들기]를 클릭합니다. [선택 영역에서 이름 만들기] 대화상자에서 '왼쪽 열'은 체크 해제한 다음 [확인]을 클릭합니다.

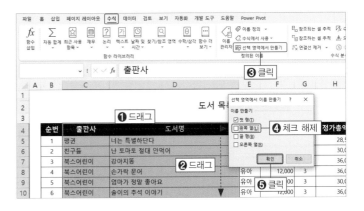

02. 도서명을 기준으로 출판사를 추출하기 위해 [견적] 시트의 [D4] 셀에서 XLOOKUP 함수를 시작합니다.

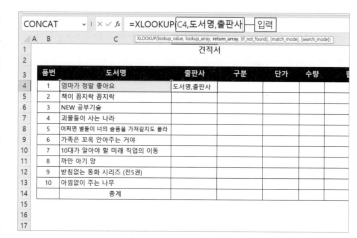

03. lookup_value 인수에 'C4', lookup _array 인수에 '도서명', return_array 인수에 '출판사'를 입력한 다음 Enter 를 누릅니다.

Point

=XLOOKUP(C4,도서명,출판사)
XLOOKUP 함수는 VLOOKUP 함수에 서는 안되었던 검색 값 기준의 왼쪽 데이터 추출도 가능합니다.

04. 구분과 단가를 구하기 위해 [E4] 셀을 클릭한 다음 XLOOKUP 함수를 시작합니다.

05. lookup_value 인수에 열을 고정하여 '$C4', lookup_array 인수에 '도서명, '을 입력합니다.

06. return_array 인수에 [목록] 시트를 클릭하고 [E5:E181] 범위를 선택합니다. 선택한 E열을 행 고정합니다. if_not_found 인수에 "", match_mod 인수에 0, search_mode 인수에 1을 입력한 다음 Enter를 누릅니다.

Point

=XLOOKUP($C4,도서명,목록!E$5:E$181,"",0,1)

---

07. [E4] 셀의 완성한 수식을 복사하기 위해 [F4] 셀까지 채우기 핸들로 복사한 다음 [F13]까지 수식 복사를 완료합니다.

Point

목록 시트의 [E5:E181] 범위를 선택한 다음 행을 고정했기 때문에 [E4] 셀에서 수식을 [F4] 셀로 복사하면 단가 항목이 있는 F열로 이동되며 수식을 완료할 수 있습니다.

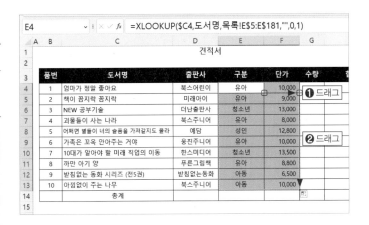

LevelUP

• XLOOKUP 함수에서 생략사항이지만 추출하려는 데이터 값이 없을 때 오류표시(#N/A)가 입력되므로, IFERROR 함수처럼 이를 대체하기 위해 네 번째 인수인 if_not_found에 ""를 입력할 수 있습니다.

• 예제에서는 다섯 번째 인수인 match_mod에 정확히 일치를 입력합니다.

PART
04

업무에 바로 활용하는
실무 예제 15가지

업무에서 바로 사용할 수 있는 예제를 만들어 보겠습니다. 앞에서 150개의
기능을 통해 상세히 배워보았다면 상황에 따라서 기능들을 응용해서
실질적으로 어떻게 사용할 수 있는지 배워 보겠습니다.

01 주간 업무 보고서 만들기

매주 업무 보고서를 만들어야 한다면 날짜를 변경해주는 것도 일이 될 수 있습니다. 날짜가 자동으로 변경되고 제목도 자동으로 변경되는 업무일지를 만들어 보겠습니다.

Key Word: 표시 형식, 테두리, 함수(INT, MONTH, DAY, WEEKDAY)

완성 파일
① 한 셀의 날짜를 변경하면 모든 날짜가 자동으로 변경되는 문서 만들기
② 표시 형식을 변경하여 원하는 날짜 형태로 표시하기
③ INT, MONTH, DAY, WEEKDAY 함수를 이용하여 월과 몇째 주가 자동으로 변경되는 제목 만들기

01. 새 문서에서 [A1] 셀에 '주간 업무 보고서', [A3] 셀에 '4-3'을 입력한 후 [A3:A4] 셀을 범위 지정하여 [홈] – [맞춤] – [병합하고 가운데 맞춤囯]을 클릭합니다. [A4] 셀에 '일', [B4] 셀에 '요일', [C4] 셀에 '업무내용', [D4] 셀에 '비고'를 입력합니다.

Point

날짜는 –, /를 사용하여 입력하며 년도를 입력하지 않으면 올해의 년도가 입력됩니다.

02. A열과 B열은 좁게 열 너비를 조절하고, C열과 D열은 그림과 같이 넓게 열 너비를 드래그하여 조절합니다.

Point

어디까지 넓혀야 할지 모를 때는 상태 표시줄의 [페이지 레이아웃 🔳]을 클릭하여 조절하면 1페이지의 영역을 볼 수 있기 때문에 편하게 조절할 수 있습니다.

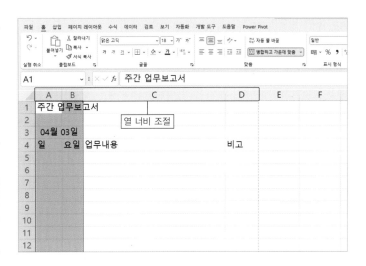

03. [A5:A9] 셀의 범위를 지정하고 [홈] – [맞춤] – [병합하고 가운데 맞춤 🔳]을 클릭합니다. [A5] 셀에 '=A3' 수식을 입력합니다. [A5] 셀의 채우기 핸들을 이용하여 [B9] 셀까지 드래그합니다. [B5] 셀에 '=A5'으로 수식을 변경합니다.

Point

데이터 내용보다 셀의 너비가 좁아서 #으로 표시됩니다.

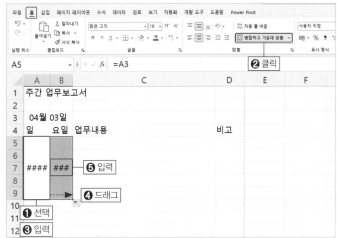

04. [A5] 셀을 클릭하고 [Ctrl]+[1]을 눌러 [셀 서식] 대화상자를 표시한 다음 범주를 '사용자 지정', 형식을 'dd"일"'로 입력합니다. [확인] 버튼을 클릭합니다.

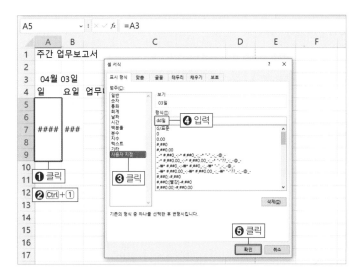

05. [B5] 셀을 클릭하고 Ctrl+1을 눌러 [셀 서식] 대화상자를 표시한 다음 범주를 '사용자 지정', 형식을 '(aaa)'로 입력합니다. [확인] 버튼을 클릭합니다.

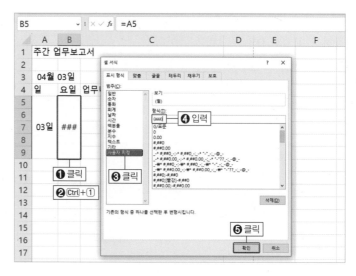

06. 4 ~ 9행의 행 높이를 조절하고, [A4:D4]를 선택한 다음 [홈] - [맞춤] - [가운데 맞춤▤]을 클릭합니다.

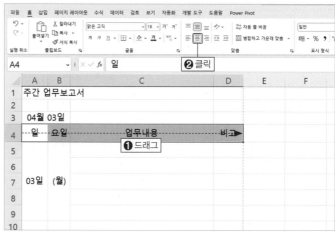

07. [A4:D4] 범위를 선택한 채로 Ctrl를 누른 채 [A5:D9] 범위를 선택합니다. Ctrl+1을 눌러 [셀 서식] 대화상자를 표시합니다. [셀 서식] 대화상자에서 [테두리] 탭을 클릭하고 점선을 선택한 다음 '안쪽', 실선을 선택한 다음 '윤곽선'을 클릭합니다. [확인] 버튼을 클릭합니다.

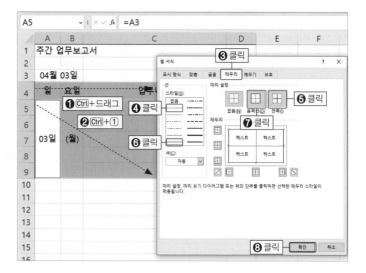

08. 5 ~ 9행을 선택하고 Ctrl+C를 눌러 복사합니다. 10행을 선택하고 Ctrl+V를 눌러 붙여넣기합니다. [A10] 셀에 '=A5+1'을 입력합니다.

Point

채우기 핸들로 복사해도 같은 결과를 나타낼 수 있지만 행으로 복사하면 행 높이도 같이 복사됩니다.

09. 10 ~ 14행을 선택하고 Ctrl+C를 눌러 복사합니다. 요일이 금요일(29행)이 될 때까지 Ctrl+V를 눌러 붙여넣기를 합니다.

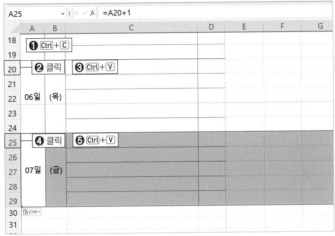

10. [A1] 셀을 '=MONTH(A3)& "월 " & INT((DAY(A3)+7−WEEKDAY(A3)−1)/7)+1&"주 주간 업무보고서" '로 변경합니다.

Point

MONTH(A3) : A3셀에 있는 날짜 중 월만 표시 INT((DAY(A3)+7-WEEKDAY(A3)−1)/7)+1 : int 소수점 아래를 버리고 정수로 내립니다, day 날짜 중 일만 표시합니다. 7로 나누어서 몇째 주인지 알아야 하는데 나눈 나머지가 7 미만일 때를 대비해서 7을 더합니다. WEEKDAY 함수는 일주일을 숫자로 표시합니다. 모두 계산한 후 현재 주 수도 포함해야 하기 때문에 1을 더합니다.

02 출근부 겸 일급 계산부 만들기

출근부 및 시급, 일급, 월급 계산하는 문서를 만들어 보겠습니다. 빈 문서에 어떻게 문서를 만들어 가는지 처음부터 단계별로 배우겠습니다.

Key Word: 연결된 그림, 붙여넣기 옵션, 서식 변경, 인쇄 크기조정
실습 파일: 4-2

번호	출근	퇴근	근로시간	단가	총 지급액	소득세	차감 지급액	수령인	번호	출근	퇴근	근로시간	단가	총 지급액	소득세	차감 지급액	수령인
1									1								
2									2								
3									3								
4									4								
5									5								
6									6								
7									7								
8									8								
9									9								
10									10								
11									11								
12									12								
13									13								
14									14								
15									15								

완성 파일
① 서식을 활용한 문서 만들기
② 열 너비 유지, 연결된 그림으로 복사하기
③ 한 페이지 안으로 편집하여 인쇄하기

01. 출근부 시트의 4행을 선택하고 첫 번째 셀인 [A4] 셀에 '번호', [B4] 셀에 '출근', [C4] 셀에 '퇴근', [D4] 셀에 '근로시간', [E4] 셀에 '단가', [F4] 셀에 '총 지급액', [G4] 셀에 '소득세', [H4] 셀에 '차감 지급액', [I4] 셀에 '수령인'을 Enter를 누르며 입력합니다.

Point

범위를 지정한 후 Enter를 누르면 범위 안에서 이동합니다.

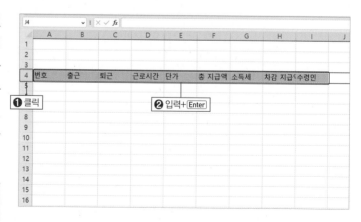

02. A열을 마우스 오른쪽 버튼을 클릭하고 [열 너비]를 선택합니다. 열 너비를 '5'로 설정하고 [확인] 버튼을 클릭합니다.

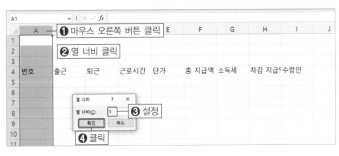

03. [A5] 셀에 '1'을 입력하고 채우기 핸들을 [A19] 셀까지 드래그하여 입력합니다. [자동 채우기 옵션] – [연속 데이터 채우기📋]를 클릭합니다.

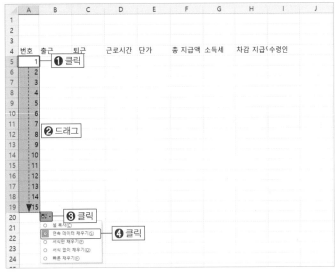

04. [A4:I19] 셀의 범위를 선택하고 [홈] – [글꼴] – [모든 테두리]를 클릭한 다음, [맞춤] 그룹에 [가운데 맞춤≡]을 클릭합니다.

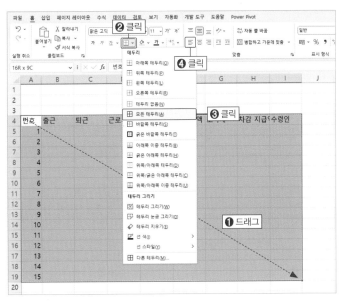

05. [B5:D19] 범위를 선택하고 마우스 오른쪽 버튼을 클릭한 다음 [셀 서식]을 실행합니다. [셀 서식] 대화상자에서 범주를 '시간', 형식을 '13:30'으로 클릭합니다.

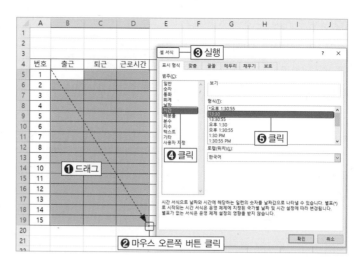

06. 범주를 '사용자 지정', 형식을 'hh:mm'으로 변경하여 입력합니다. [확인] 버튼을 클릭합니다.

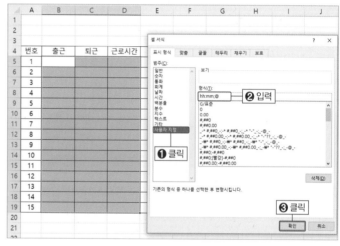

Point

'hh:mm;@' '5:01'의 시간이 '05:01'의 시간으로 변경되며, 시간의 형식이 아닐 경우 문자@로 표현한다는 의미입니다.

07. H열의 열 너비를 '차감 지급액'에 맞추어 변경하고, [E5:H19] 범위를 선택한 다음 [홈] – [표시 형식] – [쉼표 스타일 ,]을 클릭합니다.

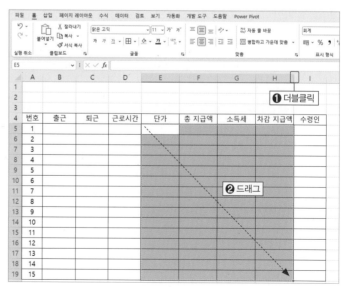

08. Ctrl을 누른 채로 마우스 휠을 움직여 화면을 70%로 축소시킵니다. [A4:I19] 범위를 선택하고 Ctrl+C 를 눌러 복사합니다. [J4] 셀을 클릭하고 Ctrl+V를 눌러 붙여넣기합니다. 붙여넣기 옵션 중 [원본 열 너비 유지🖿]를 선택합니다.

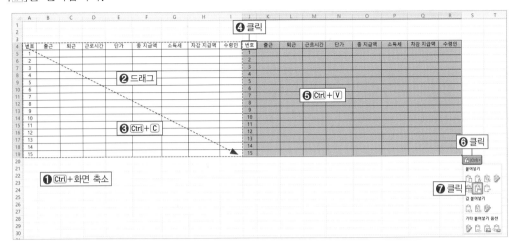

09. [세부사항] 시트를 선택하고 [B2: K5] 범위를 선택합니다. Ctrl+C를 눌러 복사합니다.

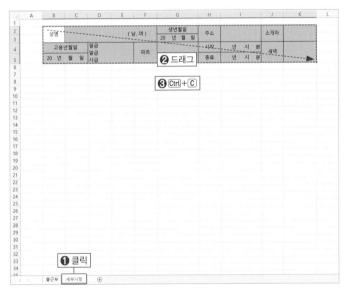

10. [출근부] 시트의 [G1] 셀을 클릭하고 Ctrl+V를 눌러 붙여넣기합니다. [붙여넣기 옵션]을 클릭하여 [연결된 그림🖿]을 선택합니다.

11. 2행 높이를 조절하여 넓게 하고, 연결된 그림도 크기를 조절합니다. [보기] – [표시] – [눈금선]을 체크 해제합니다.

12. [A1] 셀을 '출근부 겸 일급계산부' 라고 입력합니다. [A1:F2] 셀의 범위를 선택한 후 [홈] – [맞춤] – [병합하고 가운데 맞춤]을 클릭합니다. [홈] – [글꼴] – [글꼴 크기 크게], 굵게를 클릭합니다.

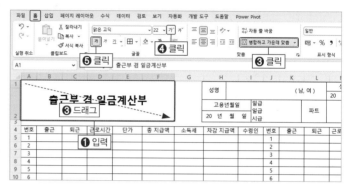

13. 상태 표시줄의 [페이지 레이아웃] 보기를 클릭하고 Ctrl를 누른 채로 마우스 휠을 움직여 화면을 축소시킵니다. [페이지 레이아웃] – [페이지 설정] – [용지 방향]을 [가로]로 변경하고 [크기 조정] 그룹의 배율 항목의 조절버튼(▼)을 이용해서 '75%'로 변경합니다.

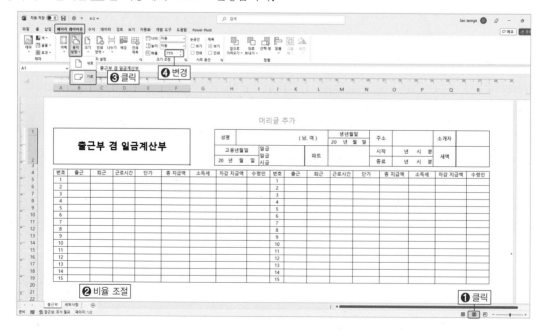

Project

03 경력 증명서 만들기

주민등록번호를 입력하면 사원명부 데이터에 있는 내용이 자동으로 입력되게 하는 경력 증명서를 만들겠습니다.

Key Word: INDEX 함수, 병합하고 가운데 맞춤, 균등 분할
실습 파일: 4-3

완성 파일
① 서식을 이용하여 문서 만들기
② 범위 지정하여 이름 정의 하기
③ INDEX 함수와 MATCH 함수로 데이터 추출하기

01. 경력 증명서 파일의 [새 시트⊕]를 클릭하고, [A1] 셀에 '경력증명서'를 입력합니다.

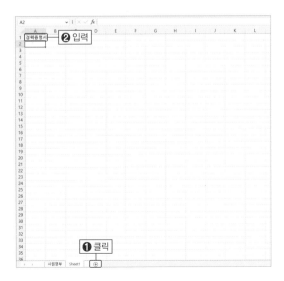

02. [A1:F1] 범위를 선택하고 Ctrl+① 을 눌러 [셀 서식]을 실행합니다. [셀 서식] 대화상자의 [맞춤] 탭의 텍스트 맞춤 항목에서 가로를 '균등 분할(들여쓰기)', 들여쓰기를 '7'로 입력한 다음 텍스트 조정 항목에 '셀 병합'을 체크 표시 합니다. [확인] 버튼을 클릭합니다.

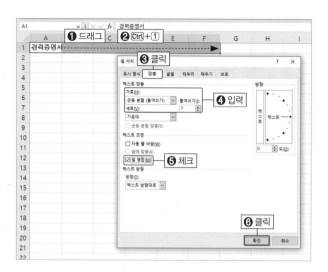

03. [A2] 셀에 '성명', [E2] 셀에 '주민등록번호', [A3] 셀에 '사원번호', [E3] 셀에 '전화번호', [A4] 셀에 '증명사항', [B4] 셀에 '재직기간', [E4] 셀에 '부서', [F4] 셀에 '담당업무내용'을 입력합니다.

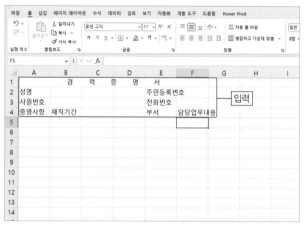

04. [A4:A9] 셀의 범위를 선택한 후 [홈] − [맞춤] − [병합하고 가운데 맞춤▦]을 클릭하고 [방향]을 [세로 쓰기▨ ▾]로 선택합니다.

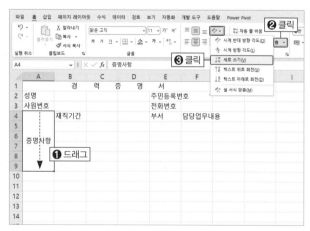

05. C열의 열 너비를 좁히고, F열의 열 너비를 넓힙니다. 1 ~ 9행을 선택하고 행 높이를 '30'으로 조절합니다.

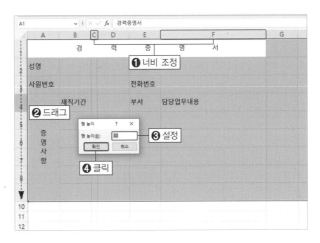

06. 1행은 행 높이를 추가로 늘려줍니다. [A1] 셀을 클릭하고 글꼴 크기를 '20'으로 설정한 다음 굵게를 클릭하고, [A2:F9]를 선택합니다. [홈] – [글꼴] – [모든 테두리⊞]로 설정하고, [테두리 지우기◇]를 클릭하여 [B:D]열 사이에 있는 선을 지웁니다. [ESC]를 눌러 테두리 그리기를 마칩니다.

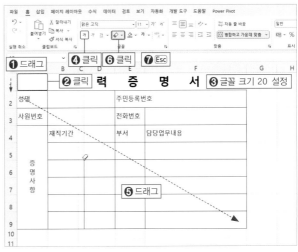

07. [B2:D2] 범위를 선택하고 [홈] – [맞춤] – [병합하고 가운데 맞춤⊞]을 클릭한 다음, 채우기 핸들을 [D3] 셀까지 드래그합니다.

08. [A2:F9] 범위를 선택하고 [맞춤] 그룹 – [가운데 맞춤▤]을 클릭합니다. [A11:F11] 셀의 범위를 [홈] – [맞춤] – [병합하고 가운데 맞춤]을 클릭한 후 '상기와 같이 재직하였음을 증명합니다.'를 입력합니다.

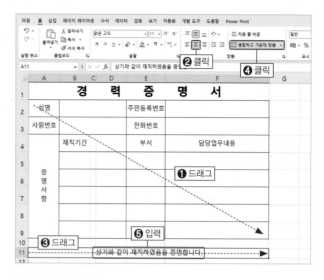

09. [D19] 셀에 '2023년', [E19] 셀에 '=MONTH(TODAY())&"월"'을 입력합니다. [F19] 셀에 '=DAY(TODAY())&"일"'을 입력합니다.

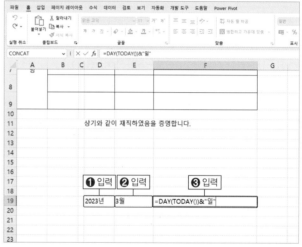

Point

'=MONTH(TODAY())&"월" TODAY 함수에서 월만 표기합니다. '=DAY(TODAY())&"일" TODAY 함수에서 일만 표기합니다.

10. [A21] 셀에 '회사명 : (주) 소근조경'으로 입력하고 [A22] 셀에 '대표자 : 김 용 견 (인)'을 입력합니다. [A21:F21], [A22:F22]를 각각 선택하고, [글꼴] – [글꼴 크기]를 '12'로 설정합니다. [맞춤] 그룹의 [병합하고 가운데 맞춤]을 클릭합니다.

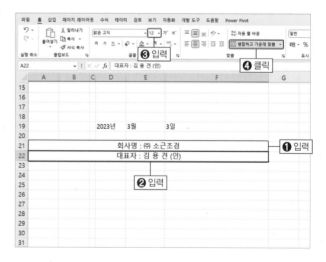

11. [A10:F24] 셀의 범위를 선택하여 [홈] − [글꼴] − [테두리] − [바깥쪽 테두리]를 선택합니다.

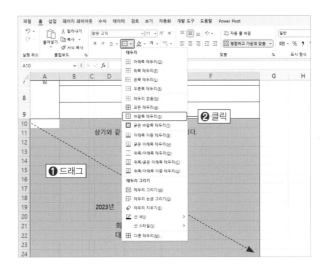

12. [사원명부] 시트의 [B5:G39] 범위를 선택합니다. 이름상자에 '사원명부'를 입력하고 Enter를 누릅니다. 같은 방법으로 [D5:D39] 범위를 선택하고 이름상자에 '주민번호'를 입력합니다.

13. [Sheet1] 시트의 [F2] 셀에 '770217-1219029'을 입력합니다. [B2] 셀에 '=INDEX(사원명부,MATCH(F2,주민번호,0),2)'를 입력합니다.

14. 같은 방법으로 [B3] 셀에 '=INDEX(사원명부,MATCH(F2,주민번호,0),1)'을 입력하고, [F3] 셀에 '=INDEX(사원명부,MATCH(F2,주민번호,0),4)'를 입력합니다.

15. [B5] 셀에 '=INDEX(사원명부,MATCH(F2,주민번호,0),5)', [C5] 셀에 '−'를 입력합니다. [D5] 셀에 '=TODAY()'를 입력합니다.

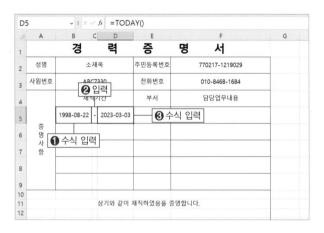

컴퓨터 도장 만들기

모두 싸인(https://www.modusign.co.kr/event-stamp)에서 가입하면 온라인 도장 만들기를 할 수 있습니다. 필요한 만큼 도장을 만들 수 있으며 쉽게 이름과 글꼴 등을 선택할 수 있습니다. PNG 파일로 제공하기 때문에 컴퓨터에서 사용하기에 적합합니다.

Project

04 퇴사 현황 파악하기

입사일과 퇴사일을 날짜 데이터로 변경하고, 퇴사일에서 연도별 직급별 개수, 퇴사일의 연도별, 직종별 개수를 파악하기 위해, 텍스트 나누기와 COUNTIFS 함수, DATE 함수를 이용하는 방법을 배워보겠습니다.

☞ Key Word: 날짜 데이터 변경, COUNTIFS 함수, DATE 함수
실습 파일: 4-4

입퇴사현황

오늘날짜 2023-03-03

연번	성명	성별	직급	직종	부서별	입사일	퇴사일	비고
1	차현우	남	6급	사무직	전략기획실	2010-04-01	2010-12-30	
2	강준상	남	7급	전문직	영업기획팀	2010-03-01		
3	이한준	남	7급	전문직	영업기획팀	2010-11-15	2014-02-28	
4	유정연	여	7급	기능직	영업기획팀	2010-11-15	2013-04-30	
5	신미나	여	6급	업무직	문화체육부	2010-11-16	2016-08-16	
6	정해인	남	8급	업무직	문화체육부	2010-11-17	2015-03-28	
7	유병재	남	6급	업무직	레저사업부	2011-07-01	2015-06-30	
8	윤지희	여	7급	전문직	영업기획팀	2007-04-01		
9	윤소연	여	7급	사서직	건설사업부	2012-04-01	2014-09-30	
10	김석진	여	8급	업무직	건설사업부	2012-01-01		
11	이홍석	남	8급	업무직	건설사업부	2012-01-01		
12	송하윤	여	9급	업무직	문화체육부	2005-07-01	2011-08-16	
13	홍윤호	남	7급	전문직	영업기획팀	2004-11-01	2011-10-24	
14	김현성	남	5급	전문직	레저사업부	2006-01-01		
15	유인나	여	4급	사무직	경영지원부	2017-01-01	2016-12-31	
16	황석남	남	7급	사무직	경영지원부	2012-02-01	2014-02-28	
17	전정국	남	6급	사서직	건설사업부	2012-03-01	2013-02-28	
18	박지민	남	8급	사서직	건설사업부	2017-06-19		
19	윤정은	남	8급	사서직	건설사업부	2017-06-19		
20	김태형	남	9급	업무직	건설사업부	2017-06-19		
21	박선수	남	6급	사무직	전략기획실	2010-04-01	2010-12-30	
22	김재훈	남	7급	전문직	영업기획팀	2010-03-01		

구분	5급	6급	7급	8급	9급
계	-	5	9	3	2
2010년	-	2	-	-	-
2011년	-	-	2	-	1
2012년	-	-	-	-	-
2013년	-	2	1	1	-
2014년	-	1	4	-	-
2015년	-	-	1	1	-
2016년	-	-	-	1	1

구분	사무직	사서직	기능직	업무직	전문직
계	5	3	2	6	5
2010년	2	-	-	-	-
2011년	-	-	1	1	-
2012년	1	-	-	1	-
2013년	-	2	1	1	-
2014년	1	1	-	-	3
2015년	-	-	-	2	-
2016년	1	-	-	-	-

완성 파일
① 숫자, 문자 데이터를 날짜 데이터로 변경하기
② COUNTIFS 함수와 DATE 함수로 집계하기

---

01. 퇴사일을 날짜 데이터로 변경하기 위해 H 열을 선택합니다. Ctrl+H를 누르고 [찾기 및 바꾸기] 대화상자에서 찾을 내용을 '.', 바꿀 내용을 '–'로 입력합니다.

Point

온점 때문에 문자로 인식되어 있는 데이터를 온점 대신에 대시로 변경하여 날짜 데이터로 변환합니다.

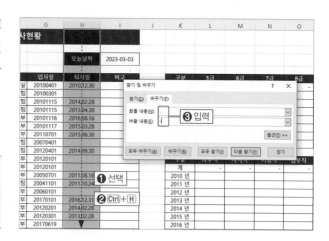

02. [모두 바꾸기] 버튼을 클릭하여 퇴사일의 점을 모두 대시로 변경합니다. [확인] 버튼을 클릭하고 [찾기 및 바꾸기] 대화상자를 닫습니다.

Point

날짜 데이터로 변경되었기 때문에 [홈] – [표시 형식] 그룹에 [간단한 날짜]가 선택되어 있습니다.

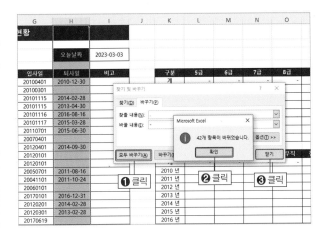

03. 입사일을 날짜 데이터로 변경하기 위해서 [G6:G45] 범위를 선택하고 [데이터] – [데이터 도구] – [텍스트 나누기]를 클릭합니다.

Point

숫자로 인식되어 있는 입사일의 데이터를 텍스트 나누기를 통해 날짜 데이터로 변환합니다.

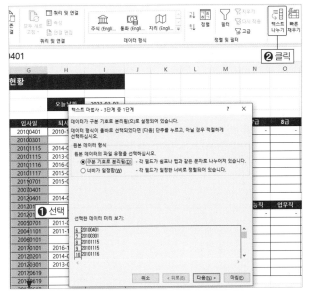

04. 텍스트 나누기를 하는 건 아니고 형식을 변경하기 위해 [텍스트 마법사] 대화상자에서 3단계로 이동합니다. 열 데이터 서식을 '날짜'로 클릭하고 [마침] 버튼을 클릭합니다.

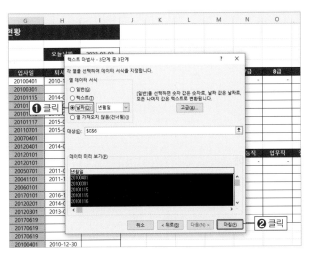

05. 입사일도 날짜 형식으로 바뀐 것을 확인할 수 있습니다.

성명	성별	직급	직종	부서명	입사일	퇴사일	비고
				입퇴사현황			
					오늘날짜	2023-03-03	
차현우	남	6급	사무직	전략기획실	2010-04-01	2010-12-30	
강준상	남	7급	전문직	영업기획팀	2010-03-01		
이한준	남	7급	전문직	영업기획팀	2010-11-15	2014-02-28	
유정연	여	7급	기능직	영업기획팀	2010-11-15	2013-04-30	
신미나	여	8급	업무직	문화체육부	2010-11-16	2016-08-16	
정해인	남	8급	업무직	문화체육부	2010-11-17	2015-03-28	
유병재	남	7급	업무직	레저사업부	2011-07-01	2015-06-30	
윤지희	여	7급	전문직	영업기획팀	2007-04-01		
윤소연	여	7급	사서직	영업기획팀	2012-04-01	2014-09-30	
김석진	여	8급	업무직	건설사업부	2012-01-01		
이종석	남	8급	업무직	건설사업부	2012-01-01		확인
송하윤	여	9급	업무직	문화체육부	2005-07-01	2011-08-16	
홍윤호	남	7급	전문직	영업기획팀	2004-11-01	2011-10-24	
김현성	남	5급	전문직	레저사업부	2006-01-01		
유인나	여	4급	사무직	경영지원부	2017-01-01	2016-12-31	
황석남	남	6급	사무직	경영지원부	2012-02-01	2014-02-28	
전정국	여	6급	사서직	건설사업부	2012-03-01	2013-02-28	
박지민	남	8급	사서직	건설사업부	2017-06-19		
윤정은	남	8급	사서직	건설사업부	2017-06-19		
김태형	남	9급	업무직	건설사업부	2017-06-19		
박선우	남	6급	사무직	전략기획실	2010-04-01	2010-12-30	

06. 이름 정의를 하기 위해 [D5:E45], [H5: H45] 범위를 선택하고 [수식] – [정의된 이름] – [선택 영역에서 만들기]를 클릭합니다. [선택 역에서 이름 만들기] 대화상자의 '왼쪽 열'의 체크 표시를 해제하고 '첫 행'만 체크 표시한 다음 [확인] 버튼을 클릭합니다.

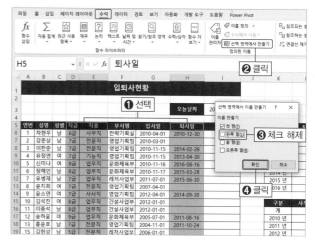

07. [정의된 이름] – [수식에서 사용]을 클릭하면 정의된 이름이 세 가지 만들어진 것을 확인할 수 있습니다.

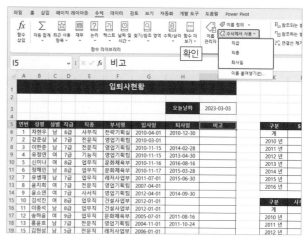

08. 직급별, 퇴사년도별로 집계하기 위해 [L7] 셀을 클릭합니다. '=COUNTIFS(직급,L$5,퇴사일,">="&DATE($K7,1,1),퇴사일,"<="&DATE($K7,12,31))'을 입력합니다.

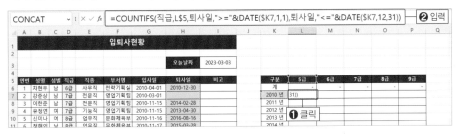

Point

직급 중 현재 표에 있는 직급(L$5)과 같고, 퇴사일이 현재 표에 있는 연도($K7)와 같은 사람이 몇 명인지 구합니다. criteria 인수는 조건과 함께 함수를 연결하기 위해 &를 사용합니다.

09. 수식을 [P13] 셀까지 복사하여 퇴사일에 대한 집계를 확인해 볼 수 있습니다.

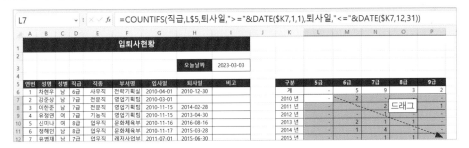

10. [L17] 셀에 '=COUNTIFS(직종,L$15,퇴사일,">="&DATE($K17,1,1),퇴사일,"<="&DATE($K17,12,31))'을 입력하고 수식을 복사합니다.

Point

직종 중 현재 표에 있는 직종(L$15)와 같고, 퇴사일이 현재 표에 있는 연도($K17)와 같은 사람이 몇 명인지 구합니다. criteria 인수는 조건과 함수를 연결하기 위해 &를 사용합니다.

05 재고상품 파악해서 주문하기

[주문식품명] 시트에 있는 식품들을 주문하려 합니다. [재고상품] 시트에 있는 목록은 제외하고 주문해야하기 때문에 두개의 시트를 비교하고 없는 상품이 어떤 것인지 파악하는 방법을 알아보겠습니다.

Key Word: 개체 삭제, 내용 비교, COUNTIF 함수, IF 함수
실습 파일: 4-5

금일 주문 식품내역

식품명	주문상품
차조	X
주스	X
들기름	X
얼음	X
만두,냉동물	X
명태	X
파	O
들깨가루	O
마요네즈	O
마요네즈	O
떡볶이	X
핫도그,냉동물	X
감자	X
홍합과일음료	X
새우	X
보리	X
토마토케찹	O
당면	X
딸기슈크림	X
잼	X
고사리	X
크림스프	O
감자	X
라면	O
가다랭이	O
고등어	O
가래떡(편떡)	O
고기소스	X
빵가루	X
붕어	X
요구르트(호상)	X
들기름	X
마늘	X
소금	X
율무	X
식빵	X
치즈	X
명태	X
보리	X

완성 파일
① 개체 선택해서 삭제하기
② COUNTIF 함수와 IF 함수로 두 개의 데이터 비교하기
③ 주문상품이 O이면 식품명 글꼴 색 변경하기

01. 외부 데이터를 엑셀로 저장했더니 내용이 많지 않음에도 작업 시간이 오래 걸립니다. 먼저 의심해 봐야할 것은 개체입니다. 먼저 개체를 선택해보겠습니다. [주문식품명] 시트에서 [홈] – [편집] – [찾기 및 선택] – [이동 옵션]을 클릭합니다.

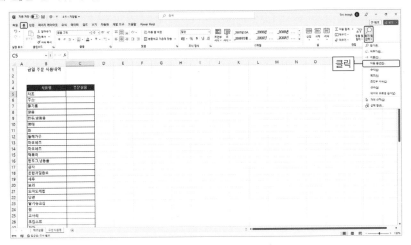

02. [이동 옵션] 대화상자에서 [개체]를 클릭하고 [확인]을 클릭합니다.

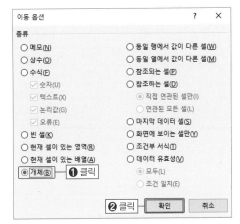

03. 시트 안에 있는 개체가 모두 선택됩니다. Delete를 눌러 삭제합니다.

04. 같은 방법으로 [재고상품] 시트에도 개체를 선택하여 삭제합니다.

05. 함수를 사용하기 전에 이름을 정의하기 위해 [재고상품] 시트의 [B5:B37] 셀의 범위를 선택하고 이름 상자에 '식품명'을 입력합니다.

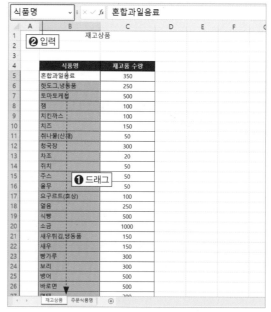

06. [주문식품명] 시트에서 [C5] 셀을 클릭하고 =COUNTIF(식품명,B5) 수식을 사용합니다.

Point

[주문식품명] 시트의 [B5] 셀과 같은 데이터가 [재고상품] 시트의 [식품명] 범위에 몇 개 있는지 찾아봅니다.

07. 수식을 복사해보니 0, 1, 2인 경우가 나왔습니다.

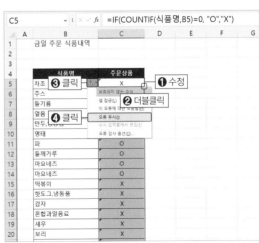

08. 그 중에서 1, 2인 경우에는 주문하지 않아야 하니까 X, 0인 경우는 주문을 해야 하니까 O를 입력해보겠습니다. '=IF(COUNTIF(식품명,B5)=0, "O", "X")'의 수식을 수정하고 다시 수식을 복사합니다. 수식의 오류표시가 나타나면 오류표시 아이콘(⚠)을 클릭하여 '오류 무시'를 클릭합니다.

09. 주문상품이 O일 때 식품명의 글꼴 색을 변경하기 위해 [B5:B53] 범위를 선택하고 [홈] – [스타일] – [조건부 서식]을 클릭합니다. [새 서식 규칙] 대화상자에서 규칙 유형을 '수식을 사용하여 서식을 지정할 셀 결정', 수식을 '=$C5="O"'로 입력한 후 서식을 변경합니다.

10. 글꼴 색이 변경됩니다.

06 작업복 신청 집계표 만들기

작업복 신청 자료의 시트에는 바지와 티셔츠 신청 현황이 있고, 티셔츠는 카라형과 라운드형 두 개 중 하나 신청할 수 있습니다. 이름을 정의하고 부서, 성별, 바지, 티셔츠별 집계 현황표를 완성해보겠습니다.

Key Word: 집계표, COUNTIFS 함수, SUM 함수
실습 파일: 4-6

부서	카라형							라운드형						
	남				여			남				여		
	90	95	100	105	90	95	100	90	95	100	105	90	95	100
QM파트	-	-	-	-	-	2	-	-	-	1	1	-	-	-
FY1파트	-	1	2	1	1	-	-	-	-	-	-	-	1	-
FY2파트	-	1	-	-	2	-	-	-	1	-	-	-	1	1
FY3파트	1	1	-	-	-	-	1	-	-	1	-	-	1	-
보전파트	-	-	1	-	-	1	-	-	-	-	-	-	1	-
임가공파트	-	-	1	1	1	-	-	-	-	-	-	-	1	-

완성 파일
① 중복된 항목 제거하기
② 가로 세로 바꾸어 복사하기
③ 이름 정의하고 COUNTIFS 함수 사용하기

01. [작업복 신청 자료] 시트에서 부서 열의 고유항목만 뽑기 위해 [B3:B33]를 선택하고 복사합니다.

02. [바지 집계표] 시트에서 [A4] 셀을 클릭하고 붙여넣기를 합니다. [데이터] – [데이터 도구] – [중복된 항목 제거📉]를 클릭합니다. [중복 값 제거] 대화상자에서 [확인] 버튼을 클릭합니다.

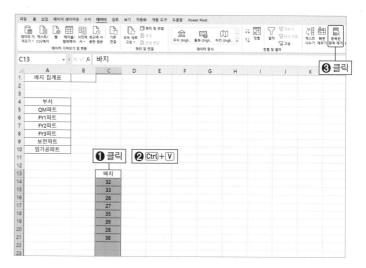

03. 같은 방법으로 [작업복 신청 자료] 시트의 [G3:G33] 범위를 복사하고 [바지 집계표] 시트에 임의의 셀에 붙여넣기 합니다. [데이터] – [데이터 도구] – [중복된 항목 제거]를 클릭하여 고유 값을 만듭니다.

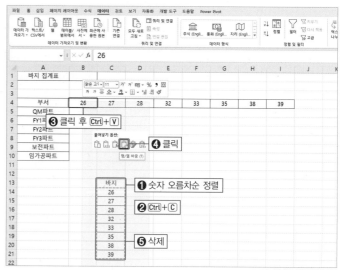

04. 고유 값으로 변경한 데이터를 [데이터] – [정렬 및 필터] – [숫자 오름차순 정렬]을 클릭한 다음 다시 복사합니다. [B4] 셀에 [바꾸기📋]로 붙여넣기합니다. 임의의 셀에 복사해 놓았던 데이터를 삭제합니다.

05. [B3:D3], [E3:I3] 범위를 선택하고 [홈] – [맞춤] – [병합하고 가운데 맞춤]을 클릭한 다음 '여', '남'을 입력합니다. [홈] – [글꼴] – [모든 테두리]까지 적용합니다.

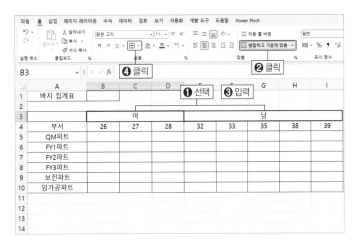

06. 이름을 정의하기 위해 [작업복 신청 자료] 시트를 클릭하고, [B3:B33], [F3:I33] 범위를 선택한 다음 [수식] – [정의된 이름] – [선택 영역에서 만들기]를 클릭합니다. [선택 영역에서 이름 만들기] 대화상자에서 '첫 행'에 체크 표시하고 [확인] 버튼을 클릭합니다.

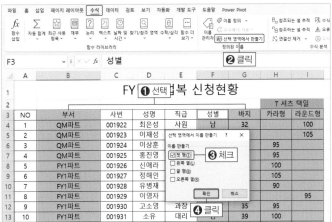

07. [바지 집계표] 시트를 클릭하고 [B5] 셀을 클릭합니다. '=COUNTIFS(부서,$A5,성별,"여",바지,B$4)'를 입력합니다.

Point

이름 정의된 부서가 'QM파트'와 같고, 바지 범위가 '90'과 같고, 성별 범위가 '여'와 같으면 개수를 구합니다.

08. [B5] 셀의 수식을 [D5] 셀까지 복사합니다. [E5] 셀에서 수식을 '=COUNTIFS(부서,$A5,성별,"남",바지,E$4)'으로 변경하고 [I5] 셀까지 복사합니다.

Point

이름 정의된 부서가 'QM파트'와 같고, 바지 범위가 '32'와 같고, 성별 범위가 '남'과 같으면 개수를 구합니다.

09. [B5:I10] 셀의 범위에 모든 수식을 복사합니다. [홈] – [표시 형식] – [쉼표 스타일 ,]을 클릭합니다.

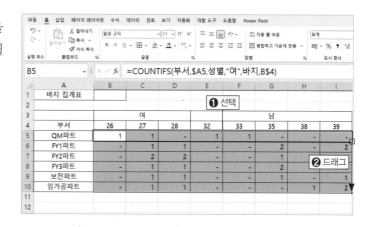

10. [T셔츠 집계표] 시트의 [B5] 셀에 '=COUNTIFS(부서,$A5,카라형,B$4, 성별,"남")'을 입력하고 수식을 복사합니다. [자동 채우기 옵션 ▦] – [서식 없이 채우기]를 클릭합니다.

Point

부서 범위가 'QM파트'와 같고, 카라형 범위가 '90'과 같고, 성별 범위가 '남'과 같으면 개수를 구합니다.

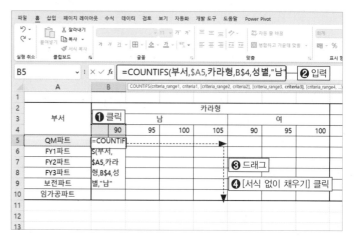

11. 같은 방법으로 [F5] 셀에 '=COUNTIFS(부서,$A5,카라형,F$4, 성별,"여")'를 입력하고 수식을 복사합니다.

Point

부서 범위가 'QM파트'와 같고, 카라형 범위가 '90'과 같고, 성별 범위가 '여'와 같으면 개수를 구합니다.

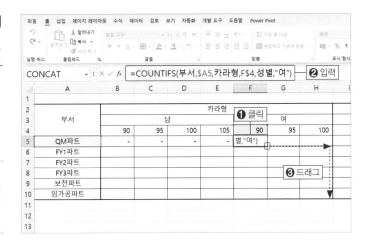

12. 같은 방법으로 라운드형 셔츠의 집계를 위해 [I5] 셀에서 '=COUNTIFS(부서,$A5,라운드형,I$4,성별," 남")', [M5] 셀에서 '=COUNTIFS(부서,$A5,라운드형,M$4,성별,"여")' 수식을 수정합니다.

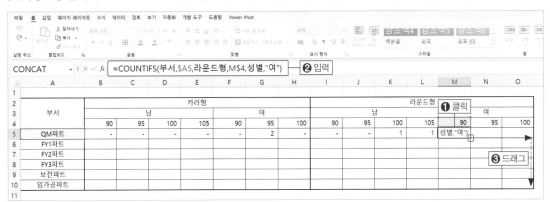

13. [B5:O5] 범위를 선택하고 채우기 핸들로 [O10] 셀까지 수식을 복사하여 수식을 완성합니다.

07 다운로드한 외부 데이터 목록 일괄 정리하기

ERP 시스템이나 외부 데이터를 엑셀로 다운로드한 경우 여러 가지로 엑셀에 적합하지 않은 상태일 것입니다. 불규칙한 합계를 제거하거나 비어 있는 데이터를 각각 채워서 빠르게 데이터를 정리하는 방법을 알아보겠습니다.

Key Word: 이동 옵션, 행 삭제, Ctrl + Enter
실습 파일: 4-7

건강검진 명단자

흡연	제자리 뛰기	이름	맥박1	맥박2	성별	키	무게	활동
비흡연	미통과	강가람	74	70	남자	73	155	3
비흡연	미통과	강누리	68	68	남자	71	150	3
비흡연	미통과	강보단	72	70	남자	71	140	2
비흡연	미통과	강부루	68	68	남자	72	142	2
비흡연	미통과	강승아	60	66	여자	62	120	2
비흡연	미통과	고나봄	68	64	남자	69.5	150	2
비흡연	미통과	고보람	84	84	남자	69	136	2
비흡연	미통과	고보슬	74	76	남자	67	123	2
비흡연	미통과	길가온	74	74	남자	73	155	2
비흡연	미통과	문차미	68	68	여자	69	150	2
비흡연	미통과	백로이	78	80	여자	68	133	1
비흡연	미통과	서정아	76	76	여자	61.75	108	2
비흡연	미통과	서지나	66	76	여자	65	115	2
비흡연	미통과	신진술	80	74	여자	64	102	2
비흡연	미통과	양찬술	72	68	여자	68	110	2
비흡연	미통과	양조롱	82	80	여자	63	116	1
비흡연	미통과	오진이	78	78	여자	67	115	2
비흡연	미통과	유라라	76	76	남자	74	148	2
비흡연	미통과	유환새	88	84	남자	73.5	155	2
비흡연	미통과	유루다	70	70	남자	70	150	2
비흡연	미통과	유찬	87	84	남자	63	95	3
비흡연	미통과	임눈송	64	62	여자	75	160	3
비흡연	미통과	장노송	58	58	여자	66	135	3
비흡연	미통과	장은솔	62	68	여자	70	155	2
비흡연	미통과	장은솔	62	66	여자	65	122	3
비흡연	미통과	장주솔	54	50	남자	69	160	2
비흡연	미통과	장진샘	76	76	남자	72	215	3

완성 파일

① 이동 옵션으로 빈 셀 채우기
② 이동 옵션으로 행 삭제하기
③ Ctrl + Enter 로 데이터 빠르게 채우기

01. 수식이 있는 중간 소계를 지우기 위해 [홈] – [편집] – [찾기 및 선택] – [수식]을 클릭합니다.

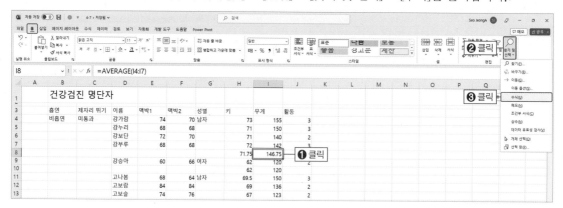

02. Ctrl+-를 누릅니다. [삭제] 대화 상자에서 '행 전체'를 선택하고 [확인] 버튼을 클릭합니다.

Point

마우스 오른쪽 버튼을 클릭하고 [삭제] 를 선택해도 가능합니다.

03. 빈 셀에 데이터를 모두 채우기 위해 [B3] 셀을 클릭합니다. Ctrl+A를 누릅니다. [홈] – [편집] – [찾기 및 선택] – [이동 옵션]을 클릭합니다. [이동 옵션] 대화상자에서 '빈 셀'을 클릭하고 [확인] 버튼을 클릭합니다.

04. 빈 셀이 선택되어 있는 그대로 '='을 입력하고 '='이 들어간 위 셀을 클릭합니다. '=G4'가 입력된 채로 Ctrl+Enter를 누릅니다.

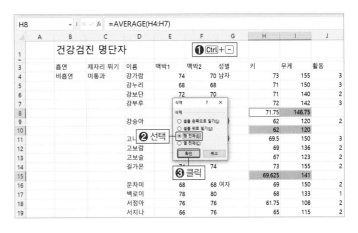

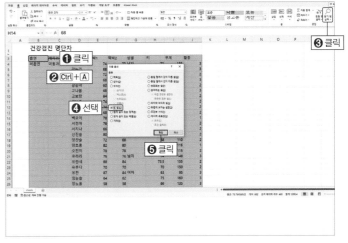

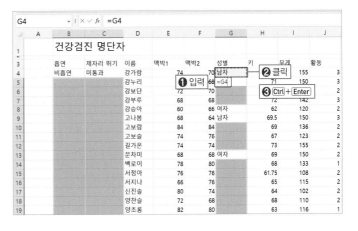

05. 다시 [B3] 셀을 클릭하고 Ctrl+A를 누릅니다. Ctrl+C를 누르고 Ctrl+V를 누릅니다. [붙여넣기 옵션] – [값]을 선택합니다.

Point

수식을 남기지 않기 위해 값으로 붙여넣기하여 수식이 빠진 결과값만 남았습니다.

06. [B3:J3], [B4:J95] 셀을 선택합니다. [홈] – [글꼴] – [모든 테두리] 와 [굵은 바깥쪽 테두리]를 클릭합니다.

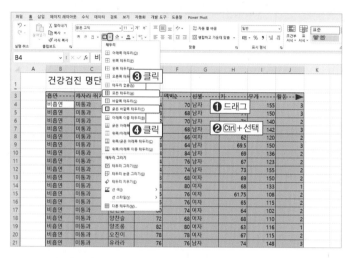

07. [B1:J1] 범위를 선택하고 [홈] – [맞춤] – [병합하고 가운데 맞춤]을 클릭합니다.

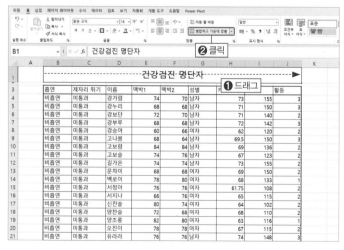

Project

08 선택한 데이터로 개수, 합계, 평균 알아보기

분류코드를 선택하면 선택한 개체에 대한 개수, 합계, 평균이 표시되고 선택한 개체가 어디 있는지 원본데이터에 색을 채우는 데이터 가공 방법을 알아보겠습니다.

☞ Key Word: 중복된 항목 제거, 데이터 유효성 검사, 조건부 서식
실습 파일: 4-8

분류코드	공급업체코드	개수	합계	평균
FG001	가009	3	55,800	18,600

분류코드	제품번호	제품이름	공급업체코드	단가	단종품
FG001	A001	콩우유	가005	80,000	FALSE
FT022	A002	레몬주스	가007	19,000	FALSE
SG006	A003	체리 시럽	가007	10,000	FALSE
SG006	A004	복숭아시럽	가009	22,000	TRUE
SG006	A005	파인애플 시럽	가009	21,000	FALSE
UR023	A006	블루베리 잼	가008	25,000	FALSE
UR023	A007	건과(배)	가008	30,000	FALSE
SG006	A008	딸기 소스	가008	40,000	FALSE
OP005	A009	상등육 쇠고기	가005	97,000	FALSE
SR036	A010	연어알 조림	가005	31,000	FALSE
FG001	A011	커피 밀크	가009	21,000	TRUE
FG001	A012	바닐라 엣센스	가009	13,800	FALSE
SR036	A013	돌김	가010	16,000	FALSE
SR036	A014	건조 다시마	가010	23,000	FALSE
SG006	A015	간장	가010	15,000	FALSE
SE037	A016	피넛 스프레드	가007	17,000	FALSE
OP005	A017	포장육	가007	39,000	FALSE
SR036	A018	냉동 참치	가007	62,000	FALSE
SG006	A019	초콜릿 소스	가001	19,000	FALSE
SE037	A020	마말레이드	가001	81,000	FALSE
SG006	A021	핫 케이크 소스	가001	10,000	FALSE
TE008	A022	시리얼	가001	21,000	FALSE
TE008	A023	쌀 튀김 과자	가001	9,000	FALSE

완성 파일
① 분류코드의 고유값 항목 만들기
② 데이터 유효성 검사로 선택 항목 만들기
③ COUNTIF, SUMIF, AVERAGEIF 함수 사용하기
④ 조건부 서식으로 채우기(색상 변경)

01. 고유값의 항목을 만들기 위해 [B6 : B88] 범위를 선택하고 복사합니다. [I6] 셀에 붙여넣기를 합니다. [데이터] – [데이터 도구] – [중복된 항목 제거 ▣]를 클릭합니다. [중복 값 제거] 대화상자에서 [확인]을 클릭합니다.

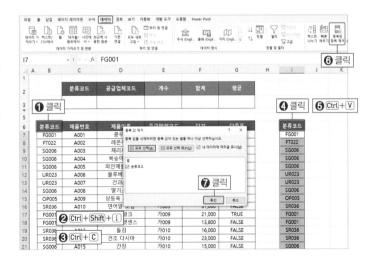

02. 같은 방법으로 [E6:E88] 범위를
선택하고 복사하여 [K6] 셀에 붙여넣
기 한 다음 [데이터 도구] – [중복된
항목 제거]를 클릭합니다. [중복 값
제거] 대화상자에서 [확인]을 클릭합
니다.

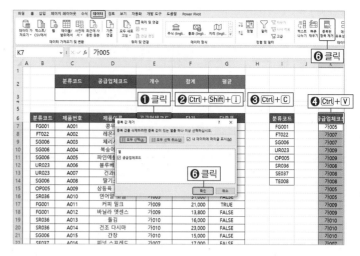

03. [C3] 셀을 클릭하고 [데이터] –
[데이터 도구] – [데이터 유효성 검사]
를 클릭합니다. [데이터 유효성] 대
화상자에서 제한 대상을 '목록', 원본
을 'I7:I14' 셀의 범위를 선택합니다.
[확인] 버튼을 클릭합니다.

04. 같은 방법으로 [D3] 셀을 클릭하
고 [데이터] – [데이터 도구] – [데이
터 유효성 검사]를 클릭합니다. [데
이터 유효성] 대화상자에서 제한 대상
을 '목록', 원본을 'K7:K16'셀의 범위
를 선택합니다. [확인] 버튼을 클릭합
니다.

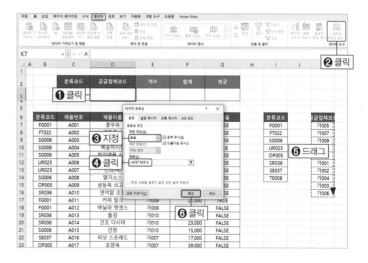

05. [C3], [D3] 셀에 목록 버튼을 클릭하여 코드 한 개씩 선택합니다. 고유항목으로 만들었던 I열에서 K열까지 마우스 오른쪽 버튼을 클릭하고 [숨기기]를 클릭합니다.

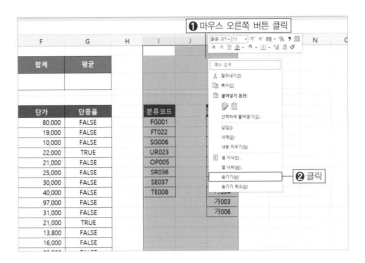

06. [B6:B88], [E6:E88], [F6:F88] 범위를 선택하고 [수식] – [정의된 이름] – [선택 영역에서 만들기]를 클릭합니다. [선택 영역에서 이름 만들기] 대화상자에서 '첫 행'을 선택하고 [확인] 버튼을 클릭합니다.

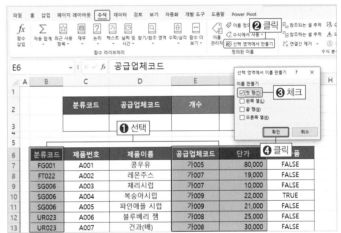

07. [E3] 셀을 클릭하고 '=COUNTIFS(분류코드,C3,공급업체코드,D3)'를 입력합니다.

A	B	C	D	E	F	G	H
		분류코드	공급업체코드	개수	합계	평균	
		SG006	가009	류코드,C3,공급업체코드,D3			
	분류코드	제품번호	제품이름	공급업체코드	단가	단종품	
	FG001	A001	콩우유	가005	80,000	FALSE	
	FT022	A002	레몬주스	가007	19,000	FALSE	
	SG006	A003	체리시럽	가007	10,000	FALSE	
	SG006	A004	복숭아시럽	가009	22,000	TRUE	
	SG006	A005	파인애플 시럽	가009	21,000	FALSE	
	UR023	A006	블루베리 잼	가008	25,000	FALSE	
	UR023	A007	건과(배)	가008	30,000	FALSE	
	SG006	A008	딸기소스	가008	40,000	FALSE	
	OP005	A009	상등육 쇠고기	가005	97,000	FALSE	
	SR036	A010	연어알 조림	가005	31,000	FALSE	
	FG001	A011	커피 밀크	가009	21,000	TRUE	
	FG001	A012	바닐라 엣센스	가009	13,800	FALSE	

Point

분류코드 목록 중 [C3] 셀과 같고, 공급업체코드 목록 중 [D3] 셀과 같으면 개수를 구합니다.

08. [F3] 셀을 클릭하고 '=SUMIFS(단가,분류코드,C3,공급업체코드,D3)'를 입력합니다.

09. [G3] 셀을 클릭하고 데이터가 없을 때 평균은 오류가 생기므로 '=IFERROR(AVERAGEIFS(단가,분류코드,C3,공급업체코드,D3),0)'를 입력합니다.

10. 조건부 서식을 지정해 보겠습니다. [B7:G88] 범위를 선택하고 [홈] − [스타일] − [조건부 서식] − [새 규칙]을 클릭합니다. [새 서식 규칙] 대화상자에서 규칙 유형 선택을 '수식을 사용하여 서식을 지정할 셀 결정'으로 지정합니다.

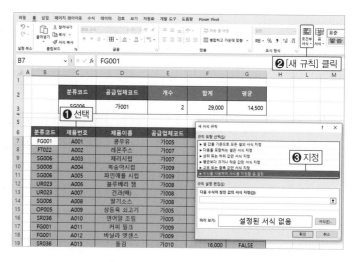

11. 수식을 '=AND($C$3=$B7,$D$3 =$E7)'로 입력합니다. [서식] 버튼을 클릭하여 [채우기] 탭에서 색을 클릭합니다. [확인] 버튼을 클릭합니다.

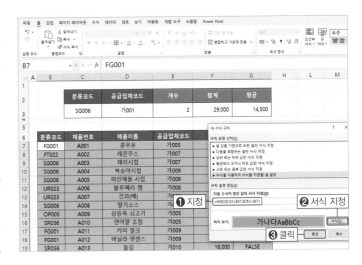

Point

선택한 분류코드랑 [B7] 셀부터 아래 데이터를 비교하여 같으면 채우기 색상을 변경합니다.

12. [C3], [D3] 셀 코드를 변경하면 개수, 합계, 평균의 결과가 변경되며, 본문 데이터의 채우기 색상의 위치가 변경되어 빠르게 데이터를 파악할 수 있습니다.

09 병합된 셀 번호 매기기

병합되어 있는 상태에서 번호를 매기고 중간에 행이 삽입되었을 때 수식을 편집하는 방법을 배워보겠습니다.

➔ Key Word: 병합된 셀 번호 매기기, 수식 수정하기
실습 파일: 4-9

번호	공급업체코드	분류코드	제품번호	제품 이름	단가	단종품
1	가001	OP005	A053	페이스 티	32,000	FALSE
		TE008	A052	믹스	7,000	FALSE
		UR023	A051	사과 통조림	53,000	TRUE
2	가002	OP005	A054	훈제 통닭	17,000	FALSE
		OP005	A055	양념 칠면조	24,000	FALSE
3	가003	OP005	B001	포장육수	32,000	FALSE
		TE008	A056	옥수수 가루	38,000	FALSE
		TE008	A057	통밀 가루	19,000	FALSE
4	가004	SR036	A058	어묵	13,000	FALSE
5	가005	FG001	A059	포장 치즈	55,000	FALSE
		FG001	A060	파메빵 치즈	34,000	FALSE
6	가006	SE037	A062	커스터드 파이	49,000	FALSE
		SG006	A061	핫 소스	28,000	FALSE
7	가007	FT022	A024	신콜라	6,000	TRUE
		FT022	A070	칵테일	45,000	FALSE
		FT022	B004	애플 쥬스	7,000	FALSE
		OP005	A017	포장육	39,000	FALSE
		SE037	A016	피넛 스프레드	17,000	FALSE
		SG006	A063	사과 식초	43,000	FALSE
		SR036	A018	냉동 참치	62,000	FALSE
8	나007					
9	가008	FT022	A075	맥주	24,000	FALSE
		OP005	A029	왕갈비 훈제육	123,000	FALSE
		SG006	A077	셀러드 드레싱	13,000	FALSE
		TE008	A064	콘플레이크	33,000	FALSE
		UR023	A028	튀김 다시마	15,000	FALSE
10	가009	SG006	A004	복숭아시럽	22,000	TRUE
		SG006	A005	파인애플 시럽	21,000	FALSE
		SG006	A065	후추	21,000	FALSE
		SG006	A066	열치가루	17,000	FALSE

완성 파일
① 병합되어 있는 상태에서 [Ctrl] + [Enter]를 눌러 번호 매기기
② 중간 행이 삽입됐을 때 수식 수정하기

01. [제품목록] 시트의 B열에 번호를 매기려고 합니다. 병합된 셀 크기가 모두 다르기 때문에 채우기 핸들로 복사를 하지 못합니다. [B3] 셀을 클릭하고 Shift를 누른 상태로 [B83] 셀을 클릭합니다.

	A	B	C	D	E	F	G	H	I
64			가020	SG006	A015	간장	15,000	FALSE	
65				SR036	A013	돌김	16,000	FALSE	
66				SR036	A014	건조 다시마	23,000	FALSE	
67			가021	TE008	A022	시리얼	21,000	FALSE	
68				TE008	A023	쌀 튀김 과자	9,000	FALSE	
69			가022	SE037	A025	레몬 파이	14,000	FALSE	
70				SE037	A026	코코넛 쿠키	31,000	FALSE	
71				SE037	A027	피넛 샌드	43,000	FALSE	
72				SE037	B005	고구마 파이	15,000	FALSE	
73			가023	FT022	A038	체리 셰이크	26,000	FALSE	
74				FT022	A039	바닐라 셰이크	28,000	FALSE	
75			가024	SR036	A030	포장 파래	25,000	FALSE	
76				SR036	A040	게살 통조림	18,000	FALSE	
77				SR036	A041	대합조개 통조림	9,000	FALSE	
78			가025	FT022	A043	원두커피	46,000	FALSE	
79				SG006	A044	청정 생강즙	19,000	FALSE	
80				TE008	A042	옥수수	14,000	FALSE	
81			가026	SR036	A045	포장 문어	9,000	FALSE	
82				SR036	A046	포장 참치	12,000	FALSE	
83			가027	SE037	A047	바닐라 쿠키	9,000	FALSE	
84				SE037	A048	트로피컬 캔디	12,000	FALSE	

02. 수식을 사용하기 위해 등호(=)를 입력하면 화면 윗부분으로 이동합니다. '=COUNTA('의 함수를 입력합니다. 현재 편집 중인 오른쪽 셀인 [C3] 셀을 클릭하고 콜론(:)을 입력합니다. 콜론을 입력하면 'C3'셀이 한번 더 입력됩니다.

03. '=COUNTA(C3:C3'에 앞에 있는 'C3'에만 절대값을 넣어 줍니다. '=COUNTA($C$3:C3)'을 입력하고 Ctrl+Enter를 눌러 수식 작성을 완료합니다. 병합된 상태에서 일련번호가 입력되었습니다.

04. 행이 중간에 삽입됐을 때 수정할 수 있는 방법을 알아보겠습니다. 23행에서 Ctrl+⊞를 눌러 행을 삽입합니다.

05. 수식이 있는 [B16] 셀부터 빈 셀이 있는 [B23]까지 선택합니다.

	A	B	C	D	E	F	G	H	I
B16				=COUNTA($C$3:C16)					
10				TE008	A057	통밀가루	19,000	FALSE	
11		4	가004	SR036	A058	어묵	13,000	FALSE	
12		5	가005	FG001	A059	포장 치즈	55,000	FALSE	
13				FG001	A060	파메쌍 치즈	34,000	FALSE	
14		6	가006	SE037	A062	커스터드 파이	49,000	FALSE	
15				SG006	A061	핫 소스	28,000	FALSE	
16				FT022	A024	신콜라	6,000	TRUE	
17				FT022	A070	칵테일	45,000	FALSE	
18		드래그		FT022	B004	애플 쥬스	7,000	FALSE	
19		7	가007	OP005	A017	포장육	39,000	FALSE	
20				SE037	A016	피넛 스프레드	17,000	FALSE	
21				SG006	A063	사과 식초	43,000	FALSE	
22				SR036	A018	냉동 참치	62,000	FALSE	
23									
24				FT022	A075	맥주	24,000	FALSE	
25				OP005	A029	왕갈비 훈제육	123,000	FALSE	
26		8	가008	SG006	A077	샐러드 드레싱	13,000	FALSE	
27				TE008	A064	콘플레이크	33,000	FALSE	
28				UR023	A028	튀김 다시마	15,000	FALSE	
29				SG006	A004	복숭아시럽	22,000	TRUE	

06. 기능키 F2를 눌러 수식 편집 상태로 변경한 다음 Ctrl + Enter 를 눌러 수식을 편집합니다.

	A	B	C	D	E	F	G	H	I
CONCAT				=COUNTA($C$3:C16)					
10				TE008	A057	통밀가루	19,000	FALSE	
11		4	가004	SR036	A058	어묵	13,000	FALSE	
12		5	가005	FG001	A059	포장 치즈	55,000	FALSE	
13				FG001	A060	파메쌍 치즈	34,000	FALSE	
14		6	가006	SE037	A062	커스터드 파이	49,000	FALSE	
15				SG006	A061	핫 소스	28,000	FALSE	
16				FT022	A024	신콜라	6,000	TRUE	
17				FT022	A070	칵테일	45,000	FALSE	
18				FT022	B004	애플 쥬스	7,000	FALSE	
19		=COUNTA(	가007	OP005	A017	포장육	39,000	FALSE	
20		$C$3:C16)		SE037	A016	피넛 스프레드	17,000	FALSE	
21		❶ F2 ❷ Ctrl + Enter			A063	사과 식초	43,000	FALSE	
22				036	A018	냉동 참치	62,000	FALSE	
23									
24				FT022	A075	맥주	24,000	FALSE	
25				OP005	A029	왕갈비 훈제육	123,000	FALSE	
26		8	가008	SG006	A077	샐러드 드레싱	13,000	FALSE	
27				TE008	A064	콘플레이크	33,000	FALSE	
28				UR023	A028	튀김 다시마	15,000	FALSE	
29				SG006	A004	복숭아시럽	22,000	TRUE	

07. [C23] 셀에 데이터가 없기 때문에 똑같은 번호인 '7'이 입력되었습니다. [C23] 셀에 '나007'을 입력합니다.

	A	B	C	D	E	F	G	H	I
C23			나007						
10				TE008	A057	통밀가루	19,000	FALSE	
11		4	가004	SR036	A058	어묵	13,000	FALSE	
12		5	가005	FG001	A059	포장 치즈	55,000	FALSE	
13				FG001	A060	파메쌍 치즈	34,000	FALSE	
14		6	가006	SE037	A062	커스터드 파이	49,000	FALSE	
15				SG006	A061	핫 소스	28,000	FALSE	
16				FT022	A024	신콜라	6,000	TRUE	
17				FT022	A070	칵테일	45,000	FALSE	
18				FT022	B004	애플 쥬스	7,000	FALSE	
19		7	가007	OP005	A017	포장육	39,000	FALSE	
20				SE037	A016	피넛 스프레드	17,000	FALSE	
21				SG006	A063	사과 식초	43,000	FALSE	
22				SR036	A018	냉동 참치	62,000	FALSE	
23		8	나007	입력					
24				FT022	A075	맥주	24,000	FALSE	
25				OP005	A029	왕갈비 훈제육	123,000	FALSE	
26		9	가008	SG006	A077	샐러드 드레싱	13,000	FALSE	
27				TE008	A064	콘플레이크	33,000	FALSE	
28				UR023	A028	튀김 다시마	15,000	FALSE	
29				SG006	A004	복숭아시럽	22,000	TRUE	

10 부서별 번호 매기기

부서별로 일련번호를 새롭게 매길 수 있으며, 부서별로 가로 테두리를 지정하여 눈에 쉽게 정리 하는 방법을 알아보겠습니다.

Key Word: 부서별 번호 매기기, 부서별 테두리 지정하기
실습 파일: 4-10

번호	부서	사원번호	사원명	엑셀	파워포인트	워드	합계
1	기획예산부	Abc9578	강규영	94	98	94	286
2	기획예산부	aBc8843	이상영	77	82	85	244
3	기획예산부	aBc5000	최길자	77	81	95	253
4	기획예산부	Abc2773	신희선	94	77	86	257
5	기획예산부	aBc7579	윤서진	99	84	91	274
6	기획예산부	aBc5094	박장선	80	89	93	262
7	기획예산부	Abc9245	김태훈	86	82	97	265
1	생산관리부	Abc3184	신하영	82	85	85	252
2	생산관리부	abC3777	송은영	87	84	85	256
3	생산관리부	abC3679	정선경	85	91	85	261
4	생산관리부	aBc4952	최민용	80	89	89	258
5	생산관리부	abC3037	김세희	96	79	85	260
1	영업관리부	Abc4697	박정아	93	95	85	273
2	영업관리부	aBc7213	유주연	82	93	94	269
3	영업관리부	aBc5847	노홍철	78	73	89	240
4	영업관리부	abC4598	최경미	79	86	65	230
5	영업관리부	Abc2705	서영남	83	75	84	242
6	영업관리부	Abc8845	강현주	95	82	94	271
7	영업관리부	abC7919	정현우	95	94	94	283
8	영업관리부	aBc6965	한정온	84	86	98	268
9	영업관리부	abC7682	송경화	84	95	94	273
1	총무부	abC9008	한지연	95	89	89	273
2	총무부	Abc7330	소재옥	83	99	86	268
3	총무부	abC9833	박서정	95	89	94	278
4	총무부	Abc2433	김태화	89	94	94	277
5	총무부	Abc4637	함진경	85	91	89	265
6	총무부	abC3193	소지민	86	99	95	280
7	총무부	aBc8969	유주영	89	94	89	272
8	총무부	abC6686	장윤선	87	67	92	246
9	총무부	abC6714	김유진	83	84	97	264

완성 파일
① 부서마다 일련번호 새롭게 매기기
② 부서가 다르면 테두리 색상 적용하기

01. 부서별 일련번호가 새롭게 시작되도록 수식을 작성해보겠습니다. [B4] 셀을 클릭합니다. '=COUNTIF($C$4: C4,C4)'의 수식을 입력합니다.

02. 수식을 복사하면 부서별 일련번호가 새롭게 매겨지는 것을 확인할 수 있습니다.

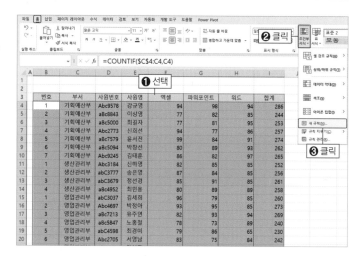

03. 조건부 서식을 지정해 보겠습니다. [B4:I38] 셀의 범위를 선택하고 [홈] - [스타일] - [조건부 서식] - [새 규칙]을 클릭합니다.

04. [새 서식 규칙] 대화상자에서 규칙 유형 선택을 '수식을 사용하여 서식을 지정할 셀 결정'을 클릭합니다. 수식을 '=$C4〈〉$C5'를 입력합니다.

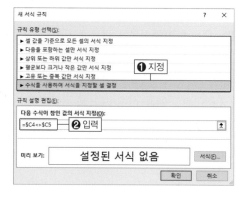

05. [서식] 버튼을 클릭한 다음 [테두리] 탭 화면에서 아래쪽 테두리가 변경되도록 설정합니다.

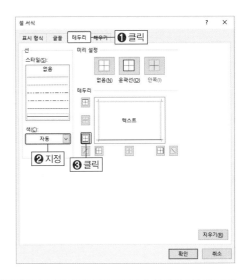

06. 부서별 일련번호가 매겨져 있고, 위 셀의 부서와 아래 셀의 부서를 비교하여 다르면 테두리가 변경되는 조건부 서식까지 완성했습니다.

	B4		f_x	=COUNTIF($C$4:C4,C4)			
	A	B	C	D	E	F	G	H	I

번호	부서	사원번호	사원명	엑셀	파워포인트	워드	합계
1	기획예산부	Abc9578	강규영	94	98	94	286
2	기획예산부	aBc8843	이상영	77	82	85	244
3	기획예산부	aBc5000	최길자	77	81	95	253
4	기획예산부	Abc2773	신희선	94	77	86	257
5	기획예산부	aBc7579	윤서진	99	84	91	274
6	기획예산부	aBc5094	박창선	80	89	93	262
7	기획예산부	Abc9245	김태훈	86	82	97	265
1	생산관리부	Abc3184	신하영	82	85	85	252
2	생산관리부	aBc3777	송은영	87	84	85	256
3	생산관리부	aBC3679	정선경	85	91	85	261
4	생산관리부	aBc4952	최민용	80	89	89	258
1	영업관리부	aBC3037	김세희	96	79	85	260
2	영업관리부	Abc4697	박정아	93	95	85	273
3	영업관리부	aBc7213	유주연	82	93	94	269
4	영업관리부	aBc5847	노홍철	78	73	89	240
5	영업관리부	aBC4598	최경미	79	86	65	230
6	영업관리부	Abc2705	서영남	83	75	84	242

07. 생산관리부가 입력되어 있는 [C14] 셀의 채우기 핸들을 아래로 한 칸 복사하면 일련번호, 테두리도 같이 변경되는 것을 알 수 있습니다.

	C14			생산관리부			
	A	B	C	D	E	F	G	H	I

번호	부서	사원번호	사원명	엑셀	파워포인트	워드	합계
1	기획예산부	Abc9578	강규영	94	98	94	286
2	기획예산부	aBc8843	이상영	77	82	85	244
3	기획예산부	aBc5000	최길자	77	81	95	253
4	기획예산부	Abc2773	신희선	94	77	86	257
5	기획예산부	aBc7579	윤서진	99	84	91	274
6	기획예산부	aBc5094	박창선	80	89	93	262
7	기획예산부	Abc9245	김태훈	86	82	97	265
1	생산관리부	Abc3184	신하영	82	85	85	252
2	생산관리부	aBc3777	송은영	87	84	85	256
3	생산관리부	aBC3679	정선경	85	91	85	261
4	생산관리부	aBc4952	최민용	80	89	89	258
5	생산관리부		김세희	96	79	85	260
1	영업관리부	bc4697	박정아	93	95	85	273
2	영업관리부	aBc7213	유주연	82	93	94	269
3	영업관리부	aBc5847	노홍철	78	73	89	240
4	영업관리부	aBC4598	최경미	79	86	65	230
5	영업관리부	Abc2705	서영남	83	75	84	242

11 출고 시트와 입고 시트를 비교해 미입고 차량 추출하기

렌트카를 출고한 데이터와 렌트카를 입고한 데이터가 있습니다. 두 개의 데이터를 비교하여 입고한 데이터가 갖고 있지 않은 데이터를 추출하는 방법을 알아보겠습니다.

Key Word: 고급 필터, COUNTIF 함수
실습 파일: 4-11

이름	소득증빙	통장내역	성별	차량	주유
강가림	미통과	제출	남자	코나	가솔린
고별하	미통과	제출	남자	코나	가솔린
김가람	통과	미제출	남자	K5	가솔린
박보람	통과	미제출	여자	K5	가솔린
윤라라	통과	미제출	남자	쏘울	가솔린
윤란새	통과	미제출	남자	코나	가솔린
이가림	통과	미제출	남자	스포츠 칸	디젤
이가이	통과	미제출	남자	스포츠 칸	디젤
임눈솔	미통과	제출	남자	스포츠 칸	디젤
장은솔	미통과	제출	남자	스포츠 칸	디젤
장은솔	미통과	제출	여자	스포츠 칸	디젤
장주솔	미통과	제출	남자	스포츠 칸	디젤
조영글	미통과	제출	남자	스포츠 칸	디젤
조우솔	통과	미제출	여자	스포츠 칸	디젤
조주님	미통과	제출	여자	스포츠 칸	디젤

미입고 조건
FALSE

미입고 차량

완성 파일
① 조건 함수인 COUNTIF 사용하기
② 추출하려는 필드명만 복사하여 고급 필터로 데이터 가져오기

01. [렌트출고] 시트에서 렌트입고 데이터를 비교하기 위해 먼저 이름을 정의하겠습니다. [렌트입고] 시트에서 [B4:B55] 셀의 범위를 선택하고 이름상자에 '입고명단'으로 입력한 다음 [Enter]를 누릅니다.

K_Car 렌트현황_입고

번호	이름	입고	운전경력	소득증빙	통장내역	성별	차량	주유
1	강가람	○	3	미통과	제출	남자	K5	LPG
2	강누리	○	3	미통과	제출	남자	코나	가솔린
3	강다온	○	2	미통과	제출	남자	팰리세이드	디젤
4	강두솔	○	3	통과	미제출	남자	모하비	디젤
5	강보단	○	2	미통과	제출	남자	투싼	가솔린
6	강부루	○	3	미통과	제출	남자	코나	가솔린
7	강송아	○	2	통과	미제출	여자	팰리세이드	디젤
8	고가람	○	2	미통과	제출	남자	모하비	디젤
9	고나봄	○	3	미통과	제출	남자	K5	LPG
10	고보람	○	2	미통과	제출	남자	렉스턴	디젤
11	고부루	○	2	미통과	제출	남자	투싼	가솔린
12	김차온	○	1	통과	미제출	남자	코나	가솔린
13	김가온	○	2	미통과	제출	남자	모하비	디젤
14	김별하	○	2	통과	미제출	남자	투싼	가솔린
15	노맹우	○	3	미통과	제출	남자	K5	LPG
16	박나봄	○	3	통과	미제출	남자	팰리세이드	디젤
17	박누리	○	2	통과	미제출	남자	투싼	가솔린
18	백루이	○	1	미통과	제출	남자	티볼리	디젤
19	서남새	○	1	통과	미제출	남자	코나	가솔린
20	신진솔	○	2	미통과	제출	남자	모하비	디젤
21	양찰솔	○	2	미통과	제출	여자	니로	전기
22	양소롱	○	1	미통과	제출	여자	K5	LPG
23	오가이	○	2	미통과	제출	여자	니로	전기

❸ 입력 후 [Enter]
입고명단 | 강가람
❷ 드래그
❶ 클릭
렌트입고 | 미입고차량

02. 함수를 사용하기 위해 [미입고차량] 시트의 [B2] 셀에 '=COUNTIF(입고명단,렌트출고!B4)=0' 수식을 입력합니다.

Point

입고명단 중 렌트출고 시트의 [B4] 셀과 비교하여 0이면(데이터가 없으면) TRUE로 출력합니다.

[렌트출고] 시트에서 [A3] 셀을 클릭하고 Ctrl+A 를 누른 다음 이름을 '렌트출고'로 정의합니다. [렌트출고] 시트에서 [B3], [E3:I3] 범위를 각각 선택하고 복사합니다.

03. [미입고차량] 시트의 [B6] 셀을 클릭하고 붙여넣기를 합니다.

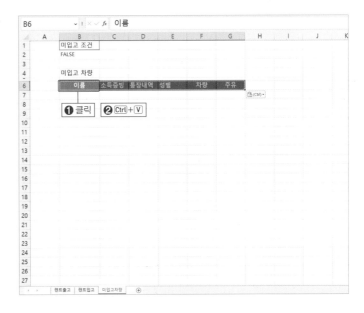

04. 고급 필터를 적용하기 위해 [미입고차량] 시트의 [A1] 셀을 클릭하고, [데이터] – [정렬 및 필터] – [고급]을 클릭합니다.

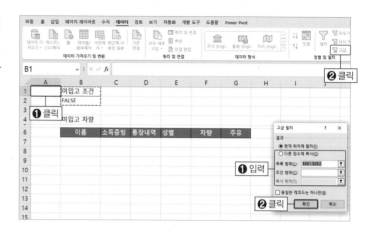

05. [고급 필터] 대화상자에서 '다른 장소에 복사'를 선택하고, 목록 범위를 '렌트출고'를 입력합니다. 조건 범위에 'B1:B2'를 선택하고, 복사 위치는 'B6:G6'을 선택합니다. [확인] 버튼을 클릭합니다.

06. 미입고한 차량 정보를 확인할 수 있습니다.

	A	B	C	D	E	F	G	H	I	J
1		미입고 조건								
2		FALSE								
3										
4		미입고 차량								
5										
6		이름	소득증빙	통장내역	성별	차량	주유			
7		강가림	미통과	제출	남자	코나	가솔린			
8		고별하	미통과	제출	남자	코나	가솔린			
9		김가람	통과	미제출	남자	K5	가솔린			
10		박보람	통과	미제출	남자	K5	가솔린			
11		윤라라	통과	미제출	남자	쏘울	가솔린			
12		윤란새	통과	미제출	남자	코나	가솔린			
13		이가림	통과	미제출	남자	스포츠 칸	디젤			
14		이가이	통과	미제출	남자	스포츠 칸	디젤			
15		임눈솔	미통과	제출	남자	스포츠 칸	디젤			
16		장은솔	미통과	제출	남자	스포츠 칸	디젤			
17		장은솔	미통과	제출	여자	스포츠 칸	디젤			
18		장주슬	미통과	제출	남자	스포츠 칸	디젤			
19		조영글	미통과	제출	남자	스포츠 칸	디젤			
20		조우솔	통과	미제출	여자	스포츠 칸	디젤			
21		조주님	미통과	제출	여자	스포츠 칸	디젤			
22										
23										

12 통합하여 분석 차트 표현하기

설문지 응답 시트에는 많은 양의 설문 조사 결과 데이터가 있습니다. 학력에 따른 결과를 도출하기 위해 통합기능을 사용하여 체크한 데이터만 방사형 차트에 표현하는 방법을 배우겠습니다.

⊙ Key Word: 통합, 확인란, 방사형 차트
실습 파일: 4-12

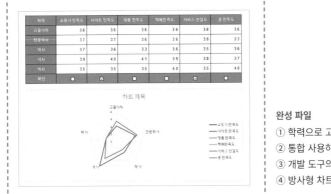

완성 파일
① 학력으로 고유값 만들기
② 통합 사용하여 평균 내기
③ 개발 도구의 삽입 메뉴 확인란 사용하기
④ 방사형 차트 만들기

01. [결과] 시트에서 [A1:G6] 셀의 범위를 선택하고 [데이터] – [데이터 도구] – [통합]을 클릭합니다. [통합] 대화상자에서 함수를 '평균'으로 지정합니다. [설문지 응답] 시트의 [E1:K278] 범위를 선택하고 [추가] 버튼을 클릭합니다. 사용할 레이블에서 '첫 행'과 '왼쪽 열'을 체크 표시한 다음 [확인] 버튼을 클릭합니다.

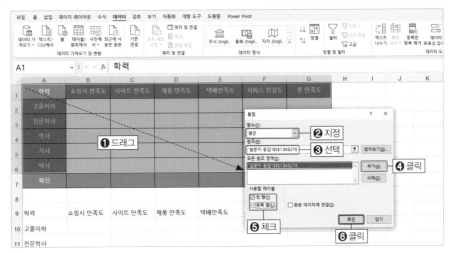

02. 범위 선택을 유지한 채 마우스 오른쪽 버튼을 클릭한 다음 [쉼표 스타일 ,]을 클릭하고, [자릿수 늘림]을 한 번 클릭합니다.

03. [B7] 셀을 클릭하고 [개발 도구] – [컨트롤] – [삽입] – [확인란(양식컨트롤 ☑)]을 클릭합니다.

Point

[개발 도구] 메뉴가 없다면 252페이지를 확인하세요.

04. 체크박스가 [B7] 셀의 가운데 위치하도록 배치하고 '확인란 1'의 텍스트를 지웁니다. 임의의 다른 셀을 클릭합니다.

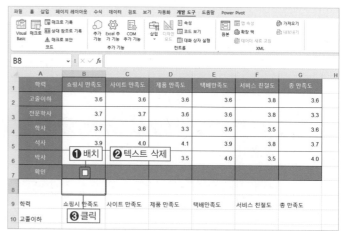

05. [B7] 셀의 체크박스를 마우스 오른쪽 버튼으로 클릭하고 [컨트롤 서식]을 실행합니다. 셀 연결 항목에 'B7'셀을 클릭하고 [확인] 버튼을 클릭합니다.

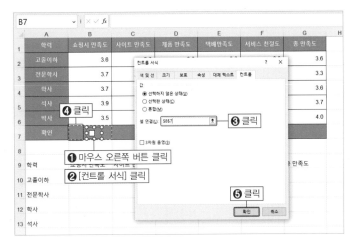

06. 체크박스를 복사하기 위해 [B7] 셀을 클릭하고 채우기 핸들을 [G7] 셀까지 드래그합니다.

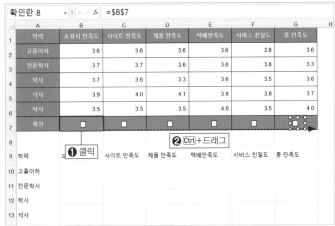

07. [C7] 셀의 체크박스를 마우스 오른쪽 버튼으로 클릭합니다. 수식 입력줄에 있는 '=$B$7'을 '=$C$7'로, [D7]의 체크박스는 '=$D$7', [E7]의 체크박스는 '=$E$7', [F7]의 체크박스는 '=$F$7', [G7]의 체크박스는 '=$G$7'로 각각 수정합니다.

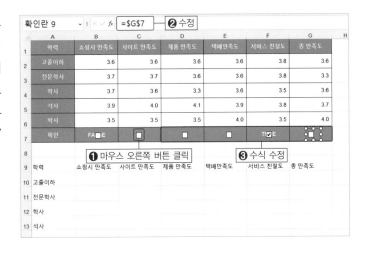

08. [B7:G7] 범위를 선택하고 글꼴색을 '녹색, 강조6'으로 지정한 다음 [B10] 셀에 '=IF(B$7=TRUE,B2,NA())'를 입력합니다. [G14] 셀까지 수식을 복사합니다.

Point

체크박스를 체크 표시하면 TRUE로 표시되는데 [B7] 셀에 체크하면 B2 셀의 내용을 표시하고, 그렇지 않으면 차트에 영향을 주지 않는 NA() 함수를 사용합니다.

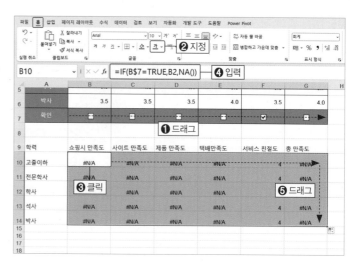

09. [A9] 셀을 클릭하고 [삽입] – [차트] – [추천 차트]를 클릭합니다. [차트 삽입] 대화상자에서 [모든 차트] 탭을 선택하고 [방사형] 범주의 두 번째 차트를 클릭합니다. [확인] 버튼을 클릭합니다.

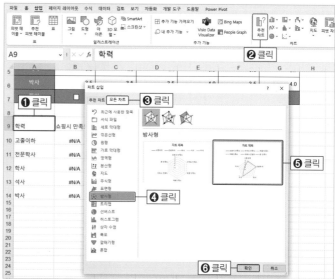

10. [A8:G20]에 배치합니다. [차트 요소⊞] – [범례] – [오른쪽]을 클릭합니다. 7행의 체크박스를 체크/체크 해제함에 따라서 방사형 차트에 표시됩니다.

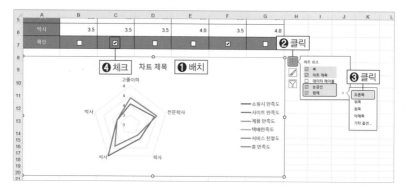

Project

13 한 행에 입력된 데이터를 두 행으로 만들기

행마다 빈 행을 추가하고, '첨부파일 명칭' 아래 행으로 '첨부파일 본명칭' 셀을 이동하도록 하겠습니다. 일일이 하나씩 작업하는 것이 아니라 기능을 이용하여 빠르게 작업해 보겠습니다.

Key Word: 데이터 정리, 빈 행 삽입
실습 파일: 4-13

한양도성 첨부파일			
첨부파일 일련번호	**첨부파일 확장자**	**첨부파일 용량**	**첨부파일 명칭**
FILE_0000000000003252	gif	8,188	BBS_201401231140225800.jpg
			banner_7_1.gif
FILE_0000000000003252	gif	31,049	BBS_201401231140479001.jpg
			banner_6_1.gif
FILE_0000000000003271	gif	8,188	BBS_201401230110588960.jpg
			banner_7_1.gif
FILE_0000000000003291	gif	8,188	BBS_201401230218004150.jpg
			banner_7_1.gif
FILE_0000000000003292	jpg	62,960	BBS_201401230239267450.jpg
			banner_6_7.jpg
FILE_0000000000003341	hwp	10,659,840	BBS_201401240501497240.jpg
			한양도성_유네스코.hwp
FILE_0000000000002121	jpg	61,986	BBS_201312240340558660
			banner_6_8.jpg
FILE_0000000000002352	JPG	2,748,354	BBS_201312260457571690.JPG
			DSC_1285.JPG
FILE_0000000000001342	jpg	39,014	BNR_201312190207333770

완성 파일

① 행마다 빈 행 삽입하기
② 빈 행에 데이터 이동하기
③ 서식 복사 기능으로 빠르게 병합하기

01. [F4] 셀에 '1'을 입력합니다. 채우기 핸들을 더블클릭하여 데이터의 끝까지 1을 복사합니다. [자동 채우기 옵션] - [연속 데이터 채우기]를 클릭합니다.

한양도성 첨부파일		
첨부파일 명칭	**첨부파일 본명칭**	
BBS_201401231140225800.jpg	banner_7_1.gif	1
BBS_201401231140479001.jpg	banner_7_1.gif	2
BBS_201401230110588960.jpg	banner_7_1.gif	3
BBS_201401230218004150.jpg	banner_7_1.gif	4
BBS_201401230239267450.jpg	banner_6_7.jpg	5
BBS_201401240501497240.jpg	한양도성_유네스코.hwp	6
BBS_201312240340558660	banner_6_8.jpg	7
BBS_201312260457571690.JPG	DSC_1285.JPG	8
BNR_201312190207333770	6.jpg	9
BBS_201312260557263430.JPG	인황 범바위_8.JPG	10
BBS_201312270615311820.jpg	IMG_0621.jpg	11
BNR_201401160858314570.jpg	pop_img_list_6.jpg	12
BBS_201402180401187910.jpg	BBS_201401160114425130.jpg	13
BBS_201401080210268790.jpg	pop_img_list_6.jpg	14
BBS_201401080210535880.jpg	banner_6_9.jpg	15
BBS_201401080220419120.jpg	banner_6_8.jpg	16
BBS_201401230112076740.jpg	banner_7_1.gif	17
BBS_201401230200403260.jpg	pop_img_prg_6.gif	18
BBS_201401230308080411.jpg	banner_6_1.gif	19
BBS_201401230337239390.jpg	banner_7_1.gif	20
BBS_201402180359402660.jpg	BBS_201401160115560630.jpg	21
BBS_201402180400309460.jpg	BBS_201401160115433610.jpg	22
BBS_201402180401441290.jpg	BBS_201401160115295240.jpg	23
BBS_201402180400232720.jpg	BBS_201401160115158620.jpg	24
BBS_201402180402582420.jpg	BBS_201401160114586700.jpg	25

① 클릭
② 더블클릭
③ 클릭
④ 클릭
○ 셀 복사(C)
◉ 연속 데이터 채우기(S)
○ 서식만 채우기(F)
○ 서식 없이 채우기(O)
○ 빠른 채우기(F)

02. 범위가 지정되어 있는 상태로 Ctrl +C를 눌러 복사합니다. Ctrl+방향키 ↓를 눌러 F열의 마지막 데이터가 있는 셀로 이동합니다.

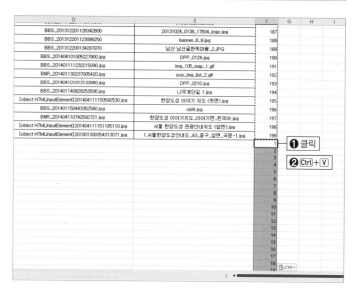

03. 마지막 데이터의 아래 셀인 [F203] 셀로 이동하고 Ctrl+V를 눌러 붙여넣기를 합니다.

04. F열에서 임의의 셀을 마우스 오른쪽 버튼으로 클릭하고 [정렬] 항목에서 [숫자 오름차순 정렬]을 실행합니다.

05. 번호를 기준으로 정렬되어서 행마다 빈 행을 삽입했습니다. [E2] 셀을 클릭하고 Ctrl+➕를 눌러 셀 삽입합니다. [삽입] 대화상자에서 '셀을 아래로 밀기'를 클릭한 다음 [확인] 버튼을 클릭합니다.

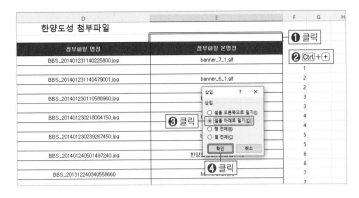

06. [D5] 셀을 클릭하고 화면을 아래로 이동하여 Shift를 누른 채 [D401] 셀을 클릭합니다. [홈]- [편집] - [찾기 및 선택] - [이동 옵션]을 선택합니다.

07. [이동 옵션] 대화상자에서 '빈 셀'을 선택하고 [확인] 버튼을 클릭합니다.

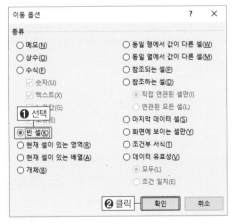

08. 빈 셀을 삭제하기 위해 Ctrl+－를 누르고 [삭제] 대화상자에서 '셀을 왼쪽으로 밀기'를 선택하고 [확인] 버튼을 클릭합니다.

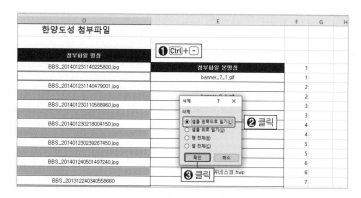

09. E ~ F열을 선택하고 마우스 오른쪽 버튼을 클릭한 다음 [삭제]를 실행합니다.

Point

삭제 단축키는 Ctrl+－입니다.

10. [A4:A5], [B4:B5], [C4:C5] 셀의 범위를 각각 지정하고, [홈] － [맞춤] － [병합하고 가운데 맞춤]을 클릭합니다.

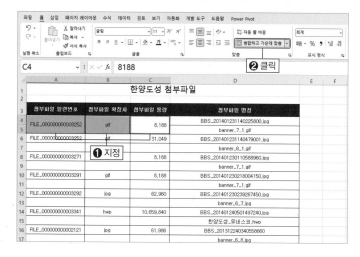

11. 4행과 5행의 서식을 복사하기 위해 4 ~ 5행을 선택하고 [홈] − [클립보드] − [서식 복사 ✍]를 클릭합니다.

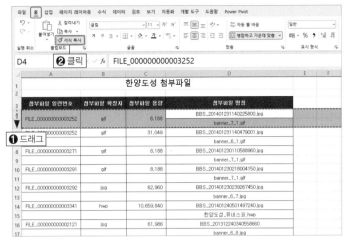

12. 6행부터 401행까지 드래그하여 서식 붙여넣기를 합니다.

14 하나의 열에 두 개의 데이터가 있을 때 나란히 한 행으로 만들기

작성일자와 수정일자가 하나의 열에 위치해 있습니다. 두 개의 행에 있는 데이터를 한 행으로 빠르게 만들고 문자로 인식되어 있는 데이터를 날짜로 인식하도록 서식을 변경해 보겠습니다.

Key Word: 한 행으로 편집, 날짜 서식변경
실습 파일: 4-14

제목	작성일자	수정일자	담당부서	파일명	파일크기
제4차 지방토지수용위원회 심의결과	2019-04-02	2019-08-28	토지관리과	사본_-_.토지수용위원회_심의결과.hwp	43,008
제5차 지방토지수용위원회 심의결과	2019-04-18	2019-08-28	토지관리과	도시계획과홈페이지용(토지수용위원회_심의결과).hwp	49,152
제6차 지방토지수용위원회 심의결과	2019-05-03	2019-08-28	토지관리과	도시계획과홈페이지용(토지수용위원회_심의결과).hwp	28,160
제7차 지방토지수용위원회 심의결과	2019-05-28	2019-08-28	토지관리과	도시계획과홈페이지용(토지수용위원회_심의결과).hwp	49,152
제8차 지방토지수용위원회 심의결과	2019-06-21	2019-08-28	토지관리과	도시계획과홈페이지용(토지수용위원회_심의결과).hwp	27,648
제9차 지방토지수용위원회 심의결과	2019-07-04	2019-08-28	토지관리과	도시계획과홈페이지용(토지수용위원회_심의결과).hwp	27,648
제10차 지방토지수용위원회 심의결과	2019-07-29	2019-08-28	토지관리과	도시계획과홈페이지용(토지수용위원회_심의결과1).hwp	14,848
제11차 지방토지수용위원회 심의결과	2019-09-05	2019-09-05	토지관리과	도시계획과홈페이지용(토지수용위원회_심의결과1).hwp	27,136
제12차 지방토지수용위원회 심의결과	2019-10-11	2019-12-11	토지관리과	도시계획과홈페이지용(토지수용위원회_심의결과1).hwp	26,112
제13차 지방토지수용위원회 심의결과	2019-11-12	2019-11-12	토지관리과	도시계획과홈페이지용(토지수용위원회_심의결과1).hwp	17,408
제14차 지방토지수용위원회 심의결과	2019-11-15	2019-12-03	토지관리과	도시계획과홈페이지용(토지수용위원회_심의결과1).hwp	16,384
제15차 지방토지수용위원회 심의결과	2019-12-03	2019-12-03	토지관리과	도시계획과홈페이지용(토지수용위원회_심의결과1).hwp	16,896
제16차 지방토지수용위원회 심의결과	2019-12-30	2019-12-30	토지관리과	도시계획과홈페이지용(토지수용위원회_심의결과1).hwp	16,896
제1차 지방토지수용위원회 심의결과	2019-02-03	2019-02-03	토지관리과	도시계획과홈페이지용(토지수용위원회_심의결과1).hwp	17,920
제2차 지방토지수용위원회 심의결과	2019-02-18	2019-02-18	토지관리과	도시계획과홈페이지용(토지수용위원회_심의결과1).hwp	32,768
제3차 지방토지수용위원회 심의결과	2019-03-27	2019-03-27	토지관리과	도시계획과홈페이지용(토지수용위원회_심의결과1).hwp	17,920
제4차 지방토지수용위원회 심의결과	2019-05-01	2019-05-01	토지관리과	도시계획과홈페이지용(토지수용위원회_심의결과1).hwp	17,408
제5차 지방토지수용위원회 심의결과	2019-06-10	2019-06-10	토지관리과	도시계획과홈페이지용(토지수용위원회_심의결과1).hwp	17,408
제6차 지방토지수용위원회 심의결과	2019-06-25	2019-06-25	토지관리과	도시계획과홈페이지용(토지수용위원회_심의결과1).hwp	17,408
제7차 지방토지수용위원회 심의결과	2019-07-29	2019-07-29	토지관리과	도시계획과홈페이지용(토지수용위원회_심의결과1).hwp	17,408
제8차 지방토지수용위원회 심의결과	2019-08-27	2019-08-27	토지관리과	도시계획과홈페이지용(토지수용위원회_심의결과1).hwp	17,920
제9차 지방토지수용위원회 심의결과	2019-10-08	2019-10-08	토지관리과	도시계획과홈페이지용(토지수용위원회_심의결과1).hwp	16,896
제10차 지방토지수용위원회 심의결과	2019-10-31	2019-10-31	토지관리과	도시계획과홈페이지용(토지수용위원회_심의결과1).hwp	32,768
제11차 지방토지수용위원회 심의결과	2019-12-02	2019-12-02	토지관리과	도시계획과홈페이지용(토지수용위원회_심의결과1).hwp	17,920

완성 파일
① 텍스트 나누기로 데이터 정리하기
② 수식으로 참조하기
③ 행 삭제하기

01. 문자로 인식한 날짜를 변환하고 시간을 삭제하기 위해 [B3:B146] 셀의 범위를 선택하고 [데이터]–[데이터 도구]–[텍스트 나누기]를 클릭합니다. [텍스트 마법사] 대화상자에서 '너비가 일정함'을 선택하고 [다음] 버튼을 클릭합니다.

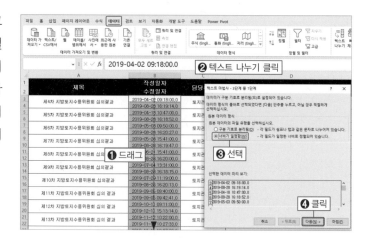

02. [텍스트 마법사] 대화상자에서 2단계의 구분선이 선택된 것을 확인합니다. 3단계에서 두 번째 열을 클릭한 다음 '열 가져오기 않음(건너뜀)'을 선택합니다. [마침] 버튼을 클릭합니다.

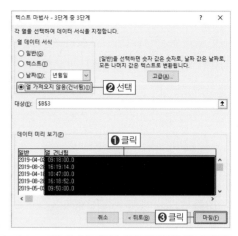

03. 한 열에 두 가지의 데이터를 분리하기 위해 열을 삽입합니다. C열에서 마우스 오른쪽 버튼을 클릭하고 [삽입]을 클릭합니다.

Point

삽입 단축키는 Ctrl+⊕입니다.

04. [C1] 셀을 클릭하고 '=B2'의 수식을 입력합니다. [C1:C2] 셀의 범위를 선택하고 채우기 핸들을 더블클릭하여 수식을 데이터 끝까지 복사합니다. [자동 채우기 옵션⊞] - [서식 없이 채우기]를 클릭합니다.

Point

작업이 완료될 때까지 범위를 유지한 채 순서대로 진행하는 것이 중요합니다.

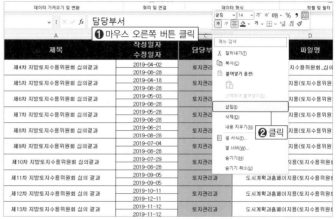

05. [C1:C146] 셀의 범위 그대로 Ctrl +C 눌러 복사하고 Ctrl+V 눌러 붙여 넣습니다. [붙여넣기 옵션📋] – [값123] 을 클릭합니다.

Point

Ctrl+C – Ctrl+V – Ctrl+V 순 서대로 누르면 조금 더 빠르게 적용 할 수 있습니다. 값으로 복사하지 않 으면 행을 삭제했을 때 참조된 셀로 인해 오류가 생깁니다.

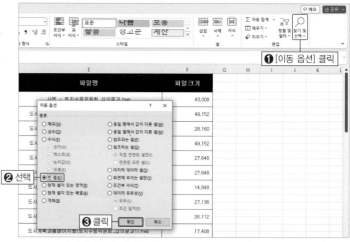

06. [C1:C146] 셀의 범위 그대로 [홈] – [편집] – [찾기 및 선택] – [이동 옵 션]을 클릭합니다. '빈 셀'을 선택하고 [확인] 버튼을 클릭합니다.

07. 선택된 셀들을 Ctrl+─를 눌러 삭 제를 실행합니다. [삭제] 대화상자에 서 '행 전체'를 선택하고 [확인] 버튼 을 클릭합니다. 모두 한줄화되어 데이 터 정리된 것을 확인할 수 있습니다.

15 데이터 기능을 대체하는 함수

Excel 365 또는 Excel 2021과 Excel 2019에서 사용할 수 있는 데이터 메뉴의 함수 버전 함수들을 사용하면 좀더 쉽고 다양한 방법으로 원하는 문서를 만들 수 있습니다. 선택한 결과값에 의한 데이터 추출과 서식 변경하는 방법을 알아보겠습니다.

➤ Key Word: UNIQUE 함수, SORT 함수, FILTER 함수
실습 파일: 4-15

목록선택	고객번호	회원명	지역	연락처	입금 일자	입금내역	구분
경기도	7234	김성수	경기도	010-222-9247	45245	2928800	회원
	5712	김지연	경기도	010-719-7219	0	0	회원
회원	2433	김태화	경기도	010-690-6926	0	0	회원
	9831	김형수	경기도	010-697-6859	0	0	회원
	4493	유창훈	경기도	010-682-7182	45242	968400	회원
	3679	정선경	경기도	010-880-9786	45246	2192600	회원
	9238	최정은	경기도	010-964-7760	45247	858600	회원

완성 파일
① UNIQUE 함수로 단일 항목 만들기
② SORT 함수로 오름차순 정렬하기
③ FILTER 함수로 필터 결과값 추출하기

01. 이름 정의를 하기 위해 [C2:C78] 범위를 선택하고 추가로 선택하기 위해 Ctrl을 누른 채 [G2:G78] 범위를 선택합니다. [수식] – [정의된 이름] – [선택 영역에서 만들기]를 클릭한 다음 [선택 영역에서 이름 만들기] 대화 상자에서 '첫 행'을 체크 표시합니다. [확인] 버튼을 클릭합니다.

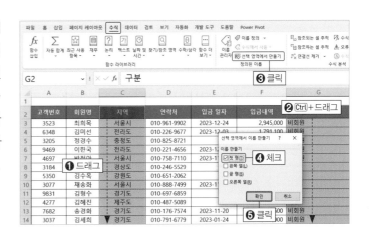

02. [A3:G78] 범위를 선택하고 이름 상자에 '현황'을 입력한 다음 Enter를 누릅니다.

03. 고유값을 만들고 정렬하기 위해 [I3] 셀을 클릭하고 '=SORT(UNIQUE (지역))'를 입력합니다.

Point

지역을 UNIQUE 함수로 고유값으로 만들고, SORT 함수로 오름차순 정렬합니다.

04. 다시 고유값을 만들기 위해 [J3] 셀을 클릭하고 '=UNIQUE(구분)'을 입력합니다.

05. 단일항목으로 만든 데이터를 목록으로 설정하기 위해 [K3] 셀을 클릭하고 [데이터] − [데이터 도구] − [데이터 유효성 검사]를 클릭합니다. [데이터 유효성] 대화상자에서 제한 대상을 '목록', 원본을 'I3:I9'를 범위 지정합니다. [확인] 버튼을 클릭합니다.

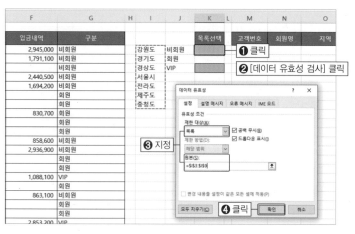

06. 같은 방법으로 [K5] 셀을 클릭하고 [데이터] – [데이터 도구] – [데이터 유효성 검사]를 클릭합니다. [데이터 유효성] 대화상자에서 제한 대상을 '목록', 원본을 'J3:J5'를 범위 지정합니다. [확인] 버튼을 클릭합니다.

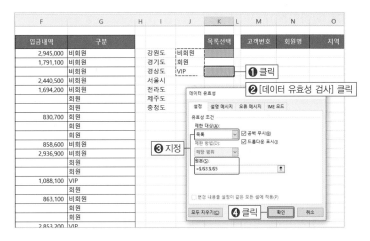

07. [K3], [K5] 셀에 임의의 목록을 선택합니다. I ~ J열을 마우스 오른쪽 버튼을 클릭하고 [숨기기]를 클릭합니다.

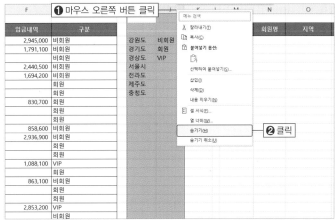

08. [M3] 셀을 클릭한 다음 '=SORT (FILTER(현황, (지역=K3)*(구분=K5), ""), 2)'을 입력합니다.

Point

지역 중 [K3] 셀과 같고, 구분 중 [K5] 셀과 같으면 현황의 항목을 표시하고 결과값을 2번째 열을 기준으로 정렬합니다.

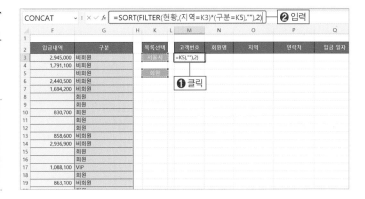

09. 비어있는 테두리를 데이터가 있는 만큼 지정하기 위해 [M3:S25] 범위를 선택하고 [홈] – [스타일] – [조건부 서식] – [새 규칙]을 클릭합니다.

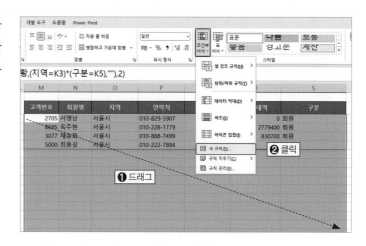

10. [새 서식 규칙] 대화상자에서 규칙 유형 선택을 '수식을 사용하여 서식을 지정할 셀 결정', 수식을 '=$M3〈〉""'을 입력합니다.

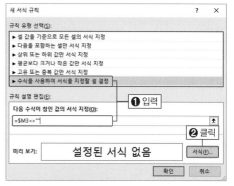

11. [서식] 버튼을 클릭하고 [테두리] 탭을 선택합니다. '윤곽선'을 클릭하고 [확인] 버튼을 두 번 클릭하여 완료합니다.

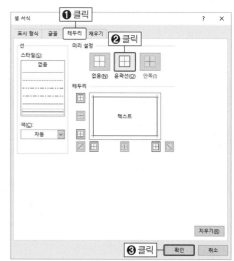

12. [K3], [K5] 셀에 임의의 목록을 변경합니다. FILTER 함수의 결과값과 테두리 서식이 같이 변경되는 것을 알 수 있습니다.

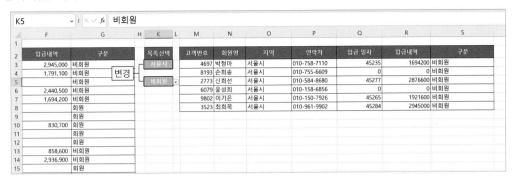

찾아보기